本书获长春师范大学学术专著出版计划项目支持

吉林省社会科学基金重点项目（智库项目）“家校社协同育人机制的理论与实践研究”（项目编号2022A20）成果之一

3-6岁幼儿道德情绪实证研究与教育探索

冯晓杭　著

中国社会科学出版社

图书在版编目（CIP）数据

3－6岁幼儿道德情绪实证研究与教育探索／冯晓杭著．—北京：中国社会科学出版社，2024.1

ISBN 978－7－5227－2033－3

Ⅰ．①3… Ⅱ．①冯… Ⅲ．①品德教育—教学研究—学前教育 Ⅳ．①G611

中国国家版本馆CIP数据核字(2023)第106775号

出 版 人 赵剑英
责任编辑 许 琳
责任校对 李 硕
责任印制 郝美娜

出 版 中国社会科学出版社
社 址 北京鼓楼西大街甲158号
邮 编 100720
网 址 http://www.csspw.cn
发 行 部 010－84083685
门 市 部 010－84029450
经 销 新华书店及其他书店

印 刷 北京君升印刷有限公司
装 订 廊坊市广阳区广增装订厂
版 次 2024年1月第1版
印 次 2024年1月第1次印刷

开 本 710×1000 1/16
印 张 17.75
字 数 263千字
定 价 98.00元

目　录

第三部分 教师与幼儿道德情绪

第四部分 幼儿道德情绪的教育探索

第一部分

认识幼儿道德情绪

第一章　道德情绪概述

第一节　道德情绪概念

《心理学大辞典》中指出，情绪是指有机体反映客观事物与主体需要之间关系的态度体验。情绪包括：从出生就伴随个体发展的基本情绪，如“愤怒、厌恶、恐惧、快乐、悲伤和惊讶”；在成长过程中不断学习、整合而形成的复杂情绪。[①]

关于道德情绪的定义，国内外研究者有不同的界定。Haidt（2003）认为道德情绪是指个体根据社会规范或行为准则对自己或他人的行为进行评价时，产生的与个人或社会利益有关的情绪。[②] Ekman（1993）认为道德情绪最大的特点是具有一定的社会属性和群体服务性。[③]我国学者周详等（2007）认为道德情绪是指一个人按照一定的道德标准对自身或者别人的表现和内在进行评价时所产生的一种情绪，是个体对于外部情境与道德需要之间关系的体现。[④] Eisenberg（2000）认为道德情绪就是道德情绪，因为它主要由个体对于自己的理解和评价构成。[⑤] Lewis（1997）认

---

① 林崇德：《心理学大辞典》，上海教育出版社 2003 年版。

② Haidt, J., “Elevation and the positive psychology of morality”, in C. L. M. Keyes and J. Haidt (eds.), Flourishing: Positive Psychology and the Life Well-lived, Washington, D. C.: *American Psychological Association*, 2003, pp. 275 - 289.

③ Ekman, P., “Facial expression and emotion”, *American Psychologist*, Vol. 48, No. 4, 1993.

④ 周详、杨治良、郝雁丽：《理性学习的局限：道德情绪理论对道德养成的启示》，《道德与文明》2007 年第 3 期。

⑤ Eisenberg, N., “Emotion, regulation and moral development”, *Annual Review of Psychology*, *MEMO*, No. 51, 2000.

为道德情绪是在自我的认识和不断反思的过程中产生的一种情绪。[①] Tracy 和 Robins（2004）认为道德情绪是一种特殊的情绪，自我在其中起着重要作用。[②]俞国良和赵军燕（2009）提出，道德情绪是人们在社会交往中根据一定的价值标准评价自我或被他人评价时产生的情绪，也是个体根据道德产生的自我认同标准，比较不同情境下的行为或行为倾向时产生的情绪。[③] 道德情绪与自身的认知和评价密不可分，它是一种多元化的情绪，能够体现自己内外世界之间的关系，如果两者处于一种和谐的状态，那么产生的就是正性的道德情绪，如自豪等；但是如果两者处于一种矛盾的状态，就会产生负性的道德情绪，如内疚、尴尬等。

第二节　道德情绪的分类

一　道德情绪归类方式

从道德情绪的指向、功能、利他或互惠、归因等不同角度可以进行不同的分类。

首先，根据情绪的指向不同，Eisenberg（2000）在他的理论中把道德情绪分为道德情绪（如内疚、羞耻）和移情这两种，而 Tangney 等（2007）在 Eisenberg 的分类基础上又增加了指向他人这一类别，其中自我意识道德情绪主要是由自身的体验引发，不是通过看到他人的行为而产生的。[④]陈英和等（2015）也在她的研究中表明，道德情绪主要包含内疚、羞耻、尴尬和自豪四种情绪，都属于由于情绪产生者自身行为而

---

① Lewis, M. , "The self in self-conscious emotions", *Annuals of the New York Academy of Sciences*, *MEMO*, No. 818, 1997.

② Tracy, J. L. , and Robins, R. W. , "Putting the self into self-conscious emotions: A theoretical model", *Psychological Inquiry*, Vol. 15, No. 2, 2004.

③ 俞国良、赵军燕：《自我意识情绪：聚焦于自我的道德情绪研究》，《心理发展与教育》2009 年第 2 期。

④ Tangney, J. P. , Stuewig, J. , and Mashek, D. J. , "Moral emotions and moral behavior", *Annual Review of Psychology*, *MEMO*, No. 58, 2007.

导致，以个体的自我理解和评价为基础。[①] Haidt（2003）的研究中将道德情绪分成了斥责别人（如憎恶、厌烦等）、赞美别人、令别人痛苦以及自我意识的情绪这四种类型。[②] Rudolph 等（2013）将道德情绪分为行动者道德情绪和观察者道德情绪，前者情绪的指向对象为自己，如自豪、内疚和羞耻等，而后者则指向他人，从观察者的角度对他人事件产生的道德情绪，如同情等。[③]进一步，我国学者王云强（2016）的理论研究中依据情绪的指向及其性质的区别，将道德情绪分为“正负道德情绪、正负性他人指向道德情绪”。[④]

其次，Rudolph 和 Tscharaktschiew（2014）从道德情绪的功能方面将其分为积极和消极的道德情绪。积极的道德情绪是指能够持续引发积极的行为的情绪，而消极的道德情绪则是指使行为发生改变的道德情绪。所以可以将道德情绪粗略划分为积极和消极两种。积极道德情绪就是指自身在体验到积极的美德或善良行为时产生的情绪，如自豪。消极道德情绪则是指当自身经历了不好或痛苦体验时所产生的情绪，如内疚、羞耻等。[⑤]另外我国学者周晓林和于宏波（2005）将道德情绪分为亲和性道德情绪（agreeableness moral emotion）和攻击性道德情绪（aggressive moral emotion）。亲和性道德情绪的功能是促进个体产生亲社会行为，例如内疚；而攻击性道德情绪则是促进个体产生攻击性的社会行为，例如嫉妒等。[⑥]

---

① 陈英和、白柳、李龙凤：《道德情绪的特点、发展及其对行为的影响》，《心理与行为研究》2015 年第 5 期。

② Haidt, J., “The moral emotions”, in R. J. Davidson, K. R. Scherer and H. H. Goldsmith (eds.), *Handbook of Affective Sciences*, Oxford: Oxford University Press, 2003, pp. 852 - 870.

③ Rudolph, U., Schulz, K., and Tscharaktschiew, N., “Moral emotions: An analysis guided by Heider's naive action analysis”, *International Journal of Advances in Psychology*, *MEMO*, No. 2, 2013.

④ 王云强：《情感主义伦理学的心理学印证——道德情绪的表征及其对道德行为的影响机理》，《南京师大学报》（社会科学版）2016 年第 6 期。

⑤ Rudolph, U., and Tscharaktschiew, N., “An attributional analysis of moral emotions: Naive scientists and everyday judges”, *Emotion Review*, Vol. 6, No. 4, 2014.

⑥ 周晓林、于宏波：《社会情绪与社会行为的脑机制》，《苏州大学学报》（教育科学版）2005 年第 1 期。

再次，Haidt（2001）将道德情绪分为四种：1. 谴责他人的情绪，包含轻蔑、愤怒和厌恶三种情绪。在人类进化史中，个体逐渐形成了互惠利他主义，即个体应当同其他具有合作历史的个体合作，避免与那些曾经有过欺骗行为的个体来往，甚至惩罚他们。当互惠利他主义遭到侵犯时，个体的消极情绪就转换为谴责他人的情绪。例如：轻蔑，是指轻视他人及道德优越的道德情绪，其诱发因素是声望和地位的差别，在等级社会中，轻蔑情绪代表“不值得”更强烈的感觉（如愤怒），而在非等级社会则表示他人不符合标准（已获得的地位或声称所具有的威望）；愤怒，是指不公正待遇或目标阻碍引发的一种保护自尊的道德情绪，其诱发因素有目标阻碍、挫折、保护自尊、背叛、侵犯和不公正待遇（对自己或朋友）等；厌恶，是由核心厌恶（味觉厌恶）进化而来的道德情绪，其对象为物理实体或道德对象，其诱发因素可以是物理实体（如身体玷污），也可以是道德对象（如等级下层对上层的玷污、兽行、伪善等道德侵犯）。2. 自我觉知的情绪。主要包含羞耻、尴尬和内疚三种情绪，而且羞耻和尴尬通常同时出现。由于个体具有群体归属需要，个体为了避免在群体中受到消极的情绪对待，自我觉知的情绪发生了进化。3. 对他人不幸产生的情绪。这一类情绪中只有同情这一种道德情绪。通过了解他人的不幸经历，观察到他人的痛苦和悲伤产生的情绪。4. 赞赏他人的情绪。其中最主要的就是感激，这种情绪的产生是由于他人对自己做的有益行为，从而使自己产生对于他人的温暖而友好的感觉。①

最后，从情绪的归因角度进行划分，Rudolph 和 Tscharaktschiew（2014）将道德情绪分为由可控因素引起的道德情绪和由不可控因素引起的道德情绪。其中，可控因素主要指个人努力程度等，会引起内疚等道德情绪，而不可控因素主要指难以由自己控制的因素，会引起羞耻等情绪。② 另外，Tangney 等（2007）的研究中也提到类似的道德情绪的分类

① Haidt, J., “The emotional dog and its rational tail: A social intuitionist approach to moral judgment”, *Psychological Review*, Vol. 108, No. 4, 2001.

② Rudolph, U., and Tscharaktschiew, N., “An attributional analysis of moral emotions: Naive scientists and everyday judges”, *Emotion Review*, Vol. 6, No. 4, 2014.

方式，将道德情绪分为根据评估对象是个体行为还是自我进行分类。①

二 四种道德情绪

（一）自豪情绪

自豪（proud）是一种积极的道德情绪，是自我的行为和道德认知与外界要求相符时所产生的。该情绪产生时，个体多数情况下进行了有效的控制和适应环境的归因。自豪的重要特性表现在 3 个方面：第一，当个体产生自豪情绪时，会同时引发其他正面情绪的产生，比如：兴奋、愉快等；第二，引发个体产生自豪情绪的因素，普遍是正面或成功的情境或事件；第三，由于自豪情绪有利于个体适应周围环境，会对个体的自我实现产生有利影响，因此情绪的产生和发展普遍也对个体的行为产生影响。杨丽珠等在研究中发现，随着幼儿年龄的增长，自豪情绪的发展也在增强，但在男女之间并没有显著差别，幼儿对自豪情绪的识别能力在 3—6 岁间普遍呈上升趋势。②

自豪可分为：自大的自豪（hubris pride）和真实的自豪（authentic pride）两个类型。这两种类型的自豪与羞耻、内疚恰好对应。自大的自豪和羞耻均源于自身稳定、不可控的归因；而真实的自豪和内疚源于不稳定、可控的归因。一般来说，自大的自豪是一种不适应的情绪表达，它表明个人没有方法来提升自己，从而导致人际关系问题。相比之下，真实的自豪则有利于个体提升，是个体适应良好的表现。

（二）尴尬情绪

Rudolph 和 Tscharaktschiew 认为，个体在遭受非意愿评价时，会引发一种不愉悦且不自然的情绪体验，这种情绪称为尴尬（awkward）。产生尴尬的非意愿评价来源，可能是真实的人或者“假想的人”。③范文

---

① Tangney，J. P.，Stuewig J.，and Mashek，D. J.，“Moral emotions and moral behavior”，*Annual Review of Psychology*，*MEMO*，No. 58，2007.

② 杨丽珠、姜月、张丽华：《幼儿自豪的非言语行为表达编码系统编制》，《心理发展与教育》2012 年第 3 期。

③ Rudolph，U.，and Tscharaktschiew，N.，“An attributional analysis of moral emotions：Naive scientists and everyday judges”，*Emotion Review*，Vol. 6，No. 4，2014.

翼等的研究提出，尴尬在有秩序的环境中产生，当个体违反约定的秩序时，别人的评论就会引发个体尴尬的情绪，而且会明显地表现在表情和行为动作中。尴尬情绪是一种负面情绪，而且可能会使个体产生更加痛苦的心理负担和暗示，但是，尴尬也会同时成为激励个体纠正自身不良行为的动机。①

当个体不遵守社会习俗或准则，或因某些事件、行为失控时，也会引发尴尬情绪。有学者提出，尴尬是因为个体对行为准则有轻微的触犯，但相较于羞耻、内疚，程度相对稍微轻一些。羞耻、内疚的个体觉察到自己的行为不道德，不会被社会接纳；而尴尬的个体，他们认为所犯的错误可能每个人身上都会发生，并不严重。Tangney 等的研究表明，当个体感觉到尴尬时，能够产生支持或服从他人行为的倾向，从而获得他人的支持和肯定。②

（三）内疚情绪

内疚（guilt）从概念上来说，是指个体从自我认知角度出发，认为自己的行为对身边的人或事造成了不良影响，抑或认为没有达到第三方的要求时而产生的负面情绪。冷冰冰、王香玲等认为内疚是指从自我角度出发，认为自己的实际行为或想象中的行为对自己或第三方产生了不良影响而感到自责和内省，并伴随负性情绪体验的一种心理状态与过程。③何华容等认为，内疚情绪能够提升人与人之间的关系，是一种有益的负性情绪，在提高人的社会适应性、建设和谐社会等方面起到促进作用。④内疚也是一种自我反省情绪，具有普遍一致性。当个体感受到内疚情绪时，会感觉到羞愧感，觉得自己做了不好的事情，但与此同时，个体也会伴随产生尽快采取相关措施，弥补这种羞愧感的想法。内

① 范文翼、杨丽珠：《尴尬与羞耻的差异比较述评》，《中国临床心理学杂志》2015 年第 2 期。

② Tangney，J. P.，Stuewig，J.，and Mashek，D. J.，“Moral emotions and moral behavior”，*Annual Review of Psychology*，*MEMO*，No. 58，2007.

③ 冷冰冰、王香玲、高贺明等：《内疚的认知和情绪活动及其脑区调控》，《心理科学进展》2015 年第 12 期。

④ 何华容、丁道群：《内疚：一种有益的负性情绪》，《心理研究》2016 年第 1 期。

疚，作为一种道德情绪，在幼儿大约三岁时即产生，这个年龄的孩童可以感知到自己的行为对他人产生的影响，进而形成自己对某些行为的评价标准，并且用自己感知和认定的判定标准对这些事进行判断。同时，内疚作为道德情绪，不仅仅发生在个体与个体之间、个体与第三方之间，也发生在个体自身。当个体违反了某些社会准则或道德、行为标准，给自己以外的人或事物造成一定程度的伤害，就会产生内疚性情绪。

内疚作为一种自我感知情绪，与道德准则紧密联系在一起。当个体感受到对他人或事物造成伤害，这种道德准则会驱使个体去弥补这种伤害，哪怕因某些原因导致无法弥补这种伤害，也会通过其他途径尽量去弥补，减少自己内心的自责感。在情绪感受方面，Leary 曾提出，当个体因自己对他人造成伤害时，不会对自我持全面否定态度，也不会因此影响对自我道德核心的认知，而是对不当的行为积极反省，同时感到内疚和懊悔，在将来的行为中避免此类事情发生。①因此，可以说内疚情绪可以有效提升个体道德行为标准，促进人与人之间的亲密关系。

（四）羞耻情绪

羞耻（shame）同样作为一种道德情绪，是指个体认为自己的特定行为对他人产生了不良影响，或低于他人对自己的期待时所产生的一种情绪。相对于内疚情绪来讲，更为消极一些。产生羞耻情绪时，个体会认为正是因为自己的不当行为，才导致对他人的不良影响，会进一步否定自己。Parrot 认为当个体感受到羞耻情绪时，个人的状态会变得非常低沉，变得不乐于表达自己的情绪，并且不希望他人发现自己情绪上的变化。②在 2—3 岁时，幼儿会感受到这种情绪，随着个体的不断成长，关于羞耻情绪的体验慢慢变得多元，当个体感受到羞耻情绪，会深深地感觉到不安和痛苦。当个体从自我认知角度，认为自己的某些行为不符

① Leary，M. R.，“Motivational and emotional aspects of the self”，*Annual Review of Psychology*，*MEMO*，No. 58，2007.

② Parrot，W. G.，“Function of emotion：introduction”，*Cognition and Emotion*，Vol. 13，No. 5，1999.

合社会行为规范和道德准则的时候，通常会感受到这种情绪。Beer等曾提出，羞耻不一定是一种消极的、负面的情绪，各自适当地表达羞耻情绪，可以促进与他人之间的沟通，可以让他人对个体产生同情心理，从而获得帮助。①对自己的绘画水平非常有自信，也会由于某次参加艺术比赛没有获得期许的成绩而努力练习，不断提升自己的绘画水平。对自己的篮球技术非常有自信，但在某次比赛中失利，会进一步激发自己提升篮球技术的动力。由此可见，羞耻情绪虽然在不同个体中存在差异，但是可以看出羞耻情绪并不完全是消极、负面情绪，在一定条件下可以对事情的变化起到积极作用。

第三节 道德情绪的特征

道德情绪作为人类情绪的构成部分，对自我成长和发展有影响。道德情绪状态良好，有利于自我心理向积极方向健康发展。道德情绪主要具有以下几方面特征。

一 道德情绪以自我认知为基础

个体的发展进程中有恐惧、愤怒、愉悦、快乐等情绪，在出生半年后，大多数幼儿已经可以简单地表达这种基本情绪。而道德情绪的出现晚于基本情绪，道德情绪是在个体具有一定的自我认知能力的前提下产生的。研究表明，当15个月大的幼儿成为他人关注的个体时，就已经拥有了自我意识，尽管这个阶段的幼儿自我评估能力尚未形成。

幼儿成长到3岁前后，个体的自我认知能力得到进一步提升，受成长环境影响，开始逐渐形成一套自我认知的判定标准和行为准则，并根据这些判定标准和行为准则对自我的情绪进行评估和判定。如果实际的自我表现特征和标准一致，则会引发积极的道德评估情绪（如自豪），

① Beer, J. S., and Kelgtner, D., "What is unique about self-conscious emotions?", *Psychological Inquiry*, Vol. 15, No. 2, 2004.

反之则可能产生消极的道德评估情绪（如羞愧、尴尬或者自卑）。有学者提出，33个月的幼儿，出现错误行为就会有内疚的表现。因此，可以说道德情绪的产生是个体依据相应行为标准和规范，对自己的行为进行评估和判定。

二　道德情绪具有认知复杂性

普遍来说，基本情绪中认知加工参与较少。例如当遇到险境时，个体对当前威胁生存的目标事件进行简单的评估，即会产生恐惧情绪，这种情绪不需要有复杂的认知能力；然而道德情绪的产生则需要具有一定的认知能力，还要形成稳定的自我表现特征，能够对自己的行为进行反思，因而产生道德情绪，如羞耻、自豪等。Leary 提出，个体感觉到道德情绪是复杂的认知过程，不仅是简单地比较评估自己的实际行为和理想相关标准，而是推理分析这种比较评估。[①] Stipek 通过测试 13—39 个月的幼儿在成功情境下的反应发现，抬头看主试或者微笑是幼儿出现最多的反应。幼儿因为结果而产生愉悦情绪。[②]而当遇到不被他人肯定、欢迎的情况时，会感觉到尴尬，尽管个体了解他人对自己并没有准确的知觉；或他并没有知觉到自己有什么过错，但遭到他人的不良评价时，依然会感到羞耻或内疚。

三　道德情绪是自我内部归因的产物

情绪和自我表征之间是以归因作为媒介的。在很多引发情绪的事件中，个体在激活自我表征后，会对自身的行为进行评估，根据自身所认同的标准、规则和目标，同时针对评估结果展开自我归因，鉴别引发事件的起因到底是来自自身还是外部环境。如果引发情绪事件被个体判断为自身原因，个体则会产生道德情绪；若被归因为外部环

---

① Leary, M. R., "Motivational and emotional aspects of the self", *Annual Review of Psychology*, *MEMO*, No. 58, 2007.

② Stipek, D., "Effects of different instructional approaches on young children's achievement and motivation", *Child Development*, Vol. 66, No. 1, 1995.

境，则个体会有如高兴、愤怒等基本的情绪产生。由此可见，归因在道德情绪的形成和发展中起到重要作用，它会受到自我评估过程的影响，相反也会影响着自我评估过程。有研究认为，区分不同类型的道德情绪可以从稳定和整体两个维度进行分类。如果个体认为，成功事件是内部自我原因，并且归因为稳定的和整体的，那么个体会产生自豪情绪；在失败事件中，则产生羞耻的情绪，例如“我是个没能力的人”；在成功事件中，归因为内部的自我原因，并且归因为不稳定的、非整体的，个体则产生成就倾向的自豪，如“这件事情我做得非常好”，在失败事件中，则会产生内疚的情绪，如“这件事情我没有做好”。有研究显示，如果个体在公众环境下，将注意力转移到“公众自我”时，会同时激活个体的“公我意识”，当自己公众的目标与认同的目标相悖，就产生尴尬情绪。

第四节　道德情绪的功能

道德情绪作为情绪的重要组成部分，对于个体的发展有着重要的影响。良好的道德情绪状态，有利于个体的心理健康。道德情绪对于个体具体功能的影响主要包括以下五点。

一　反馈功能

因为道德情绪是关于个体自己对于自己评价和认知的情绪，那么它就会对于个体的行为是否合乎社会规则进行反馈，这种反馈能够激励个体产生相应的积极的道德行为，所以个体的自我意识能够间接影响到个体行为。不同的道德情绪会对道德行为产生不同的影响。内疚和可信的自豪（authentic pride）都能够促进道德行为，而羞耻和自大的自豪（hubristic pride）有可能对道德行为产生损害。Ongley、Nola 和 Malti（2014）发现在道德情境中经历积极道德情绪是一种奖励性或者促进性的因素。当行为与道德规范一致时，个体会因对自己和自己的道德行为感到满意而开心。当个体体验到消极道德情绪时，自我认知和评价难以与道德规则相符合，这时个体就会想办法转向符合社会道德的行为，通过某种行为来弥补自己的过失；相反如果个体体验到积极的道德情绪时，说明两者相符，那么个体会产生更多该种行为，进而使自身的自尊等积极品质得以提升，人际关系也得到进一步改善。[①]

二 影响个体的社会性行为

道德情绪对于个体行为的产生、发生的频率和抑制有重要影响。Eisenberg（2000）认为道德情绪既能促进个体道德行为的发展，同时也能阻断不道德行为的产生和发展。[②]国外学者 Chapman 等（1987）发现小学幼儿对故事情境中内疚情绪的归因与其随后的帮助行为呈正相关。[③] Vangelisti 和 Sprague（1998）的研究发现，内疚能促使个体避免出现不道德行为，产生道德行为，而且伴随着内疚的负罪感能增加人们的亲社会行为。[④] Othof（2012）发现消极道德情绪可以预测 10 岁和 13 岁幼儿的亲社会行为。[⑤] Gummerum 等（2010）发现 3—5 岁幼儿在快乐的损人者游戏中的消极道德情绪自我归因可以显著预测其在独裁者游戏中的分配行为。[⑥] Weller 和 Lagattuta（2013）发现，那些对任务进行积极

---

① Ongley, S. F., Nola, M., and Malti, T., "Children's giving: moral reasoning and moral emotions in the development of donation behaviors", *Frontiers in Psychology*, Vol. 5, No. 12, 2014.

② Eisenberg, N., "Emotion, regulation and moral development", *Annual Review of Psychology*, *MEMO*, No. 51, 2000.

③ Chapman, M., Zahn-Waxler, C., Cooperman, G., and Lannotti, R., "Empathy and responsibility in the motivation of children's helping", *Developmental Psychology*, Vol. 23, No. 1, 1987.

④ Vangelisti, A. L., Sprague, R. J., *Guilt and hurt: Similarities, distinctions, and conversational*, Andersen P. A., Guerrero L. K., Handbook of communication and emotion: Research, theory, applications, and contexts, San Diego: Academic Press, 1998, pp. 123 – 154.

⑤ Othof, T., "Anticipated feelings of guilt and shame as predictors of early 'adolescents' antisocial and prosocial interpersonal behavior", *European Journal of Developmental Psychology*, *MEMO*, No. 9, 2012.

⑥ Gummerum, M., Hanoch, Y., Keller, M., Parsons, K., and Hummel, A., "Preschoolers' allocations in the dictator game: the role of moral emotions", *Journal of Economic Psychology*, *MEMO*, No. 31, 2010.

道德情绪归因的幼儿愿意牺牲自己的利益去帮助有需要的人。[①]因此，我们可以相信这种积极的奖励性情绪体验会促进利他亲社会行为。

三　影响社会适应

已有相关的研究显示，羞耻和内疚情绪能够对受到损伤的自我产生保护和修护的作用。适度的羞耻和内疚情绪体验能够使个体产生亲社会行为，从而保护自我，但是如果体验过度则会适得其反。自豪和尴尬会促进个体与他人之间的行为发生。也有相关研究发现尴尬情绪会抑制个体产生帮助别人的动机，因为个体的情绪多数是由于自卑和不足产生，从而影响个体帮助别人的信心，进而影响个体的人际交往及适应性行为。但另一方面，尴尬在遵守规则和避免排斥方面存在着积极的意义。

四　调节作用

Krebs（2008）认为道德情绪是道德形成机制的重要组成部分，它在个体的道德准则和道德行为间起着调节作用。自豪、感戴等积极情绪一方面能激励个体尽量做社会认可的事，另一方面，内疚感和羞耻感等消极情绪也可以迫使个体停止不道德的行为。[②] Huebner 等（2008）将道德情绪的这种调节作用具体划分为 4 个方面：①不道德行为会导致个体产生耻辱、羞耻、愤怒或厌恶等道德情绪。②道德情绪会导致个体改变行为，例如厌恶情绪会使个体尽量避免做令他人受伤害的不道德行为，而内疚则可能导致自我惩罚，即对不道德行为的一种自我否认。③道德情绪强烈地影响着道德判断。④从道德行为的起源来看，个体早期的道德行为一定包含某种情感动机。[③]

---

① Weller, D., and Lagattuta, K. H., "Helping the in-group feels better: Children's judgments and emotion attributions in response to prosocial dilemmas", *Child Development*, Vol. 84, No. 1, 2013.

② Krebs, D. L., "Morality: an evolutionary account", *Perspectives on Psychological Science*, Vol. 3, No. 3, 2008.

③ Huebner, B., Dwyer, S., and Hauser, M., "The role of emotion in moral psychology", *Trends in Cognitive Sciences*, No. 13, 2008.

五　影响道德发展

当个体认为现实的道德自我与已有道德标准不符合时，就会促使道德情绪产生，此时个体会得到重要的即时反馈，这种反馈具有道德净化作用。它能够促进个体在道德层面对于自己的理想自我进行检测和再评，并使个体向符合道德标准的方向发展。冯晓杭（2012）认为当个体侵犯他人利益或出现过错时，所产生的羞耻情绪会起到自我道德净化作用，促使个体审视自己的过错，并进一步调整自己的行为以达到心理平衡。① Tangney 和 Stuewig（2006）的研究发现内疚能够正向预测道德行为，反向预测犯罪等非道德行为。何华容和丁道群（2016）研究也指出内疚这种道德情绪不仅促进道德品格和行为的发展，还能阻止不道德品格和行为的产生和发展。②

第五节　道德情绪的影响因素

道德情绪对于幼儿道德发展产生重要影响的同时也受到很多因素的影响。首先，个体的特质，如人格因素以及生理方面的因素会对于道德情绪产生重要影响；其次，由于个体的道德情绪是个体对事件评价和认知共同作用的结果，所以个体的认知能力也会对于个体的道德情绪有影响；最后，外部环境因素对于道德情绪也有重要的影响。具体影响情况如下。

一　生理因素

对于幼儿道德情绪与性别之间的关系，Walter 和 Burnaford（2006）的研究指出，在犯过情境中，女孩通常比男孩更多地体会到内疚和羞愧

① 冯晓杭：《文化与自我意识情绪》，东北师范大学出版社 2012 年版。
② 何华容、丁道群：《内疚一种有益的负性情绪》，《心理研究》2016 年第 1 期。

等消极情绪。① 而我国学者李占星等（2014）的研究发现，在损人情境中，6 岁的女孩对于他人快乐情绪的判断能力比 6 岁的男孩要高。② Roos 等（2011）的研究发现，女孩比男孩更容易体验到消极道德情绪。③然而，有相关研究发现某些道德情绪不存在性别上的差异，因为道德情绪很大程度上也受社会文化因素的影响，所以需要综合考虑性别对于道德情绪的影响。

二　人格因素

Malti、Gasser 和 Buchmann（2009）认为，道德与人格之间显著相关，人格能够影响到一个人的外在表现，这种外在的表现会影响和改变一个人在外部环境中的行为是否与规范相符合。人格中有关于自我内在的部分与道德情绪之间有着明显联系，他们对人格和道德情绪判断之间的关系做了系统研究。结果显示，人格系统中的宜人性部分能够明显影响道德情绪判断，进一步研究发现，15—21 岁，青春期个体在宜人性和责任心人格维度上的得分均与他们的道德情绪判断模式存在显著相关。④ Smith 等（2010）对比了 4 岁幼儿对悔过型和不肯悔过型的损人者的情绪判断与归因，结果出现了快乐的损人者现象。大多数幼儿预期不悔过的幼儿高兴而预期悔过的幼儿难过。即幼儿更倾向于将不悔过型的损人者的高兴反应归因为获利，而将悔过型的损人者的难过情绪反应归因为损人者易感受到恐惧，他的内疚情绪产生得更多。⑤我国学者杨丽

① Walter, J. L., and Burnaford, S. M., "Developmental Changes in Adolescents' Guilt and Shame: The Role of Climate and Gender", *North American Journal of Psychology*, *MEMO*, No. 8, 2006.

② 李占星、曹贤才、庞维国等：《6—10 岁儿童对损人情境下行为者的道德情绪判断与归因》，《心理发展与教育》2014 年第 3 期。

③ Roos, S., Salmivalli, C., and Hodges, E. V., "Person context effects on anticipated moral emotions following aggression", *Social Development*, Vol. 20, No. 4, 2011.

④ Malti, T., Gasser, L., and Buchmann, M., "Aggressive and prosocial children's emotion attributions and moral reasoning", *Aggressive Behavior*, Vol. 35, No. 1, 2009.

⑤ Smith, C. E., Chen Diyu, and Harris, P. L., "When the happy victimizer says sorry: children's understanding of apology and emotion", *The British Journal of Developmental Psychology*, Vol. 28, No. 4, 2010.

珠等（2004）系统地划分了幼儿的气质，其中受到社会抑制较多的幼儿，内疚情绪较多；当幼儿的专注能力较强，受社会抑制也比较多时，尴尬情绪也更容易出现；另外，除了专注能力外，如果幼儿的情绪体验维度更强烈，那么羞耻情绪的水平较高。[1]

三　认知评价

大量研究表明，认知评价（cognitive evaluation）影响情绪体验。美国心理学家 Arnold 提出情绪的评定——兴奋说是早期情绪认知理论的代表，这个学说使得评价这一概念与对情绪的认知取向的定义紧密地联系了起来。该学说认为，刺激情境并不直接决定情绪的性质，从刺激出现到情绪产生要经过对刺激的估量和评价。情绪产生的基本过程是：刺激情境—评估—情绪。这表明，人类的情绪情感不直接由客观的情绪刺激物引起，而是取决于人对刺激物的认知。评价过程不仅决定我们是否体验到情绪，还强烈影响我们情绪体验的具体状况。沙赫特和辛格用实验证明，认知因素（对身体生理状态变化的认知解释）是影响情绪经验的主要原因，情绪状态是认知过程、生理状态和环境因素在大脑皮层中整合的结果，情绪唤醒模型的核心部分是认知。Lazarus（1982）的研究结论为“认知活动不仅是情绪的充分条件，也是情绪的必要条件”，“认知评价是所有情绪状态构成基础和组成特征”。[2]也就是说，离开认知活动的情绪是不存在的。情绪反映的所有三个方面——身体状态、行为表现和主体经验，都需要认知评价作为一个必要的先决条件，即认知评价先于情绪唤醒。

Ellsworth 等（1988）认为评价导致情绪发生，情绪反过来也会影响进一步的评价。由于评价在本质上相当复杂，这就往往会出现许多复杂

---

① 刘文、杨丽珠：《社会抑制性与父母教养方式对幼儿利他行为的影响》，《心理发展与教育》2004 年第 1 期。

② Lazarus, R. S., "Thoughts on the relation between emotion and cognition", *American Psychologist*, Vol. 37, No. 9, 1982.

情况，于是情绪发生的先后顺序就可能由清楚变得笼统。[①]

他人评价会对自我评价产生影响进而对自我认知产生相应的影响。别人对自己的态度，是自我评价最直接的来源，人在与他人相处的过程中，会从他人的评价中发现自己的特点。他人评价这面镜子，并不是指某个人的某一次评价，而主要是指对自己有影响的、关系较为密切的人，从一系列的评价中概括出来的某些经常的、稳定的评价。个人常常根据他人对自己的评价与态度来评价自己。英国著名的社会学家库利指出，"自我概念是他人反馈的函数"，"人是在他人眼睛中照见自己的"。当人总是能够感觉到自己被他人温柔、热情且尊重地对待，那么他的自我价值感就很高，会更加自信，相反的，则会感到自卑与自我怀疑。幼儿最初的自我价值感来自父母无微不至的关怀和照顾，最初的能力感与动作的发展和对环境的"控制"有关。安全感、归属感、成功感等直接影响幼儿的自尊、自信。教师对幼儿关爱、肯定、信任、尊重的态度及为幼儿提供的自主、成功的机会等，都有利于提高幼儿的自尊、自信；反之，不考虑幼儿之间的个体差异，把同一难度的任务要求所有幼儿，必定会使一部分幼儿产生挫败感，降低他们的自尊、自信。

四　情境因素

发生道德情绪时的情境对于幼儿也有着十分重要的影响。一方面，部分不好的道德情境反而能够对幼儿的社会行为起到良好的作用，虽然不良的情境会使幼儿产生例如内疚的情绪，但是这种情绪会激发幼儿作出补偿的行为，从而促进幼儿对于自身的不足进行修正；另一方面，是否有别人在场的道德情境，也会对于幼儿的情绪产生影响，同时，家庭的结构和模式也会影响幼儿的道德情绪，良好的家庭氛围有利于幼儿积极道德情绪的产生。有研究发现，没有受到过虐待的幼儿比受过虐待的

---

① Ellsworth, P. C., and Smith, C. A., "From appraisal to emotion: Differences among unpleasant feelings", *Motivation and Emotion*, *MEMO*, No. 12, 1988.

幼儿更容易体验到积极的道德情绪，而 Kelley 等（2000）的研究发现，母亲在幼儿 2 岁时对幼儿的消极评价能够预测幼儿后来的羞耻情绪。[①] Ross 等（2005）研究了无人目睹、最喜欢的人目睹以及全班目睹三种情境下 4—5 年级幼儿对损人者的道德情绪判断情况，结果发现，与无人目睹和全班目睹相比，当最喜欢的人目睹损人行为时，幼儿更容易产生"羞耻"情绪。由此可见，当有对于幼儿来说很重要的人目睹的情境，会影响到幼儿的道德情绪的发展。[②]

---

① Kelley, S. A., Celia A. B. and Susan B. C., "Mastery Motivation and Self-Evaluative Affect in Toddlers: Longitudinal Relations with Maternal Behavior", *Child Development*, Vol. 71, No. 4, 2000.

② Ross, H. S., Recchia, H. E., and Carpendale, J. I. M., "Making sense of divergent interpretations of conflict and developing an interpretive understanding of mind", *Journal of Cognition and Development*, 6 (4), 2005, pp. 571 - 592.

第二章　3—6 岁幼儿道德情绪表征

第一节　3—6 岁幼儿内疚情绪表达规则

一　情绪表达规则策略概念界定

情绪表达规则策略是个体通过情绪表达规则知识对自己真实情绪进行管理的方式，是调节控制情绪外部表达的方法和手段。根据 Ekman 和 Friesen（1969）的研究，情绪表达规则策略主要有以下四种常用的类型，即平静化、夸大、弱化和掩饰。四种情绪表达规则策略的概念如下，平静化策略就是个体隐藏起自己的内部真实情绪感受，通过平静中性的外部表情来替代内在真实情绪，换以自然平静的状态将情绪表达出来（没什么表情）；夸大策略就是增大外部情绪表达的强度，即个体在表达自己的情绪和感受时，用比内部真实情绪体验更加强烈的形式来表达（夸张的表情）；弱化策略就是减小外部情绪表达的强度，通过表达出比内部真实情绪体验强度弱的形式表达出自己的情绪，使得个体内部真实情绪情感得到削弱（降低面部表情动作幅度）；掩饰策略就是用完全相反的情绪，即个体通过与内部真实情绪完全不一样（多数相反）的外部表情来替代内部真实情绪体验。[1]不同情绪表达规则策略的具体作用有所不同。例如，夸大策略的主要作用是自我保护，使用夸大策略能够得到他人的帮助或者能够吸引他人的注意；弱化策略的主要作用是

---

① Ekman, P. and Friesen, W. V., "The repertoire of nonverbal behavior: Categories, origins, usage, and coding", *Semiotica*, No. 1, 1969.

改善人际关系，利于社会交往；掩饰策略的主要作用是友善的同感或者是自我揶揄。由以上描述可知，在日常生活中具体应该运用哪种情绪表达规则策略需要根据具体不同情境来决定。有研究表明，简单情绪表达规则策略的使用在个体婴儿时期就被发现，3—4 岁的幼儿就已经知道了该怎样分别内部真实情绪与外部情绪表达（Harris et al.，1986）。[①]做出切合于社会期望的合适的情绪表达是幼儿对社会的适应性表现，适宜的情绪表达会使幼儿取得积极的社交结果。若幼儿能够合理地运用情绪表达规则策略，那么幼儿在人际交往中就能够更好地获得他人的关注和帮助、进行自我保护、获得良好的人际关系。

（一）幼儿情绪表达规则策略研究现状

幼儿年龄对于情绪表达规则策略的发展是十分重要的，大部分研究发现情绪表达规则策略的使用存在年龄差异（徐涛，2005），[②]认为幼儿只有一种策略的年龄差异是显著的，即为平静化策略，并且幼儿年龄越大，平静化策略出现频次越多，而掩饰、策略和弱化策略这三种情绪表达规则策略均无年龄差异（刘凤玲，2009）。[③]幼儿情绪表达规则策略运用上是否存在性别差异仍有争论，Gosselin 等（2002）的研究表明，在掩饰策略上，男孩在消极情绪情境中的使用频次比女孩多，其他策略不存在明显性别差异。[④]在情绪表达规则策略的使用情况上，女孩比男孩表现的更好，尤其是平静化策略（王军利，2012），[⑤] Jackie 等（1986）的研究未发现幼儿情绪表达规则策略运用上有明显性别差异。[⑥]

① Harris, P. L., Donnelly, K., Guz, G. R., and Pitt-Watson, R., "Children's understanding of the distinction between real and apparent emotion", *Child Development*, No. 57, 1986.

② 徐涛：《儿童情绪表达规则发展的影响因素研究综述》，《社会心理科学》2005 年第 1 期。

③ 刘凤玲：《学前儿童情绪表达规则认知能力的发展研究》，硕士学位论文，吉林大学，2009 年。

④ Gosselin, P., Warren, M., and Diotte, M., "Motivation to Hide Emotion and Children's Understanding of the Distinction Between Real and Apparent Emotions", *The Journal of Genetic Psychology: Research and Theory on Human Development*, Vol. 163, No. 4, 2002.

⑤ 王军利：《3—5 岁幼儿表情标签与识别能力及情绪表达规则认知的发展研究》，硕士学位论文，浙江师范大学，2012 年。

⑥ Jackie, G., and Hess, Debra L. R., "Children's Understanding of Verbal and Facial Display Rules", *Developmental Psychology*, Vol. 22, No. 1, 1986.

此外，Josephs（1994）和 Gosselin 等人（2002）发现幼儿更多地运用平静化策略，幼儿情绪表达规则策略的使用存在着性别和年龄上的差异，年龄稍大的男孩儿更多地使用掩饰策略，而年龄偏小的男孩较少使用。[①]刘凤玲（2009）认为 4—6 岁幼儿在平静化策略的使用上存在显著年龄差异，年龄越大幼儿平静化策略使用频次越多，而其他三种策略未见明显年龄差异。3—5 岁幼儿在这些情绪表达规则策略的运用上均存在趋势不同的年龄差异，幼儿运用最多的和运用最早的策略为平静化策略，平静化策略发展的关键阶段是小班到中班阶段，而到了大班阶段这种发展现象接近平缓。可见研究所得结论有所不同，因此，对于幼儿情绪表达规则策略的使用情况仍需深入研究。

（二）幼儿情绪表达规则策略研究方法

幼儿情绪表达规则策略研究的主要研究方法有：自然观察法、故事情境法、场景实验法等。

1. 自然观察法

Brown 和 Jones 等（1967）使用自然观察法研究幼儿在自然状态下游戏时内部真实情绪体验和外部情绪表达不同，他们发现，在受伤以后，3、4 岁的幼儿在知道自己的监护人正在看着自己时，幼儿会表达出更为强烈的消极情绪，更容易大哭，即使用夸大策略，如果他发现没有人注意着他，则会较少哭泣甚至不在乎自己受伤。[②]使用自然观察法的优点是，这种方法运用起来很简单，能够获得许多直观生动的资料，适合对婴儿和学龄前幼儿进行实验研究。但是这种方法也存在缺点，描述性的方法对自然观察到的结果难以深入量化分析，不能分析出事物之间是否存在关联，也不能控制好一些无关变量，难以重复验证，因此，这种方法通常与其他研究方法一起使用。

---

① Josephs, I. E., "Display rule behavior and understanding in preschool children", *Journal of Nonverbal Behavior*, *MEMO*, No. 18, 1994.

② Brown, R. N. G., Jones, B., and Hussell, D. J. T., "The breeding behaviour of sabine's gull, xema sabini", *Behaviour*, Vol. 28, No. (1 - 2), 1967.

2. 故事情境法

故事情境法为实验者编制出经评定适合实验的情境故事，让被试回答和故事相关的问题，最后分析回答的内容。该方法所用原理为投射，主体内部真实情绪能较真实地反映出（刘航，2013）。[①]这种方法是最常被使用的情绪表达规则策略研究方法之一。Harris 等人（1986）的研究使用故事情境法，编制了 8 个故事引发幼儿不同情绪体验，然后提问被试内部真实感受问题（如你认为主人公心里感觉怎样?）和外部情绪表达问题（如主人公的脸上看起来是什么样子的?）等，当幼儿报告的内部真实情绪与外部情绪表达不同时就表明其使用了某种情绪表达规则策略。[②]有研究者设置了生气、伤心和高兴三种情境故事，被试需要在故事讲完后回答问题，如“小红/小明的心情是什么样的”“小红/小明的脸上的表情是什么样的”。有研究让被试将自己想象成故事中的主人公，然后问被试，如“你发现这是你最不喜欢吃的食物，你心里会感觉怎么样？你脸上看起来是什么样的?”（王军利，2012）。[③]研究幼儿情绪表达规则策略的使用和发展情况（何洁、徐琴美、王旭玲，2005）。[④]但是故事情境法不适合年龄过小的幼儿，因为这种方法需要被试有一定的语言表达能力，如果通过生动有趣的图片作为实验的辅助工具，来对情境故事进行讲解说明，也能够使得故事情境法适合学龄前幼儿。

3. 场景实验法

场景实验法为实验者观察并采集录像来观察在特定情境下被试的自然反应，分析被试的表情言语和行为等来研究幼儿情绪表达规则策略运

---

① 刘航：《学前儿童情绪伪装的行为特点及其影响因素》，硕士学位论文，东北师范大学，2013 年。

② Harris，P. L.，Donnelly，K.，Guz，G. R.，and Pitt-Watson，R.，“Children's understanding of the distinction between real and apparent emotion”，*Child Development*，*MEMO*，No. 57，1986.

③ 王军利：《3—5 岁幼儿表情标签与识别能力及情绪表达规则认知的发展研究》，硕士学位论文，浙江师范大学，2012 年。

④ 何洁、徐琴美、王旭玲：《幼儿的情绪表现规则知识发展及其与家庭情绪表露、社会行为的相关研究》，《心理发展与教育》2005 年第 3 期。

用情况。Saarni（1984）[①]和 Cole（1986）[②]开创了“失望礼物范式”。主试让被试幼儿在所用的礼物中选出最喜爱的和最讨厌的礼物，然后告诉被试如果他/她能够配合主试顺利完成某种任务，就能够在结束后得到自己最喜爱的礼物，但是在任务结束后主试给被试的却是他/她最讨厌的礼物。观察幼儿得到最讨厌礼物后的表情言语和动作后进行编码分析，因为送礼物者的心意是好的，所以即使收到自己讨厌的礼物也不能让送礼物的人知道。根据社会道德要求，多数幼儿表现出与自己内部真实感受不同的外部情绪表达（面部表情），即使用了情绪表达规则策略。场景实验法的优点为，能直观看到儿童在自然状态自然的反应，缺点为实验操作过程复杂，需要主试对实验过程非常熟练，实验设计应严格谨慎，实验花费较高，实验误差难以控制，这些缺点限制了这种研究方法的使用范围。本节使用故事情境法。

4. 已有研究不足

（1）情绪表达规则的认知能力研究众多，对情绪表达规则策略运用的研究不足。已有的关于幼儿情绪表达规则研究大多数是对幼儿情绪表达规则认知能力和认知水平方面的研究，而对幼儿情绪表达规则策略运用情况的研究仍不足。加强对幼儿情绪表达规则策略运用情况的研究是有必要的。

（2）基本情绪类型的研究多，内疚等道德情绪类型研究较少，已有幼儿情绪表达规则策略的研究大部分都仅针对一些基本情绪类型如高兴、生气、伤心等的讨论研讨，而道德情绪如自豪、内疚、尴尬等情绪尤其是内疚情绪的研究较为少见。

（3）研究对象单一

已有的情绪表达规则策略研究的主要研究方法为结构性访谈或是开放式问答，要想使访谈成功开展，就要求被试必须具有一定的语言能

---

① Saarni, C., "An observational study of children's attempts to monitor their expressive behavior", *Child Development*, Vol. 55, No. 4, 1984.

② Cole, P. M., "Children's spontaneous control of facial expression", *Child Development*, Vol. 57, No. 6, 1986.

力。情绪表达规则策略的研究对象大多为已经具备了一定的语言表达能力的年龄稍大的小学儿童，对学龄前幼儿的研究较少。

二　研究设计

（一）研究目的和意义

1. 研究目的

考察3—6岁幼儿内疚情绪表达规则策略使用的情况。考察3—6岁幼儿的内疚情绪表达规则策略运用情况在不同年龄、性别和不同情境下存在的差异。

2. 研究意义

理论意义：幼儿情绪表达规则的研究是当今幼儿心理学研究中的一个重要研究课题。本节将探讨3—6岁幼儿内疚情绪表达规则策略的运用情况。在理论上，本节对以往的幼儿情绪表达规则研究进行加深和拓展，为幼儿情绪表达规则的教育实践提供支持。在情绪类型方面，前人研究大多关注一些基本的情绪类型，如高兴、生气、伤心等，而对道德情绪如自豪、内疚、尴尬等情绪的研究较少，进一步探索幼儿在其他情绪情境中，尤其是道德情绪情境中的情绪表达规则策略使用情况是有必要的，因此本节创设了内疚情绪情境，有助于了解幼儿情绪表达规则策略的使用情况，丰富其相关研究，并拓宽研究领域。

实践意义：本节将对3—6岁幼儿情绪表达规则的策略进行探讨，对于教师、父母等在日常教学、生活中引导幼儿进行积极、合理的情绪认知、情绪体验，有助于幼儿掌握情绪表达。同时，在教育实践中对3—6岁幼儿怎样选择合适的情绪表达策略，提供教育教学建议，使教师根据3—6幼儿内疚情绪发展的年龄与性别的特点进行授课，提升教学的质量，进而使3—6岁幼儿的社会适应能力得到提升，使3—6岁幼儿的同伴关系和亲子关系得到改善。

（二）研究假设

1. 幼儿情绪表达策略随年龄增长而逐渐增多。

2. 3—6岁幼儿内疚情绪表达规则策略的使用情况为，频次最多的内疚情绪表达规则策略为平静化策略，较少的为掩饰策略，再次为弱化策略，夸大策略使用次数最少。

3. 在 3—6 岁幼儿内疚情绪表达规则策略的运用情况中，幼儿的年龄差异显著，性别差异显著，不同内疚情境下的差异显著。

（三）研究方法

1. 研究对象

从吉林省长春市两所幼儿园中选取 3—6 岁幼儿共 142 名，其中小班幼儿 45 名（男孩 22 名，女孩 23 名，平均年龄 M = 42.3 ± 3.4 月），中班幼儿 49 名（男孩 20 名，女孩 29 名，平均年龄 M = 56.4 ± 3.6 月），大班幼儿 48 名（男孩 26 名，女孩 22 名，平均年龄 M = 66.8 ± 3.2 月），被试幼儿的思维和语言发育均正常。

2. 研究设计

本节采用 3（年龄：小班、中班、大班）×2（性别：男、女）×2（内疚情绪情境类型：违反规则情境、伤害他人情境）的混合实验设计。其中被试间变量为年龄和性别，被试内变量为内疚情绪故事情境的类型，因变量为四种情绪表达规则策略。

3. 实验材料

幼儿内疚包括两个方面，违反规则的内疚和伤害他人的内疚（董傲然，2014）。[①]违反规则的内疚是当自己发生了违反规则、损坏物品的不正确行为时出现的内疚，没有特定的受害者；伤害他人的内疚是侵犯了他人身体或者弄坏了他人的物品时产生的内疚，有特定的受害者。问卷有两个维度，违规内疚和伤他内疚，问卷构成项目为 11 个，采用 5 等级评定标准，该问卷的分半信度为 0.811，内部一致性信度为 0.946，重测信度为 0.722 和评分者一致性信度为 0.733。说明该问卷是可靠的、有效的且具有较高稳定性的。本节所使用的内疚故事情境，选自董傲然（2014）幼儿内疚发展教师评定问卷中的两个典型内疚事件，即

---

① 董傲然：《幼儿内疚发展及其与气质、父母教养方式的相关研究》，硕士学位论文，辽宁师范大学，2014 年。

幼儿把教室内的玩具一不小心弄坏了和幼儿在户外游戏的时候一不小心把其他小朋友碰到了，故事经预实验修订而成，一共有 2 个引发幼儿产生内疚情绪体验的情境故事，但是如果直接表现内部真实的内疚情绪体验，会不切合社会期望，需要个体调节外部的情绪表达即面部表情。每个内疚情绪情境故事均配一幅生动的彩色故事图片使得幼儿能够对故事有准确的理解。因 3—6 岁幼儿处于语言能力发展阶段，为了使实验顺利开展，内部真实情绪与外部情绪表达的测量使用彩色卡通图片，均为 5 张。内部真实情绪为非常难过、有点难过、平静、有点开心、非常开心 5 个等级；外部情绪表达即面部表情为大哭、哭、没有表情、笑、大笑 5 个等级。内疚情绪故事情境包括违反规则内疚故事情境与伤害他人内疚故事情境两种，情境故事中主人公的名字与被试的性别相一致。下面是故事情境内容（具体见附录一：幼儿内疚故事情境实验材料）。

违反规则内疚故事情境：活动的时候，老师给小朋友们分发了好玩的玩具，明明（妞妞）也得到了一辆小汽车（一个小兔子），结果他一不小心把小汽车（小兔子）掉在了地上，小汽车（小兔子）摔坏了。

伤害他人内疚故事情境：游戏的时候，亮亮（红红）一不小心把月月（磊磊）撞倒了，月月（磊磊）坐在地上哇哇地哭了起来。

4. 实验程序

实验选择在不受干扰的房间进行，实验时主试和被试进行一对一施测。主试首先给被试解释心情（内部真实情绪）和表情（外部情绪表达）的区别，然后主试向被试提出问题，“你的心情别人看得到吗？你的表情别人看得到吗？”一直到被试的回答能够基本正确，随后进行正式实验。

在幼儿了解了心情和表情二者的区别后，主试给幼儿讲两个设定好的故事，故事配有彩色图片帮助理解，然后主试向被试提出真实情绪问题：“明明/妞妞现在的心情是什么样的呢？”“这里有五张心情小图片，请宝贝儿选择一张心情图片，放在明明/妞妞的心上。”主试请被试幼儿根据主试讲述的故事，在五张心情彩色卡通图片中挑选一张图片放在故事图片中主人公的心上。然后主试问被试外部情绪表达问题：“明明/妞妞把小汽车/小兔子摔坏了的时候，他/她旁边的小朋友和老师也看见了。那么现在明明/妞妞的脸上会是什么表情呢？这里有五张表情小图片，请宝贝儿选择一张表情图片，放在‘明明/妞妞’的脸上。”让被试在五张表情彩色卡通图片中挑选一张图片放在故事图片中主人公的脸上。这两个故事的先后顺序为，先违反规则情境故事后伤害他人情境故事和先伤害他人情境故事后违反规则情境故事各占一半，用以平衡顺序效应，整个实验持续时间为 5—10 分钟。

5. 计分与编码

根据 Gosselin（2002）的情绪表达规则策略编码的规则，当幼儿表达出的内部真实情绪和外部情绪不同时，才判断幼儿使用了情绪表达策略，在此基础上进行记分。

以下是本节具体的编码规则：如果幼儿选择了平静的外部表情，则判断幼儿使用了平静化策略（例如：内部真实情绪体验是 1、2、4 或 5，外部表情是 3）；如果幼儿选择的外部表情和内部情绪性质（消极或积极）不同，则判断幼儿使用了掩饰策略（例如：内部真实情绪体验是 1 或 2，而外部表情是 4 或 5）；如果幼儿选择面部表情与内部情绪性质一致，但面部表情相对内部情绪强度较小，则判断幼儿使用弱化策略（例如：内部真实情绪体验是 1 而外部表情是 2，或者内部真实情绪体验是 5 而外部表情是 4）；如果相反，则判断幼儿使用了夸大策略（例如：内部真实情绪是 2 而外部表情是 1，或者内部真实情绪是体验 4 而外部表情是 5）。每种情绪表达规则策略的分数是幼儿使用那种情绪表达规则策略的次数。例如：在某一个内疚故事情境中，幼儿使用了平静化策略，该策略分数为 1，其他三种策略分数为 0，若幼儿未使用任何情绪表达规则策略（内部真实情绪体验与外部表情的选择相同），该种内疚故事情境对应的四种策略分数均为 0，所以 0—2 为本节中一个被试在一种策略上的得分区间。

6. 数据处理

本节实验数据采用统计软件 SPSS 22.0 进行数据录入和统计分析。本节使用的主要统计方法为描述统计分析和独立样本卡方检验。

三 研究结果

（一）共同方法偏差检验

采用 Harman 单因子对共同方法偏差进行检验，对 3—6 岁幼儿内疚情绪表达规则策略的检验结果显示：有 3 个因子的特征根值大于 1，第一个因子的解释变异量为 32.03%，小于 40%。结果表明本节没有严重共同方法偏差。

（二）幼儿内疚情绪表达规则策略

从表 2 - 1 对内疚情绪表达规则策略中的四种内疚情绪表达规则策略，以及策略总数进行描述统计分析发现，使用频次最高的策略为平静化策略，而使用频次次之的是弱化策略，夸大策略再次之，使用次数最少的内疚情绪表达规则策略是掩饰策略。

表 2 - 1 幼儿内疚情绪表达策略使用情况的描述性分析（$M \pm SD$）

年龄	性别	N	掩饰策略	平静化策略	夸大策略	弱化策略
大班	男	26	0.04 ± 0.20	0.50 ± 0.65	0.19 ± 0.40	0.42 ± 0.58
	女	22	0.00 ± 0.00	0.64 ± 0.85	0.18 ± 0.50	0.27 ± 0.55
中班	男	20	0.15 ± 0.37	0.40 ± 0.68	0.15 ± 0.37	0.35 ± 0.59
	女	29	0.14 ± 0.35	0.55 ± 0.74	0.21 ± 0.49	0.31 ± 0.47
小班	男	22	0.18 ± 0.39	0.32 ± 0.48	0.32 ± 0.57	0.23 ± 0.43
	女	23	0.22 ± 0.52	0.30 ± 0.63	0.61 ± 0.72	0.09 ± 0.42

（三）不同年龄幼儿内疚情绪表达规则策略运用的差异分析

考察 3—6 岁幼儿在使用四种不同的情绪表达规则策略时是否存在显著差异，对四种内疚情绪表达规则策略及策略总数进行不同年龄下的独立样本 χ^2 检验，从表 2 - 2 可见，情绪表达规则策略总数的差异不显著，在这四种内疚情绪表达规则策略中，年龄差异显著的策略是夸大策略，而掩饰、平静化和弱化这三种策略年龄差异均不显著。这样的结果说明了不同年龄的 3—6 岁幼儿对掩饰、平静化和弱化策略这三种内疚情绪表达规则策略的运用情况相同，小班幼儿对夸大策略的运用比大班和中班幼儿运用多。

表 2 - 2　　不同年龄幼儿内疚情绪表达规则策略的差异分析

策略		大班	中班	小班	χ^2 （$df=2$）
掩饰策略	出现	1	7	9	6.98
	未出现	95	91	81	
平静化策略	出现	27	24	14	4.38
	未出现	69	74	76	
夸大策略	出现	9	9	21	10.25 *
	未出现	87	89	69	
弱化策略	出现	17	16	7	4.41
	未出现	79	82	83	
总数	出现	54	56	51	0.01
	未出现	330	336	309	

注：* 表示 $p<0.01$。

（四）不同性别幼儿内疚情绪表达规则策略运用的差异分析

考察 3—6 岁幼儿使用四种不同的内疚情绪表达规则策略是否存在差异，对四种内疚情绪表达规则策略及策略总数进行不同性别下的独立样本 χ^2 检验，从表 2 - 3 可见情绪表达规则策略总数的性别差异不显著，四种策略的性别差异均不显著，结果说明 3—6 岁幼儿中男生和女生对掩饰、平静化、夸大和弱化策略这四种策略的运用情况相同。

表 2 - 3　　不同性别幼儿内疚情绪表达规则策略的差异分析

策略		男	女	χ^2
掩饰策略	出现	8	9	0.01
	未出现	60	65	
平静化策略	出现	28	37	1.11
	未出现	40	37	
夸大策略	出现	15	24	1.91
	未出现	53	40	
弱化策略	出现	23	17	2.06
	未出现	45	57	

续表

策略		男	女	χ^2
总数	出现	74	87	0.70
	未出现	198	199	

（五）不同内疚情境下幼儿内疚情绪表达规则策略运用的差异分析

考察3—6岁幼儿使用四种不同的内疚情绪表达规则策略是否存在显著差异，对四种内疚情绪表达规则策略及策略总数进行不同情境下的独立样本χ^2检验，从表2－4可见内疚情绪表达规则策略总数的情境差异不显著，四种策略的情境差异均不显著。这样的结果说明在违反规则和伤害他人两种内疚故事情境下，3—6岁幼儿对掩饰、平静化、夸大和弱化这四种策略的运用情况相同。

表2－4　　不同情境幼儿内疚情绪表达规则策略的差异分析

策略		违反规则情境	伤害他人情境	χ^2
掩饰策略	出现	20	19	0.56
	未出现	122	123	
平静化策略	出现	22	18	0.02
	未出现	120	124	
夸大策略	出现	33	33	0.03
	未出现	109	109	
弱化策略	出现	8	10	0.47
	未出现	134	132	
总数	出现	83	80	0.01
	未出现	485	488	

四　讨论分析

（一）幼儿内疚情绪表达策略运用

本节研究结果表明，3—6岁幼儿内疚情绪表达规则策略运用情况为，四种内疚情绪表达规则策略的运用从高到低依次为平静化、弱化、夸大和掩饰策略。幼儿使用平静化策略的频率最高。研究结果与Josephs等人（1994）、Gosselin等人（2002）和张金荣等人（2010）的研究结果相同。平静化策略是最便于使用也是最易于接纳的，而且什么样的情况下都不会过分或者不合适，因此 3—6 岁幼儿常用平静化策略来隐藏真实情绪。而掩饰策略在某些情况下使用会显得不自然，并且对 3—6 岁幼儿来说，表现出相反的表情比较困难，因此掩饰策略使用很少。与前人研究的不同之处在于，前人发现在情绪表达规则策略四种策略中，幼儿弱化策略使用较少，而本节中弱化策略的使用频次仅次于平静化策略。不同研究结果的产生可能与我国的文化有关。我国传统文化中的儒家思想更加强调中庸，幼儿在这样的独特的社会环境中成长，就导致我国的 3—6 岁幼儿在内疚故事情境下更加得委婉含蓄地使用情绪表达规则策略，致使平静化和弱化两种策略的使用频率更高。

不同年龄的 3—6 岁幼儿在内疚情绪故事情境下对平静化、弱化和掩饰策略的运用情况是相同的，而在夸大策略上，小班幼儿对夸大策略的运用要多于大班幼儿和中班幼儿。原因可能是，不同年龄阶段的幼儿有不同的依恋特性，与年龄稍大的幼儿相比，小班幼儿更加渴望从他人那里得到比较多的注意，幼儿放大自己内心的真实内疚情绪，有很大可能是为了引起别人对自己的注意，这样能得到他人较多的关注和关心，获得他人的帮助。另一个原因是，在中国的传统文化中，孔子曰“仁”、墨子曰“兼爱”，由于小班幼儿年龄小，社会化程度较低，而中班和大班幼儿已经受到了一些中国传统文化潜移默化的影响，他们在表达自己的情绪时考虑了社会规范和道德规则的要求，不敢肆意地表达真实情绪，即对夸大策略的使用较少。

本节研究结果表明，3—6 岁幼儿对内疚情绪表达规则策略的运用没有发现性别差异，研究结果支持 Grepp 等人（1986）的研究。[①] 研究结果没有发现性别差异的原因可能在于，性别差异在性别社会化过程中产生，而 3—6 岁幼儿的社会化才刚开始。

本节结果还表明，3—6 岁幼儿对内疚情绪表达规则策略的运用没

① Jackie, G. , and Hess, Debra L. R. , “Children’s Understanding of Verbal and Facial Display Rules”, *Developmental Psychology*, Vol. 22, No. 1, 1986.

有发现不同内疚情境下的差异。3—6 岁的幼儿或许觉得违反规则行为与伤害他人行为都是不好的行为，所以两种内疚情境故事引发的内疚情绪没有太大的差异。“人之初，性本善”，3—6 岁也许没有过伤害他人的经历，较难理解伤害他人会产生何种程度的内疚情绪。

（二）教育启示

1. 关注呵护幼儿，及时掌握幼儿真实情绪

本节发现，在内疚情绪表达规则策略的使用上，幼儿更偏向于使用平静化策略和弱化策略来缓和自己的内疚情绪，在相宜的情绪情境中使用情绪表达规则策略确实能够保护幼儿免受一些在人际交往中造成的伤害。但也正是由于幼儿学会了掩饰隐藏自己的真实情绪，家长和教师在与幼儿的相处过程中和教育中增加了难度。其实越是“懂事听话”的情绪波动较小的幼儿，大部分时候就越需要家长和教师去密切关注。幼儿隐藏掩饰自己内部的真实情绪，尤其隐瞒负面情绪，对幼儿的身心健康发展是不利的。比如隐藏内部的真实的内疚情绪。当幼儿在幼儿园游戏时撞倒了小朋友，产生了内疚情绪，但在情绪事件后，由于使用了平静化、弱化等情绪表达规则策略，幼儿的真实情绪即内疚情绪被隐藏。如果幼儿自身的消极情绪长期被压抑下去，很有可能会影响幼儿的身心健康。虽然幼儿不随意表露自己的真实情绪有利于其人际关系发展，但幼儿使用情绪表达规则策略并不意味着一味的压抑，尤其是在面临内疚情绪时，幼儿更倾向于使用平静化和弱化策略隐藏自己的内疚情绪，使得父母和教师很难通过幼儿的表面表情及时了解幼儿的真实情绪。家长和教师应保持与幼儿的高频互动，根据幼儿在日常生活中的表现，觉察出幼儿情绪的细微变化。家长和教师之间应多沟通交流，如果家长和教师了解了幼儿每日的情况，就很容易发现幼儿情绪变化的原因所在。家长和教师可以根据具体情况引导他们将自己的真实内疚情绪合理表达出来。应该鼓励他们在遭遇负面情绪时将自己真实想法和感受向他人诉说，这样可以使自己压抑着的负面情绪得到释放，也可以获得他人的援助。所以，家长和教师在与幼儿的相处过程中，要多多留心观察他的行为表现，善于发现幼儿的真实情绪，并根据幼儿情绪表达规则策略的发

展特点，采取适当措施去安抚或释放幼儿的情绪，让幼儿健康快乐地成长。

2. 通过各种活动让幼儿了解自我和自己的情绪

幼儿的情绪认知水平还处于发展阶段，不知道不同的情绪会给自己带来不同的影响。幼儿需要自己去体会情绪，只有当幼儿发现积极情绪能够使自己内心愉悦，使自己可以更好地处理事情，使自己和其他人愉快地相处，甚至带来健康的身体，而消极情绪会使人内心烦闷，对身体造成不良影响，情绪表达过于激烈会造成自己情绪的失控，可能还会造成不必要的纠纷，甚至会伤害到他人，影响人际交往，幼儿才会试着去管理自己的情绪表达，掌握情绪表达规则，学会运用情绪表达规则策略在妥善管理自身情绪的同时，和周围的人友好相处。所以应该让幼儿首先知道各种各样的情绪以及什么样的表情代表什么样的情绪，特别是一些不经常见的情绪及其外部特征表情，比如道德情绪。也可以设计一些有创意的特色活动，使家长和教师在游戏活动中帮助幼儿认识多种多样的情绪，学会识别表情，知道什么样的情绪对应着什么样的表情，用游戏和活动让幼儿学会识别自己的情绪，更好地培养幼儿的情绪调节管理能力，使幼儿情绪得到健康发展。

3. 了解和接纳幼儿的情绪能力发展水平

幼儿的情绪能力发展水平有限，当幼儿遭遇内疚情境时，如因为违反规则或伤害他人而感到内疚时，无法将自己的内疚情绪合理地表达出来。而许多家长在处理幼儿情绪问题时，并没有意识到幼儿的情绪能力发展水平与成人有较大差距，导致家庭和学校的情绪教育出现问题甚至被忽视，幼儿自然也就无法正确认识和表达自己的情绪。所以，家长和教师要了解并接纳幼儿现有的情绪能力发展水平，根据幼儿情绪发展现状和每个人的特点进行教育和指引，让幼儿的情绪能力得到良好发展，不能对幼儿放任自流，更不能拔苗助长。除此之外，幼儿园可以适当开创一些情绪教育课程，幼儿园可以系统地教授幼儿学会怎样去识别、管理、控制和表达自己的情绪，帮助幼儿提高自身的情绪能力水平，促进幼儿人际交往能力和社会交流能力的发展。

4. 引导幼儿合理表达自己的内疚情绪

传统的东方文化主张“喜怒不形于色，好恶不言于表，悲欢不溢于面”，但是情绪需要以适当的方式表达出来，尤其是消极情绪。如果情绪一直无法得到合理的发泄或者真实情绪被过度地隐藏起来，是不利于幼儿身心健康发展的。首先，家长和幼儿园教师在日常生活中应该言传身教，潜移默化地教授给幼儿合理的情绪表达方式。其次，家长和教师应注意观察幼儿日常生活中的行为举止，在幼儿遇到需要表达自身情绪的情境时，观察其情绪表达情况，如有不妥之处应及时地指出并告诉其正确的处理方法。最后，家长和幼儿园的教师应该在日常生活中多多与孩子交流和互动，在游戏的过程中以一问一答的形式训练幼儿情绪表达能力。通过以上方法，能够培养出幼儿合理的情绪表达能力。在内疚情绪表达中，小班幼儿更多地运用夸大策略表达自己的内疚情绪，可能会表现为漠然、大哭、沉默等消极的情绪反应，因此家长和教师需要教授给幼儿正确的情绪调节方法，让幼儿学会通过自我反思法、自我认识法、我是小演员等方式方法调控情绪。而其他年龄段的幼儿多采用平静化的情绪处理方法，这种情况就更需要教师和家长细心观察，发现并引导幼儿表达出自身的情绪。由于幼儿在不同的年龄阶段倾向于使用的情绪表达规则策略不同，家长与幼儿园教师可以根据幼儿处于哪个年龄阶段来对其进行适当的情绪表达教育，将幼儿道德情绪的发展向好的方向引导，促进幼儿合理表达道德情绪，帮助幼儿健康快乐地成长。

5. 帮助幼儿认识和合理使用内疚情绪表达规则策略

讲故事是一种帮助幼儿认识和合理使用内疚情绪表达规则策略的很好的方法。家长和教师为小朋友们讲故事，让幼儿知道在某些情境之下面部表情可以表现得与内心真实的情绪体验不同。比如，在有些事情发生后，如果直截了当地表现出自己真实的情绪体验会伤害到对方，掩饰隐藏或者弱化自己真实的情绪体验则是一种好的选择，即表现出让对方容易接受的面部表情。比如家长和幼儿园教师可以给幼儿讲小故事：“轩轩在幼儿园画了一幅很漂亮的画，但是他的好朋友朵朵一不小心碰倒了轩轩画旁边杯子里的水，这幅画变脏了，这时轩轩内心觉得很生气，但是他没有发脾气，也没有表现出很生气的表情，他知道朵朵不是故意要弄脏他的画的，要是他生气地向他的好朋友喊叫会让他的好朋友很伤心，他甚至可能会失去朵朵这个好朋友。”故事也可以关注把水洒在画上的人。这样故事就成为，“朵朵觉得自己把水洒到好朋友的画上犯了错很内疚，但又不知道该怎么办才好，如果选择了漠视等情绪表达，好朋友轩轩可能就再也不会和他玩了，如果选择一直难过下去，这样的情绪对缓和自己与好朋友之间的关系没有任何的帮助。这个时候朵朵应该真诚地对自己的好朋友轩轩道歉，这样既不会让自己产生负罪感，轩轩也可能会原谅自己，和自己和好。”讲完故事后家长或幼儿园教师可以问幼儿一些问题，比如“轩轩和朵朵心里的真实感受是什么”，“轩轩和朵朵脸上的表情是什么”，“轩轩为什么没有表现出生气”，“朵朵为什么没有表现出漠视”，“轩轩为什么没有内疚地大哭”通过这些问题判断幼儿是不是真正理解了刚才讲的故事。家长和幼儿园教师可以在日常生活中多给幼儿讲一讲这样的情绪小故事，让幼儿自己去判断主人公的表情以及主人公为什么会这样做。

五　结论

本节主要得出如下结论：

（1）3—6 岁幼儿对内疚情绪表达规则策略的运用依次为平静化、弱化、夸大和掩饰，其中运用最多的内疚情绪表达规则策略为平静化策略。

（2）不同年龄 3—6 岁幼儿对平静化策略、弱化策略和掩饰策略的运用是一致的，小班幼儿对夸大策略的运用要多于大班幼儿和中班幼儿的运用。

（3）3—6 岁幼儿在内疚情绪表达策略的使用上性别差异不显著，在不同内疚情境下的内疚情绪表达策略使用差异不显著。

第二节　3—6岁幼儿道德词汇的理解

一　文献综述

（一）幼儿情绪理论的综述

情绪一向被心理学研究者们认为是影响个体行为的重要方面之一。情绪在人际交流，日常生活，学习和记忆中起着无法替代的作用。幼儿每天都会有各种不同的情绪体验，并在这些情感的影响下与他人互动以完成他们的社交行为。所以，幼儿情绪一直是各类研究者关注的核心。道德情绪由基本情绪延伸发展出来，随着幼儿的年龄增长，其情绪理解能力也有所提高。

1. 道德情绪的提出

情绪一般认为包括三个部分：主观体验、表情行为和生理唤醒。由于情绪具有多种特征，美国心理学家 K. T. Strongman 给出了关于情绪的内涵，他认为："情绪就是情感（feeling），是与身体各个部位的变化有关的身体状态；是明显或细微行为，它发生在特定的情境之中。"[①]现阶段，道德情绪研究成为了研究幼儿道德发展的一个掌舵手，指引着儿童道德发展的新方向。目前的道德情绪理论研究都基于皮亚杰和科尔伯格的道德认知发展理论，道德情绪是指当个人根据道德标准评估自己行为时出现的与个人或社会利益相关的情感，因此道德情绪也会被称为自我意识情绪。艾森伯格指出，道德情绪之所以被称作"自我意识的"，因为这些情绪的主要成分是个体的理解和自我评价。人们通常将情绪视为道德行为的驱动力，例如，移情、内疚、羞耻、共情、尴尬等高级情绪会影响个人的道德行为和道德品格的发展，也就是我们常说的道德情绪的发展。

目前来看，儿童道德情绪的研究方法主要包括两个方面：道德情绪评估和道德情绪归因。道德情绪评估是个体对与道德有关的客观环境进

---

① Strongman, K. T., *The psychology of emotion: from everyday life to theory*, Wiley, 2003.

行判断，是一种对自我情感和他人情绪的判断；而道德情绪归因是指在不同的道德情境中，个体对他人的情绪体验，并对使他人产生该情绪体验的情境，做出的一种原因性的解释和推断。因而，研究人员认为，研究儿童道德情绪判断与道德情绪归因有利于对儿童道德发展的内部心理机制的深刻理解，这为儿童道德情感教育提供了科学和理论基础。

2. 情绪的分类

情绪的类型主要有两种：第一种是基本情绪，像是喜怒哀乐就是常见的基本情绪。心理学者扑拉切克认为人的基本情绪有八种，分别是恐惧、惊讶、悲伤、厌恶、愤怒、预感、喜悦和赞同。基本情绪的表达在儿童身上尤为明显，这是由于幼儿的认知和成长经历还比较有限，看待事物还不够客观和全面，容易产生直线性思维，认同绝对的是与非，所以表达客观事物的情绪也比较单一。也正是因此，儿童的世界是比较纯真的，他们会及时发泄、表达自己的情绪，而不用刻意隐藏。第二种是复合情绪，复合情绪是指由多种基本情绪穿插在一起形成的情绪，也被称为第二情绪或社会情绪，如内疚、后悔、嫉妒等，需要一种自我或其他情绪的参与。而随着个体的不断发展，幼儿认知水平逐渐提高，经历也越来越丰富，看待事物也更加全面和理性，由此而产生的情绪也就越来越复杂。

除了上述所说的基本情绪和复合情绪两种情绪类型之外，还可以将情绪这一概念分为积极情绪和消极情绪。积极情绪是指当事物作用于人时，由于合乎主体的主观需要，主体产生积极肯定的态度而产生的一种心理体验，像高兴、愉快、自豪、尊敬等。消极情绪是指当客观事物作用于个体时，由于不符合主观需要，个体对此持有否定态度而产生的一种情绪体验，例如忧虑、恐惧、悲伤等。本实验研究的积极情绪为：高兴、自豪；消极情绪为伤心、生气、羞愧、内疚、尴尬。

3. 情绪理解的内涵

情绪理解是个人情感能力的重要组成部分，指对情绪认识概念，包括可能的原因、主观感受、生理反应、感知、产生的动作冲动和各种适当的调节策略。近几年来，情绪理解成为众多心理学家比较感兴趣的领域之一。我国相关心理学研究者认为，情绪理解是指人们解释他们所表露的情感线索和情况信息的能力，包括表情识别，观点选择和解释等。还有学者认为，情绪理解能力是个人对自己或他人内在情感体验的推测和理解能力。伊扎德等人认为，情绪理解是人们情感交流和社会关系的基础，并且是个体发展和社会适应的良好指标，[①]近 20 年里，情绪理解（understanding emotion）或情绪认识（emotion knowledge）越来越成为研究者的感兴趣的领域。外国心理学家将情感理解定义为儿童能充分理解情感产生的原因和后果并利用此信息对自己和他人进行适当情感反应的能力。还有学者把情绪理解定义为是对情绪加工过程（如情绪状态和情绪调节）的有意识了解，或是对情绪如何产生影响的认识。对儿童心理理论中情绪理解的研究则包含了：情绪与愿望关系的理解、情绪与信念的相关性以及对冲突情绪的理解。从众多学者对情绪理解的不同解释可以看出，儿童的情绪理解对于儿童的成长至关重要。

（二）关于幼儿认知与语言的综述

语言在儿童认知和社会发展中起着不可替代的作用。儿童语言习得的基础是人脑和语言器官的发展，经过成人语言的教授和与成年人和其他儿童交流时获得的认知发展，以及对儿童的选择性模仿学习的总结。语言作为重要的认知活动之一，是人类相互交流、学习和分享科学文化成果的重要手段。

1. 幼儿认知理论

人们对客观世界的认知，既包括对物理世界的认知，即对各种自然事物及其发展变化规律的认识，也包括对人类自身及社会关系的认知。普遍认为，社会认知涉及以下方面的研究：（1）关于对个体的认知：包括自己和他人的各种心理活动（例如感知、注意力、记忆力、思维、情感、动机、意图等），以及对思想观点、个性品质等认知；（2）对人与人之间双边关系的认知（例如服从权威、意见冲突等）；（3）对团体内部或团体之间人们社会关系的认知。

① 徐光国、张庆林：《伊扎德情绪激活四系统理论》，《心理科学》1994 年第 5 期。

瑞士心理学家皮亚杰提出了关于儿童的认知发展理论，他将儿童和青少年的认知发展划分为四个阶段：感知运动阶段（0—2 岁）、前运算阶段（2—7 岁）、具体运算阶段（7—12 岁）和形式运算阶段（12—15 岁）。皮亚杰对儿童语言和思维发展过程的划分影响十分深远。皮亚杰认为，认知他人的发展与认知其他方面发展是平行的，反映认知能力发展的普遍规律，正是发展的各个阶段所形成的思维结构为儿童的社会意识和道德意识发展奠定了基础。以皮亚杰对幼儿思维发展阶段的划分为依据，Susan Harter（1986）提出了儿童自我认知的四个发展阶段：（1）感觉运动自我（sensorimotor self）（0—2 岁），这一阶段以发展幼儿自我的感觉为主，儿童从区别不同的人开始发展起主体自我感觉和客体自我感觉。（2）前运算自我（preoperational self）（2—6 岁）：儿童意识到自己的性别、年龄、活动、所有物等具体属性，对自己的描述也通常是这些具体特征。（3）具体运算自我（concrete operation self）（6—12、13 岁），儿童开始描述自己的个性品质，如"我害羞""我笨""我刻苦"。（4）形式运算自我（formal operation self）（13、14 岁），自我认知中涉及他人如何看待自己，对自己的认知更加客观、全面。[①]从儿童自我认知发展阶段中，我们可以看出其从具体到抽象、从片面到全面等一般认知发展所具有的特征。

2. 幼儿语言与情绪能力的关系

语言是人们进行沟通交流的表达方式之一。近几年来，情绪和语言的相互关系逐渐成为心理学研究者关注的焦点问题。一方面，作为认知、社会交往和发展的组织者，情绪对语言的加工起着关键性调节作用；另一方面，语言作为语义概念的载体和学习手段，对情绪的知觉、习得和调节也具有至关重要的影响。

儿童语言能力主要包括语言习得和语言表达能力。语言习得能力主要包括语法习得和词汇习得能力，语言表达能力主要与叙事能力有关。

① Harter, S., "Cognitive-developmental processes in the integration of concepts about emotions and the self", *Social Cognition*, Vol. 4, No. 2, 1986.

在情绪调节这一方面，语言技能和行为同时发展，相关研究结果表明，情绪调节中的语言能力与行为问题之间存在显著相关性。语言能力可以使人们更好地调节和监控自己的负面情绪，例如通过自我交谈来进行情绪调节。儿童调节情绪的能力是语言技能与环境之间相互作用的结果。尽管语言能力不能调节所有情绪，尤其是对于年幼的孩子，但儿童的语言能力仍然可以调节情绪。在学龄前儿童的社交技能和语言技能对调节情绪的影响下，语言技能和情绪调节促进儿童社交能力的发展。研究表明，儿童不良的社交和适应行为其实是受到了认知和语言能力的影响，一些学者发现，幼儿的基本情绪理解与语言能力显著相关。因此，儿童的语言能力对于发展社交情感至关重要，在以前的研究中，词汇测试法被用来衡量儿童的语言能力。

二　问题提出及研究意义

（一）问题提出

我国近几年来对儿童道德情绪的研究还不够深入、全面，对幼儿道德情绪掌握能力方面研究得较少。因此，本次研究主要想在幼儿的认知发展阶段特点和对语言词汇的掌握水平的基础上，探讨以 4 个道德情绪（自豪、羞愧、内疚、尴尬）为主，在确定儿童理解了故事情境时，幼儿会说出哪些词汇？其中常出现的高频词是什么？3—6 岁幼儿的道德情绪词汇理解能力是否存在性别差异；不同年龄阶段幼儿在不同种类道德情绪理解能力上是否有着明显差异；对于不同性质的道德情绪（这里指积极情绪和消极情绪），幼儿的理解能力是否不同。这些研究问题将从幼儿在做实验时所回答的词汇特点上分析得来。

（二）研究目的及研究假设

本节结合相关实验材料，分析幼儿对道德情绪词汇的掌握情况和理解能力与其年龄、性别等的相关关系。

1. 研究目的

本实验采取了给被试呈现故事和图片，再根据所呈现的材料向幼儿提问，让幼儿开放性回答的方式，用来研究 3—6 岁幼儿对道德情绪的词汇理解和掌握能力，观察研究3—6岁幼儿对道德情绪词汇理解的程度如何，具有怎样的特点。比如说幼儿尽管理解了道德情绪故事，但是回答时可能会用替代词汇代表相关道德情绪。在确定儿童理解了故事情境时，幼儿会说出哪些词汇？其中常出现的高频词是什么？另外，本节还想观察幼儿道德情绪词汇的理解是否存在年龄差异，是否存在性别差异。对于不同性质的道德情绪（积极情绪和消极情绪），幼儿的理解能力是否也不同。

2. 研究假设

本节假设如下：

假设一：幼儿对道德情绪的回答词汇更倾向于用相关的基本情绪词汇来代替。

假设二：不同性别的幼儿道德情绪词汇理解的发展阶段不同，即对道德情绪词汇的掌握能力不同。

假设三：随着年龄增长，幼儿对道德情绪的词汇理解能力不断提高，词语逐渐丰富，其对道德情绪的回答也更贴近答案，比如回答“自豪”时就回答“自豪”，而不是“开心”“高兴”。

假设四：幼儿对积极情绪词汇和消极情绪词汇的掌握能力不同，即幼儿对不同性质情绪词汇的掌握及运用能力也不同。幼儿对积极情绪的理解能力要高于消极情绪。

假设五：在基本情绪和道德情绪中，对同类性质（积极、消极）词汇的掌握能力相近，即，幼儿若对伤心、生气等消极的基本情绪词汇的掌握能力强，则对相应的道德情绪（羞愧、内疚、尴尬）等词汇的掌握能力也不错。

（三）研究意义及研究流程

1. 研究意义

词汇是语言的基本要素，如果没有词汇，个体就无法明了地表达自己的情绪和思想，没有足够的词汇量，将无法有效地听、读、写和使用语言与他人交流，也无法向他人透露自己的感受和观点。学习足够的词汇量是成功使用语言的关键，同时，一个人的词汇量也是语言水平的一定表现。因此，研究现阶段儿童情绪词汇特点和理解水平，有助于提高儿童的语言表达能力，帮助他们更好地表达情感，也能使父母充分理解孩子的情感，便于沟通交流。

2. 研究流程

通过实验情境中幼儿对道德情绪故事的反馈，对其表达的言语词汇进行统计和分析。具体如下：

本次实验以情绪理解测验（TEC）为依据，自编了8个情境，4个为一般情绪（伤心、生气、高兴、一般般），4个为道德情绪（自豪、羞愧、内疚、尴尬）。图片大小为21cm×29.7cm。为了减少由于面孔性别差异而导致被试出现识别困难的可能性，实验图片分为女孩版和男孩版，图片会配合实验故事给出。不同情绪有不同的故事，在不同的故事之间没有上下文联系，图片上的主人公面部表情不予给出。除此之外，为了使幼儿情绪在实验初期较为趋近，以减少实验误差，本节会在实验前给幼儿出示小猪佩奇的无颜色图片以供其涂色，该图片的规格与实验图片完全一致，幼儿在回答问题时做开放性回答。

研究者详细记录下幼儿回答时的语言，尤其是词汇。具体统计和分析幼儿在不同的道德情绪情境下的言语反应，记录幼儿所有词汇，将是本节重点考察的内容。

根据本次实验的研究目的，记录幼儿回答问题时所用词汇，无论幼儿回答对错，都将其答案整理成表。通过对幼儿词汇进行分析，考察幼儿对道德情绪词汇的理解。

三 实证研究

（一）研究方法

1. 被试

本节选取了长春市某幼儿园四个班级，月龄25—72的104名幼儿作为被试。从表2-5可见，95个有效数据中，小小班（$M=2.31$，$SD=0.46$）13人，男生6人，女生7人；小班（$M=3.29$，$SD=0.45$）31人，男生14人，女生17人；中班（$M=4.00$，$SD=0.25$）33人，男生17人，女生16人；大班（$M=5.11$，$SD=0.31$）18人，男生11人，女生7人。所有被试单独施测。

表2-5　有效被试分布情况

班级	人数	性别分布（人）	年龄平均值（*M*）	年龄标准差（*SD*）
小小班	13	男：6	2.31	0.46
		女：7		
小班	31	男：14	3.29	0.45
		女：17		
中班	33	男：17	4.00	0.25
		女：16		
大班	18	男：11	5.11	0.31
		女：7		
总计	95	男：54	3.76	0.94
		女：41		

2. 实验程序

本实验采用情境故事法，在幼儿园安静明亮的房间内逐个进行。主试向每位被试依次讲述8个情境故事，同时出示相应图片（附录二　幼儿情境故事图片实验材料），并在讲完故事后询问被试有关问题，记录幼儿所答内容。为了控制顺序效应，主试在讲述故事时有序地控制故事的顺序，按照：1—2—3—4—5—6—7—8、2—3—4—5—6—7—8—1、3—4—5—6—7—8—1—2、4—5—6—7—8—1—2—3、5—6—7—8—1—2—3—4、6—7—8—1—2—3—4—5、7—8—1—2—3—4—5—6、8—1—2—3—4—5—6—7的顺序进行讲述。在实验前，主试与所有被试一同进行游戏，相互熟悉。每个被试完成整个实验约需5分钟。男生版故事除人称外与女生版一致，故事内容如下：

（1）伤心：这个小女孩正在看着她的小兔子，她的小兔子刚刚生病死了。你觉得这个小女孩现在的心情是怎样的呢？

（2）自豪：在区域活动中，这个小女孩表现最好，得到的小红花最多，老师表扬了她。你觉得这个小女孩现在的心情是怎样的呢？

（3）羞愧：在区域游戏时，这个小女孩突然尿了裤子，被其他小朋友发现了。你觉得这个小女孩现在的心情是怎样的呢?

（4）生气：这个小女孩正在画画，但她的弟弟故意把她的画弄脏了。你觉得这个小女孩现在的心情是怎样的呢?

（5）高兴：这个小女孩得到了一份她很喜欢的生日礼物。你觉得这个小女孩现在的心情是怎样的呢?

（6）一般般：这个小女孩正在看书。你觉得这个小女孩现在的心情是怎样的呢?

（7）内疚：这个小女孩把小男孩的冰淇淋弄到地上了，小男孩哭了起来。你觉得这个小女孩现在的心情是怎样的呢?

（8）尴尬：老师说不能随便吃糖，这个小女孩偷偷拿糖的时候，正巧被老师发现。你觉得这个小女孩现在的心情是怎样的呢?

主试在提出问题后，除了记录下被试答案的正确与否，将被试所答词汇全部记录下来，尤其重点记录下幼儿的情绪词汇，用以研究结果的分析。

本实验评分标准如下：每道题回答意思相近即可计 1 分，答错或性质完全不对则计 0 分。8 个情境中，积极情绪词汇为自豪、高兴，消极情绪词汇为伤心、羞愧、生气、内疚、尴尬。

3. 数据记录及分析

研究采用 SPSS 统计软件对数据进行分析，所得结果从表 2 - 6 可见：

表 2 - 6　**共同方法偏差检验**

元件	起始特征值			截取平方和载入		
	总计	变异（%）	累加（%）	总计	变异（%）	累加（%）
1	1.858	23.231	23.231	1.858	23.231	23.231
2	1.614	20.172	43.403			
3	1.095	13.692	57.095			
4	0.830	10.378	67.473			
5	0.764	9.555	77.028			
6	0.706	8.823	85.851			
7	0.644	8.048	93.899			
8	0.488	6.101	100.000			

第一公因子的方差解释百分比为 23.231%，小于 40%，可以认为不存在严重的共同方法偏差。

表 2 -7　　各年龄阶段的幼儿对情绪的回答状况

情绪类别	回答状况	年龄阶段（%）				总计	χ^2	p
		2—3 岁	3—4 岁	4—5 岁	5—6 岁			
伤心	错误	11 (30.56)	13 (33.33)	2 (11.11)	0 (0.00)	26 (27.37)	4.029	0.258
	正确	25 (69.44)	26 (66.67)	16 (88.89)	2 (100.00)	69 (72.63)		
总计		36	39	18	2	95		
自豪	错误	7 (19.44)	18 (46.15)	2 (11.11)	1 (50.00)	28 (29.47)	10.287	0.016*
	正确	29 (80.56)	21 (53.85)	16 (88.89)	1 (50.00)	67 (70.53)		
总计		36	39	18	2	95		
羞愧	错误	22 (61.11)	33 (84.62)	10 (55.56)	1 (50.00)	66 (69.47)	7.405	0.06
	正确	14 (38.89)	6 (15.38)	8 (44.44)	1 (50.00)	29 (30.53)		
总计		36	39	18	2	95		
生气	错误	19 (52.78)	30 (76.92)	4 (22.22)	0 (0.00)	53 (55.79)	17.941	0.000**
	正确	17 (47.22)	9 (23.08)	14 (77.78)	2 (100.00)	42 (44.21)		
总计		36	39	18	2	95		
高兴	错误	6 (16.67)	2 (5.13)	0 (0.00)	1 (50.00)	9 (9.47)	8.744	0.033*
	正确	30 (83.33)	37 (94.87)	18 (100.00)	1 (50.00)	86 (90.53)		
总计		36	39	18	2	95		
一般般	错误	24 (66.67)	30 (76.92)	12 (66.67)	2 (100.00)	68 (71.58)	1.982	0.576
	正确	12 (33.33)	9 (23.08)	6 (33.33)	0 (0.00)	27 (28.42)		
总计		36	39	18	2	95		

续表

情绪类别	回答状况	年龄阶段（%）				总计	χ^2	p
		2—3 岁	3—4 岁	4—5 岁	5—6 岁			
内疚	错误	22（61.11）	34（87.18）	11（61.11）	0（0.00）	67（70.53）	12.292	0.006**
	正确	14（38.89）	5（12.82）	7（38.89）	2（100.00）	28（29.47）		
总计		36	39	18	2	95		
尴尬	错误	25（69.44）	38（97.44）	11（61.11）	1（50.00）	75（78.95）	14.431	0.002**
	正确	11（30.56）	1（2.56）	7（38.89）	1（50.00）	20（21.05）		
总计		36	39	18	2	95		

注：* $p<0.05$，** $p<0.01$。

利用卡方检验（交叉分析）研究了年龄阶段、性别分别与 8 项情绪类别的差异关系。从表 2 - 7 可见，不同年龄阶段样本对于伤心、羞愧、一般般等 3 项不会表现出显著性（$p>0.05$），意味着不同年龄阶段的幼儿对于伤心、羞愧、一般般等情绪均表现出一致性，并没有差异性。另外不同年龄阶段幼儿对于自豪、生气、高兴、内疚、尴尬共 5 种情绪呈现出显著性（$p<0.05$），存在差异性。

不同年龄阶段的幼儿对“自豪”这一情绪呈现出 0.05 水平显著性（$p=0.016<0.05$），通过百分比对比差异可知，5—6 岁幼儿选择错误的比例是 50.00%，明显高于平均水平 29.47%。3—4 岁幼儿选择错误的比例是 46.15%，明显高于平均水平 29.47%。4—5 岁选择正确的比例是 88.89%，明显高于平均水平 70.53%。2—3 岁幼儿选择正确的比例是 80.56%，明显高于平均水平 70.53%。

不同年龄阶段的幼儿对于“生气”这一情绪呈现出 0.01 水平显著性（$p=0.000<0.01$），通过百分比对比差异可知，3—4 岁幼儿选择错误的比例为 76.92%，明显高于平均水平 55.79%。5—6 岁幼儿选择正

确的比例为 100.00%，明显高于平均水平 44.21%。4—5 岁幼儿选择正确的比例为 77.78%，明显高于平均水平 44.21%。

不同年龄阶段的幼儿对于“高兴”这一情绪呈现出 0.05 水平显著性（$p=0.033<0.05$），通过百分比对比差异可知，4—5 岁幼儿选择正确的比例为 100.00%，明显高于平均水平 90.53%。

不同年龄阶段的幼儿对于“内疚”这一情绪呈现出 0.01 水平显著性（$p=0.006<0.01$），通过百分比对比差异可知，3—4 岁幼儿选择错误的比例是 87.18%，明显高于平均水平 70.53%。5—6 岁幼儿选择正确的比例为 100.00%，明显高于平均水平 29.47%。2—3 岁幼儿选择正确的比例为 38.89%，明显高于平均水平 29.47%。

不同年龄阶段的幼儿对于“尴尬”这一情绪呈现出 0.01 水平显著性（$p=0.002<0.01$），通过百分比对比差异可知，3—4 岁幼儿选择错误的比例为 97.44%，明显高于平均水平 78.95%。5—6 岁幼儿选择正确的比例是 50.00%，明显高于平均水平 21.05%。4—5 岁幼儿选择正确的比例是 38.89%，明显高于平均水平 21.05%。

就各年龄阶段来看，4—6 岁幼儿对每项情绪的理解均高于 2—4 岁幼儿。体现在 4—5 岁和 5—6 岁的幼儿对每项情绪回答的错误率均低于 2—3 岁和 3—4 岁儿童，甚至个别情绪的回答下出现了 0 错误的情况。除“高兴”这一情绪外，2—3 岁幼儿在回答过程中，准确率要比 3—4 岁的幼儿要高，这可能与主试的提问方式有关，出现了实验者效应。

从整体来看，3—6 岁幼儿对基本情绪理解能力较好：对“伤心”这一情绪回答正确的人数占整体的 72.63%，对“高兴”这一情绪回答正确的人数占整体的 90.53%；对道德情绪的理解能力则较差：回答“羞愧”的正确率为 30.53%，“内疚”的正确率为 26.47%，“尴尬”的正确率为 21.05%。在这两种情绪中，大多数幼儿对具有积极意义的情绪，如高兴、自豪（正确率为 70.53%）的理解能力掌握要好于消极情绪的理解能力。

表 2-8 不同性别的幼儿对情绪的回答正确率状况

题目	名称	性别（%）		总计	χ^2	p
		男	女			
伤心	错误	18（33.33）	8（19.51）	26（27.37）	2.24	0.135
	正确	36（66.67）	33（80.49）	69（72.63）		
总计		54	41	95		
自豪	错误	18（33.33）	10（24.39）	28（29.47）	0.897	0.344
	正确	36（66.67）	31（75.61）	67（70.53）		
总计		54	41	95		
羞愧	错误	37（68.52）	29（70.73）	66（69.47）	0.054	0.817
	正确	17（31.48）	12（29.27）	29（30.53）		
总计		54	41	95		
生气	错误	33（61.11）	20（48.78）	53（55.79）	1.437	0.231
	正确	21（38.89）	21（51.22）	42（44.21）		
总计		54	41	95		
高兴	错误	6（11.11）	3（7.32）	9（9.47）	0.391	0.532
	正确	48（88.89）	38（92.68）	86（90.53）		
总计		54	41	95		
一般般	错误	38（70.37）	30（73.17）	68（71.58）	0.09	0.764
	正确	16（29.63）	11（26.83）	27（28.42）		
总计		54	41	95		
内疚	错误	40（74.07）	27（65.85）	67（70.53）	0.758	0.384
	正确	14（25.93）	14（34.15）	28（29.47）		
总计		54	41	95		
尴尬	错误	43（79.63）	32（78.05）	75（78.95）	0.035	0.852
	正确	11（20.37）	9（21.95）	20（21.05）		
总计		54	41	95		

注：$^{*}p<0.05$，$^{**}p<0.01$。

从表 2-8 可见，就性别差异来看，除“羞愧”“一般般”两个情绪外，女孩对其他各项情绪回答的错误率普遍低于男孩，但差异不是很明显，即 p 值均大于 0.05。

表2-9　　幼儿性别、年龄与各项情绪的相关

	伤心	自豪	羞愧	生气	高兴	一般般	内疚	尴尬
性别	0.154	0.097	-0.024	0.123	0.064	-0.031	0.089	0.019
年龄	0.194	-0.044	0.001	0.207**	0.185	-0.086	-0.005	-0.032

注：* $p<0.05$，** $p<0.01$。

通过将幼儿的性别和年龄分别与各项情绪进行相关分析，从表2-9可见幼儿的年龄和“生气”之间的相关系数 p 值为0.207，并且呈现出0.01水平的显著性，因而说明年龄和“生气”之间有着显著的正相关关系。而除“生气”这一情绪外，其他7项情绪的 p 值均大于0.05，所以幼儿的年龄与对伤心、自豪、羞愧、高兴、一般般、内疚、尴尬等的理解能力均无显著相关。

表2-10　　幼儿基础情绪与道德情绪的相关

	伤心	生气	高兴
自豪	0.225**	0.157	0.185
羞愧	0.099	0.192	0.058
内疚	0.086	0.122	-0.264**
尴尬	0.085	0.216**	-0.097

注：* $p<0.05$，** $p<0.01$。

将基础情绪（伤心、生气、高兴）与道德情绪（自豪、羞愧、内疚、尴尬）两类词汇的回答情况做了相关分析，从表2-10可见。研究发现，“伤心”与“自豪”的 p 值小于0.01，说明二者有极其显著意义，且相关系数值是0.225>0，意味着二者之间有着正相关关系；“生气”与“尴尬”的 p 值小于0.01，说明二者有极其显著意义，相关系数值是0.216>0，意味着二者之间有着正相关关系；“高兴”与“内疚”的 p 值小于0.01，说明“高兴”与“内疚”有极其显著关系，且相关系数值是-0.264<0，说明二者有着负相关关系。综上所述，在基本情绪和道德情绪之中，同类性质的情绪词汇掌握能力可能相近，但并不完全。

表2-11　　**幼儿情绪回答所用词汇**

	小小班（共13人）					
	回答正确		回答错误		其他	
	词汇	数量	词汇	数量	其他回答（或表现）	数量
伤心	不高兴	1	开心	4	闭眼睛	1
	哭	2	笑着	1		
	难过	3				
	伤心	1				
自豪	开心	4	难过	1		
	笑	3	伤心	1		
	高兴	1	哭	1		
	自豪	3				
羞愧	哭	3	开心	4		
	不高兴	2	高兴	1		
	难过	5	笑	1		
生气	不开心	1	开心	5	不知道	2
	不高兴	1	高兴	1	闭眼睛	1
	生气	4				
	伤心	1				
高兴	开心	6	难过	2	喜欢	1
	笑	3	哭	1	生日快乐	1
	高兴	2				
一般般	开心	3	伤心	1	闭眼睛	1
	笑	1	哭	1	一般般	3
	高兴	2			不知道	1
	喜欢	1				
内疚	伤心	2	高兴	1	闭眼睛	1
	不开心	2	开心	4	不知道	1
	哭	3	笑	1		
	内疚	1				
尴尬	哭	2	开心	5	闭眼睛	1
	伤心	2	笑着	2		
	尴尬	1				
	难过	1				
	不开心	1				

续表

	小班（共 31 人）					
	回答正确		回答错误		其他	
	词汇	数量	词汇	数量	其他回答（或表现）	数量
伤心	生气	3	高兴	1	不知道	5
	难过	6			说对不起	1
	不开心	5			心情是不好的	1
	伤心	9				
	不高兴	1				
	哭	2				
	担心	1				
自豪	开心	15	伤心	2	表现好	1
	高兴	7	不开心	1	谢谢	1
	笑	3	生气	1	表扬	2
羞愧	难过	3	高兴	1	低头	1
	不开心	3			孤独	2
	生气	2			不知道	5
	害羞	1			换裤子	1
	羞羞	1				
	伤心	2				
	羞愧	1				
	难过	1				
生气	生气	8	开心	1	没哭的样子	1
	难过	5			不知道	2
	说对不起	1			说对不起	1
	不开心	3			孤单	1
	伤心	3				
高兴	开心	14			谢谢	1
	高兴	4			超级喜欢	2
	笑了	5			不知道	1
	激动	1				
一般般	心情好	1	生气	1	心跳	1
	心情可以	1			看书的样子	5
	高兴	3			不知道	7
	开心	7				

续表

	小班（共31人）					
	回答正确		回答错误		其他	
	词汇	数量	词汇	数量	其他回答（或表现）	数量
内疚	生气	5	高兴	1	凶	1
	难过	2			嘴巴是笑的	1
	不开心	2			说对不起	6
	伤心	2			不知道	4
	哭	2			孤单	1
	焦躁	1				
	内疚	1				
尴尬	尴尬	2	开心	3	老师生气	3
	难过	3	笑	1	看老师	1
	伤心	4			不知道	4
	不开心	3			不能做	1
	生气	2				
	中班（共33人）					
	回答正确		回答错误		其他	
	词汇	数量	词汇	数量	其他回答（或表现）	数量
伤心	不开心	10				
	难过	3				
	伤心	5				
	不高兴	3				
	哭	8				
	生气	1				
	不好的	1				
自豪	高兴	12	哭	1	不知道	1
	开心	14				
	笑	2				
羞愧	不开心	8			不知道	6
	难过	2			孤独	1
	伤心	2				

续表

	中班（共 33 人）					
	回答正确		回答错误		其他	
	词汇	数量	词汇	数量	其他回答（或表现）	数量
羞愧	不高兴	5				
	哭	4				
	不好的	1				
	怕别人笑话	1				
	生气	1				
	好笑	1				
生气	生气	9			不知道	2
	伤心	5				
	不高兴	4				
	难过	1				
	不开心	7				
	哭	2				
	不好的	1				
	担心	1				
高兴	高兴	12				
	很快乐	1				
	开心	15				
	笑	2				
	好的心情	1				
	很好	1				
一般般	高兴	6	不开心	2	不知道	6
	好的心情	2	难过	1	温和	1
	开心	5	伤心	1	没有心情	1
	很好	1			安静	1
					感受	1
					认真的	2
内疚	生气	3			不知道	5
	难过	2			说对不起	1
	不开心	12			他俩都不高兴	1
	担心	1				
	不高兴	3				

续表

	中班（共 33 人）					
	回答正确		回答错误		其他	
	词汇	数量	词汇	数量	其他回答（或表现）	数量
内疚	伤心	3				
	哭了	2				
尴尬	不开心	7	开心	2	不知道	4
	伤心	2	高兴	1	喜欢糖	2
	哭	4			不想让老师发现的心情	1
	生气	3				
	担心	1				
	不好的	1				
	不高兴	4				
	大班（共 18 人）					
	回答正确		回答错误		其他	
	词汇	数量	词汇	数量	其他回答（或表现）	数量
伤心	伤心	1			不知道	1
	哭	5				
	不开心	5				
	不高兴	2				
	担心	1				
	不好	3				
	难过	4				
自豪	笑	3				
	开心	10				
	高兴	7				
	很好	1				
	很棒	1				

续表

	大班（共 18 人）					
	回答正确		回答错误		其他	
	词汇	数量	词汇	数量	其他回答（或表现）	数量
羞愧	不开心	4			不知道	1
	不高兴	3			嘴角向下	1
	伤心	1			笑话他	2
	不好	1			丢脸	1
	不好意思	2				
	害羞	1				
	生气	2				
	羞愧	1				
生气	哭	1			原谅他	1
	不好	1			不知道	1
	不高兴	2			会噘嘴	1
	生气	6				
	不开心	4				
	伤心	1				
	难过	2				
高兴	开心	11				
	高兴	8				
	笑	1				
一般般	开心	4	没意思	1	不哭不闹	1
	高兴	5			认真	1
	挺好的	1			孤独	1
					没有表情	1
					看书的表情	1
					一般般	2
					不知道	2
内疚	难过	2	高兴	1	会道歉	1
	不开心	4			会噘嘴	1
	伤心	1			不知道	1
	害羞	1				
	不好意思	1				

续表

	大班（共18人）					
	回答正确		回答错误		其他	
	词汇	数量	词汇	数量	其他回答（或表现）	数量
内疚	哭	1				
	不高兴	3				
	很不好	1				
	抱歉	1				
尴尬	哭	2	开心	1	不知道	2
	不开心	4			承认错误	1
	伤心	1				
	不好意思	1				
	不高兴	4				
	生气	1				
	害怕	1				
	羞愧	1				

注："一般般"心情分类依次如下：积极词汇、消极词汇、中性词汇。

从上表（表2－11）分析可以看出，大班、中班的幼儿在回答每个问题时所用的词汇比小小班、小班的幼儿数量更多，反向回答也更多（表2－11），比如"伤心"回答"不高兴"。但是幼儿大多对消极情绪进行反向作答，积极情绪很少甚至没有反向回答的情况。另外，幼儿对道德情绪不能完全阐述，但可以用基本情绪词汇来表达，无论是基本情绪还是道德情绪、积极情绪还是消极情绪，幼儿最常用的情绪词汇为：高兴、开心。其次，对于一些幼儿来说，用动作代替情绪会更容易一些，比如"伤心"回答"哭"，有些幼儿对情绪的理解集中在如何处理上，比如回答"内疚"这一情绪时会回答"说对不起"。

就回答正确的情况来说，对于"伤心"这一情绪，幼儿回答"哭"的数量最多，其次是"伤心""难过""不开心"；对于"自豪"这一情绪来讲，幼儿回答"开心"这一词汇的数量明显高于其他词汇，其次是"高兴"；对于"羞愧"这一情绪，幼儿回答"不开心"最多，其次是“不高兴”“难过”；对于“生气”这一情绪，幼儿回答词汇数量最多的是“生气”，其次是“不开心”“伤心”；对于“高兴”这一情绪，绝大部分幼儿回答的是“开心”，其次是“高兴”“笑”；对于“内疚”这一情绪，幼儿更倾向于回答“不开心”，“伤心”“哭”和“生气”三者数量相同；对于“尴尬”这一情绪，幼儿回答的各类词汇数量相差不是很大，其中“不开心”的数量相对较多，其次是“哭”“伤心”。由此可见，幼儿无论对哪种情绪都更喜欢回答与“开心”“高兴”“伤心”“难过”有关的词语。对于“开心”与“高兴”两个词语，幼儿还可以进行反向运用：“不开心”“不高兴”，但是对于“伤心”“难过”两个词语，幼儿却很少这么使用。

（二）研究结果

此实验中考察了3—6岁幼儿对道德情绪词汇的理解能力。研究发现，不同年龄阶段幼儿对于自豪、生气、高兴、内疚、尴尬共5种情绪呈现显著差异性。就年龄阶段而言，4—6岁幼儿对每项情绪的理解大多高于2—4岁幼儿。研究没有发现显著性别差异，即男孩与女孩在情绪词汇掌握能力上基本一致。这可能和幼儿园的教学内容有关，教师可能对班级里的儿童做过关于情绪方面的培养和训练。

幼儿在回答积极道德情绪时所表达出的词汇比消极的道德情绪词汇正确率高很多，表达词汇的数量也比较多。在整理幼儿所答词汇时发现，无论对哪种情绪，幼儿都更喜欢回答与“开心”“高兴”“伤心”“难过”有关的词语。对于“开心”与“高兴”两个词语，幼儿还可以进行反向运用：“不开心”“不高兴”，但是对于“伤心”“难过”两个词语，幼儿却很少这么使用。这可能与家长与老师在日常中教导孩子时大多使用积极词语有关。

在整理幼儿所答词汇时还发现：大班、中班的幼儿在回答每个问题时所用的词汇比小小班、小班的幼儿数量更多，反向回答的也更多，比如“伤心”回答“不高兴”，幼儿对道德情绪不能完全阐述，但可以用一般情绪词汇来表达。另外，对于一些幼儿来说，用动作代替情绪会更容易一些，比如“伤心”回答“哭”。有些幼儿对情绪的理解集中在如何处理上，比如回答“内疚”这一情绪时会回答“说对不起”，这也可能与家长和幼儿园老师的教育方式有关。

本节发现，在某些情绪的辨认上，年龄与幼儿情绪词汇的掌握能力的相关性并不显著，可能是实验过程中产生了主试效应。在询问幼儿问题的时候，主试为使年龄较小的被试能够听懂问题，做出了不必要的解释，从而导致了实验结果在一些情绪上与年龄上没有呈现显著相关性。虽然这样使年龄较小的幼儿也回答了很多词汇，对实验的结果有一定帮助，但影响了实验的科学性。以后的研究望注意。

在本节设计中消极情绪和积极情绪的比例分配不是很平均，在以后的相关研究中可以对相关情绪进行更全面的测量。

本次研究结果发现大班、中班幼儿在回答每个问题时所用的词汇比小小班、小班的幼儿反向回答的更多。关于这一点希望以后能做出相关研究。

（三）讨论和建议

道德情绪是促进儿童社会性发展的重要因素，教育者应该抓住儿童道德情绪发展的关键期，培养儿童健全道德情绪状态，以促进儿童身心健康发展。教师和家长可以在生活中适时地流露真实情感，以丰富幼儿相关情绪体验，对幼儿起到表率作用。另外，还要注重儿童正负性道德情绪深刻体验教育，儿童在成长过程中，或多或少会表现出不同性质的道德情绪，教育者应该抓住教育契机，深化儿童对这些情绪的体验。

对于幼儿情绪词汇方面的培养，可以从语言方面的培养着手。在学龄前儿童中，儿童的口头语言是他们情感和道德社会发展最明显的指标。学龄前儿童掌握词汇的能力主要表现在词汇数量增多、词类范围扩大和对单词含义理解加深等。对于儿童来说，学习语言并不是一个完全被动的建构过程。儿童会主动学习各种语言符号并建立他们的组织。一方面，幼儿会选择提供给他们的语言示例。他们只选择可以理解和模仿的语言示例，并有意识地练习；另一方面，儿童会直接根据自己的需要模仿成人语言，同时还会进行创造性、变通式的模仿，也就意味着儿童会将他们所听到的句子稍加变动，并以幼儿自己的语言表达。儿童只能通过大量的言语交际练习逐渐掌握语言，学龄前儿童的语言学习过程实际上是个性化的过程。不同孩子在语言学习的速度和影响方面表现出不同特征。因此，学龄前儿童的语言教学必须考虑到同龄儿童需求，同时也要考虑单个儿童的独特发展特征，并符合他们当前认知发展的特征。

语言和情绪一样，是儿童交流和互动的重要方式。促进儿童使用情感词汇能力发展的有效措施包括以下两点：一是儿童丰富的词汇量，二是发展儿童的口头表达能力。幼儿老师和父母可以在日常生活中树立好榜样，经常使用情感词汇来表达自己的感受，另外，多让儿童阅读图画书也是很好的方法。

（四）研究不足与展望

本节结论得出性别和年龄与幼儿情绪词汇的掌握能力的相关性并不显著。

在研究结果中消极情绪和积极情绪的比例分配不是很平均，即消极情绪数量比积极情绪数量多。在以后的相关研究中可以对相关情绪进行更全面的测量。

本次研究结果发现大班、中班的幼儿在回答每个问题时所用的词汇比小小班、小班的幼儿反向回答的更多，关于幼儿情绪词汇、幼儿年龄发展与道德认知之间的关系还有待后续深入研究。

四 结论

本节通过对 3—6 岁儿童道德情绪词汇理解能力的研究，主要得到以下结论：

（1）幼儿对道德情绪的回答词汇更倾向于用相关的一般情绪词汇来代替。在回答的过程中，更倾向用与“开心”“高兴”“伤心”“难过”有关的词语。

（2）男孩和女孩在道德情绪词汇的掌握能力上基本一致，除“生气”这一情绪外，其他 7 项情绪的 p 值均大于 0.05。这一点与研究假设不符，性别与情绪理解能力没有相关关系。

（3）随着年龄增长，幼儿对自豪、生气、高兴、内疚、尴尬等情绪的理解能力也随之提升，不同年龄阶段幼儿对于自豪、生气、高兴、内疚、尴尬等情绪呈现出显著性（$p<0.05$）。

（4）幼儿对积极的道德情绪理解能力普遍高于消极的道德情绪理解能力，基本情绪理解能力普遍高于道德情绪理解能力。3—6 岁幼儿对基本情绪的理解能力较好：对“伤心”这一情绪回答正确的人数占整体的 72.63%，对“高兴”这一情绪回答正确的人数占整体的 90.53%；对道德情绪的理解能力则较差：回答“羞愧”的正确率为 30.53%，“内疚”的正确率为 26.47%，“尴尬”的正确率为 21.05%。在这两种情绪中，大多数幼儿对具有积极意义的情绪，如高兴、自豪（正确率为 70.53%）的理解能力掌握的比消极情绪好。

（5）在基本情绪和道德情绪之中，同类性质的情绪词汇掌握能力可能相近，但并不是完全相近。“伤心”与“自豪”的 p 值小于 0.01 且相关系数值是 $0.225>0$，意味着二者之间有着正相关关系；“生气”与“尴尬”的 p 值小于 0.01 且相关系数值是 $0.216>0$，意味着二者之间有着正相关关系；“高兴”与“内疚”的 p 值小于 0.01 且相关系数值是 $-0.264<0$，说明二者有着负相关关系。“生气”与“尴尬”两个消极情绪呈正比，“高兴”这一积极情绪与“内疚”这一消极情绪呈负比，这两点与研究假设相符合；但是“伤心”这一消极情绪与“自豪”这一积极情绪呈正比，说明幼儿对同类性质的情绪词汇掌握能力并不相近。

第二部分

家庭与幼儿道德情绪

第三章　家庭对3—6岁幼儿道德情绪的影响

第一节　家庭教育对幼儿情绪的影响

家庭是儿童成长的第一所学校，家长的教育观念、家庭环境氛围等对儿童的成长具有基础性和长期性的影响。家庭教育作为一种独立的教育形态，其重要性正得到世界范围内的广泛认可与关注。情绪，是人对客观事物的态度体验及相应的行为反应，由主观体验、外部表现和生理唤醒所构成，已有研究者对幼儿情绪理解、情绪识别、情绪调节以及情绪表达等方面进行了一定研究。

随着家庭情绪情感教育日益得到重视，父母要教给幼儿有关情绪因果关系和情绪调节策略方面的知识，帮助幼儿学会探索和分享自身的情绪感受，积极建构情绪的适应性意义，为幼儿社会认知和情绪能力的发展提供重要的成长环境。艾森伯格（Eisenberg）等人曾明确指出，父母影响幼儿情绪概念的形成和情绪能力的发展主要有两种途径，其一是通过父母自身情绪表达和情绪反应等有关情绪的非言语沟通，其二则是通过父母与幼儿谈论情绪的口头交流方式，这说明作为儿童生命中的重要他人——父母，对幼儿的情绪社会性发展有着难以替代的影响。

通过对3—6岁幼儿家庭教育的现状展开调查与研究，探讨家庭教育对幼儿情绪发展的影响，并找到相应的策略，对家庭教育和幼儿教育都将具有一定重要意义。

一　问题提出

（一）研究问题

采用问卷调查和观察的方式对3—6岁幼儿情绪现状进行调查，并对家庭教育在对3—6岁幼儿情绪发展方面影响的过程中所存在的问题与现象加以分析与总结，确定本节要研究以下问题：

研究问题1：3—6岁幼儿情绪发展特点有哪些。

研究问题2：家庭教育对3—6岁幼儿情绪发展有哪些影响。

研究问题3：家庭教育有效促进幼儿情绪健康发展策略有哪些。

（二）研究目的

通过家庭教育对幼儿情绪的影响，促进家庭教育对3—6岁幼儿积极情绪影响的发展，让更多家庭重视对幼儿情绪健康发展，为我国家庭教育促进幼儿情绪健康发展提供可探讨的新路径、新策略，以促进幼儿情绪，尤其道德情绪的积极发展。

（三）研究意义

1. 理论意义

通过问卷调查和案例分析两种方法，对关于家庭教育对3—6岁幼儿情绪发展的影响因素展开研究。通过本次研究能够进一步掌握家庭教育对幼儿情绪影响的现状，并通过对家庭教育对幼儿情绪发展的影响现状的探讨与分析，更加全面地解读幼儿情绪发展的特点，对家庭教育如何有效促进幼儿情绪健康发展提出建议，在一定程度上弥补家庭教育在幼儿情绪发展中影响这一方面研究的空缺。

2. 现实意义

家庭教育对儿童成长具有基础性和长期性的影响，家长的言行、教育观念等都影响着儿童的成长。家庭教育作为一种独立的教育形态，是学校教育、社会教育所不可替代的，其重要性正得到世界范围内的广泛认可及关注。本节对3—6岁幼儿的家庭教育的现状展开调查与研究，发现家庭教育对幼儿情绪发展影响的问题，找到促进幼儿情绪发展中的积极因素，在实践中研究如何进一步推动和改善我国

3—6 岁幼儿情绪的发展。

二　研究过程

（一）研究方法

综合运用多种研究方法，主要包括文献法、案例分析法、问卷调查法等。

1. 文献法

文献法的目的主要是对现有的、与本研究相关的文献资料进行系统、科学的整理与分析，从而找出本研究的支撑材料。文献研究的过程主要是查阅图书馆的图书资料和数字化资源，包括 CNKI 系列数据库（清华同方）、超星数字图书馆、Internet 上的 Baidu 及 Google 等搜索引擎，通过查阅大量的资料，并对资料进行分类、整理、比较、分析、归纳和总结，形成 3—6 岁幼儿四种情绪类型（快乐、悲伤、害怕、生气）的发展特点。

2. 案例分析法

本节采用的是案例分析法，主要以赤峰市松山区某幼儿园十二名幼儿为个案，挑选具有代表性情绪的幼儿，及幼儿家长，探讨幼儿情绪层面的主要问题，分析家庭教育对幼儿情绪发展的影响，建构家庭教育促进幼儿情绪发展的良性模式。

3. 问卷调查法

本节主要采取问卷调查法，对松山区某幼儿园的幼儿家长与教师进行调查，向教师与家长普及幼儿常见的四种情绪类型。通过幼儿情绪的具体指标：动作、言语、表情的分析，研究 3—6 岁幼儿的四种情绪的重要特征。发现家庭教育中幼儿情绪存在的主要影响以及相互作用，使得家长认识到家庭教育对幼儿情绪发展的积极作用和表现方面，使得在其日后的家庭教育中促进幼儿情绪的健康发展。

（二）创新之处

本节研究的是有关家庭教育对幼儿情绪的影响与对策研究。近年来对家庭教育的研究，以及幼儿情绪的相关研究颇多，然而，有关家庭教育对幼儿情绪的影响以及如何通过家庭教育对幼儿产生积极情绪影响的对策相关研究，无论在理论研究上还是在现实生活实践中都未获得足够重视，其研究成果并不完备与深入。所以，本研究在一定程度上填补了关于该主题领域的空白。

同时，由于本人属于在场研究，通过实地研究的方法，深入到幼儿的生活环境与背景中，通过参与观察，询问访谈，问卷调查，感受领悟进行实地调查，获取一手资料，从而对家庭教育对幼儿情绪的影响加以理解与解释。

（三）研究设计

1. 调查问卷

本研究运用自编《幼儿情绪问卷》（家长版），对567名3—6岁幼儿通过家长做答，进行调查与分析，通过对收集到的有效问卷进行整理、统计与分析，探明幼儿常见的情绪类型，以及家庭教育对幼儿常见情绪的影响。

本次问卷调查对象共计567名，其中小班216名，中班193名，大班158名。共计发放问卷总数为567份，收集有效问卷为567份。本次调查目的是探讨学前儿童情绪的事件类型特点及其具体的外显行为特征，探讨家庭教育对学前儿童情绪的影响。

本问卷分为两个部分，由家长根据幼儿情况进行如实回答。第一部分为幼儿基本情况，第二部分为幼儿相关情绪的五道问题。其中，问题一是调查对象常见的情绪，本问卷列出十三种情绪供家长选择，同时家长可以自行写出十三种情绪中所不包含的其他情绪；问题二至问题五要求家长关于幼儿体验快乐、悲伤、害怕以及生气的事情做出详细描述，包括什么时间、地点发生什么事情，情绪发生时有哪些相关人或物，并详细记录和描述幼儿情绪发生时的动作、言语、表情等。

2. 案例

在问卷调查的基础上，对问卷中关于幼儿四个维度的情绪体验事件类型进行整理与统计，这四个维度分别是：快乐、悲伤、害怕、生气。从中选取十二个对幼儿情绪有较大影响的家庭教育案例。其中案例1—

3 是具有代表性的幼儿体验到快乐事情的案例描述；案例 4—6 是幼儿体验到悲伤事情的案例描述；案例 7—9 是幼儿体验到害怕事情的案例描述；案例 10—12 是幼儿体验到生气事情的案例描述。

（四）研究工具

研究工具是自编的幼儿情绪问卷，［（见附录三）幼儿情绪问卷（家长版）］，采用他评问卷，因为 3—6 岁幼儿身心发展尚未成熟，语言与认知能力都缺乏稳定性，因此能够自行完成自陈式问卷的可能性很小，不适宜采用自评问卷。同时，因为 3—6 岁幼儿与家长相处时间较多，家长也更加关注幼儿情绪的变化，掌握幼儿情绪方面的情况相对丰富，因此有关幼儿情绪的调查问卷选择家长问卷会更具有针对性。

三　研究结果

（一）对 3—6 岁幼儿情绪发展特点分析

3—6 岁是幼儿情绪发展的重要时期，极具可塑性。此年龄阶段的幼儿情绪和情感发展趋势逐渐社会化、丰富和深刻化、自我调节化。幼儿情绪发展的好与坏易对幼儿身心健康产生极大影响，甚至一生的影响。根据本次调查研究结果可以发现，3—6 岁幼儿情绪发展具有以下四个特点。

1. 情绪日益丰富

3—6 岁幼儿随着活动范围扩大，会体会到更多新的情绪体验。社会化需求深化了幼儿情绪发展，同时，通过调查研究结果发现，幼儿情绪基于父母对幼儿生理需求的满足、爱和理解，是通过父母的爱抚来使幼儿获得安全感与爱的需要。在各种需求的激发下，幼儿情绪过程越来越分化，情感指向的事物不断增加，幼儿情绪更加深刻化，逐渐从指向事物的表面到指向事物的内在。

2. 情境性显著

3—6 岁幼儿的情绪发展逐渐具有明显的情境性，极易随着外界环境和外界情境的变化而变化。比如，此次调查结果中很多小朋友产生生气情绪的原因是抢玩具，但是产生快乐情绪的原因也有很多是与伙伴玩要，前一秒的吵闹下一秒便烟消云散，对于 3—6 岁的幼儿非常常见，这便是情境性对幼儿情绪发展的影响，作为幼师和家长，更要通过情境性的变化来引导幼儿调控情绪，培养幼儿通过自己解决生活矛盾的能力。

3. 情绪调控能力薄弱

3—6 岁的幼儿已经具备一定的自我情绪调控的心理机制，但是相对薄弱。在调查结果中发现，幼儿在生气、悲伤等消极情绪中，多表现为幼儿任性，对一些不能让自己满意的事情表现得非常激动，这也是令家长最头痛的问题之一。由于幼儿自身发展的局限性，幼儿的情绪不具有稳定性，并且以自我为中心，所以幼儿遇到事情会选择不正确的表达方式或者不表达，也特别容易因为极其微小的事情情绪失控。

4. 自我意识增强

3—6 岁的幼儿具有一定的自我认知水平，之后自我意识逐渐增强，而随之便会产生诸如羞愧、自豪等情绪。在调查研究结果中，很多幼儿会对自己的错误行为产生羞愧，比如，一个幼儿在幼儿园活动过程中，打扰了老师的教学，当老师表现出生气的时候，这名小朋友会做出尴尬和抱歉的表情。随着幼儿自我意识的增强，幼儿教师与家长应当在此时特别注意尊重幼儿的自尊心，理解幼儿。

（二）幼儿情绪问卷分析

1. 幼儿情绪的问卷分析

（1）幼儿常见情绪总体统计结果及分析

通过对收回的 567 份调查问卷的详细阅读与整理，本次调查问卷关于幼儿常见情绪类型的具体统计结果按所占比例从高到低排列，见表 3－1和图 3－1。

表 3－1　　幼儿常见情绪统计结果

常见情绪	数量	所占比例（%）
快乐（高兴、愉快、兴奋）	565	99.65
情绪低落（不开心）	348	61.38

续表

常见情绪	数量	所占比例（%）
愤怒（生气）	283	49.91
恐惧（害怕）	218	38.45
自豪	181	31.92
担心	131	23.10
悲伤（伤心）	109	19.23
尴尬（困窘）	93	16.40
骄傲自大	88	15.52
焦虑	70	12.35
羞耻（羞愧）	65	11.46
内疚	21	3.70
烦躁不安	15	2.65

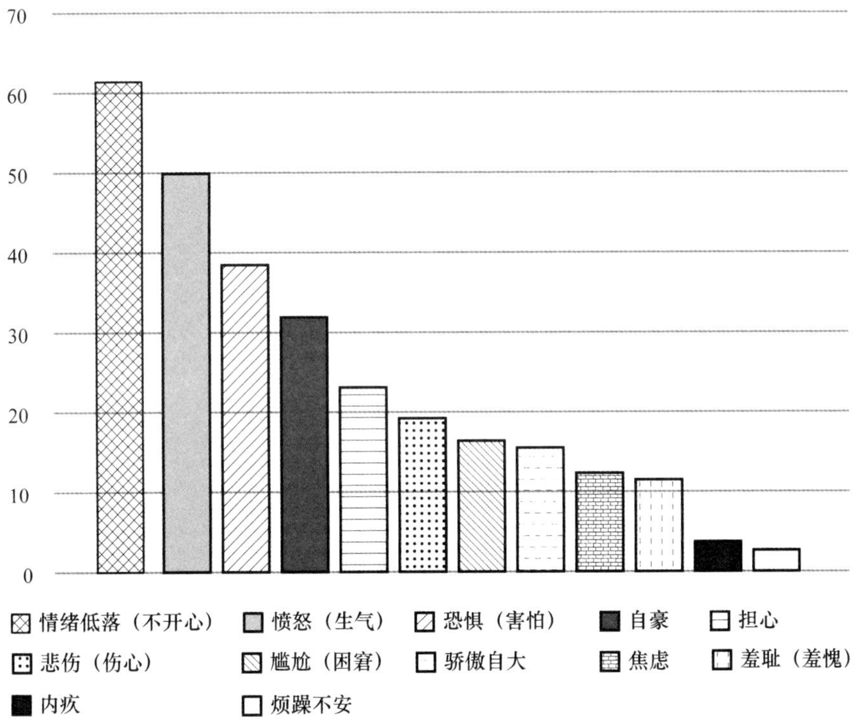

图 3－1　常见情绪类型所占比例

（2）幼儿情绪问卷小班统计结果及分析

本次幼儿情绪问卷小班调查对象共计216名，年龄在3.5—4岁。本问卷中所涉及的有关快乐、悲伤、害怕、生气这四种常见情绪的开放性问题，具体统计结果见表3－2。

表3－2　**幼儿情绪问卷小班统计结果**

问卷总数	216	年龄	3.5—4岁						
情绪类型	快乐								
情绪事件	有父母或家人陪伴游玩	新鲜的环境及事物	和熟悉的伙伴游戏	做自己喜欢的事	要求达到满足	收到礼物	被表扬	其他	无效
问卷数量	83	34	27	17	20	17	3	3	12
所占比例（%）	38.42	15.74	12.5	7.87	9.26	7.87	1.39	1.39	5.56
情绪类型	悲伤								
情绪事件	父母或亲人离开	受环境和情绪影响	心爱的动物或玩具丢失	要求没达到满足	被冤枉或被训斥	与伙伴吵架	其他	无效	
问卷数量	43	15	33	33	7	5	14	66	
所占比例（%）	19.9	6.94	15.28	15.28	3.24	2.31	6.48	30.56	
情绪类型	害怕								
情绪事件	怕动物或恐怖画面	怕责备	怕离开亲人	怕打针	受环境或人的影响	父母吵架	其他	无效	
问卷数量	37	28	22	16	73	2	18	20	
所占比例（%）	17.13	12.96	10.19	7.41	33.8	0.93	8.33	9.26	
情绪类型	生气								
情绪事件	要求达不到满足	父母失约	和小伙伴发生矛盾	被训斥或责备	心爱的玩具被弄坏	其他	无效		
问卷数量	81	11	47	14	14	24	25		
所占比例（%）	37.5	5.09	21.76	6.48	6.48	11.11	11.57		

其中，小班收回问卷中关于幼儿快乐情绪体验问题有 12 张无效问卷，去除无效问卷，幼儿因父母或家人陪伴游玩而体验到快乐的比例较高为 38.42%。其中多为父母平日工作繁忙而无暇陪伴幼儿，节假日陪伴幼儿而产生快乐的情绪。

根据家长叙述进行统计，3.5—4 岁幼儿体验悲伤情绪的事件大致分为七类，见图 3 - 2。

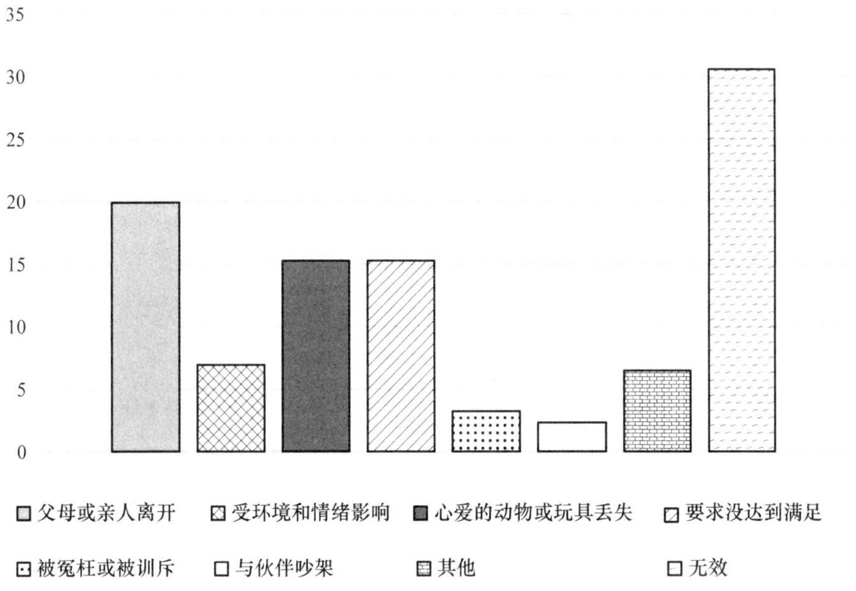

图 3 - 2　悲伤情绪事件类型及所占比例

其中，小班收回问卷中关于幼儿悲伤情绪体验问题有 66 张无效问卷，去除无效问卷，幼儿因父母或亲人离开而体验到悲伤的比例高达 19.9%，其中多为父母没有使用得当方法送幼儿去幼儿园而产生悲伤的情绪。

根据家长叙述进行统计，3.5—4 岁幼儿体验害怕情绪的事件大致分为七类，见图 3 - 3。

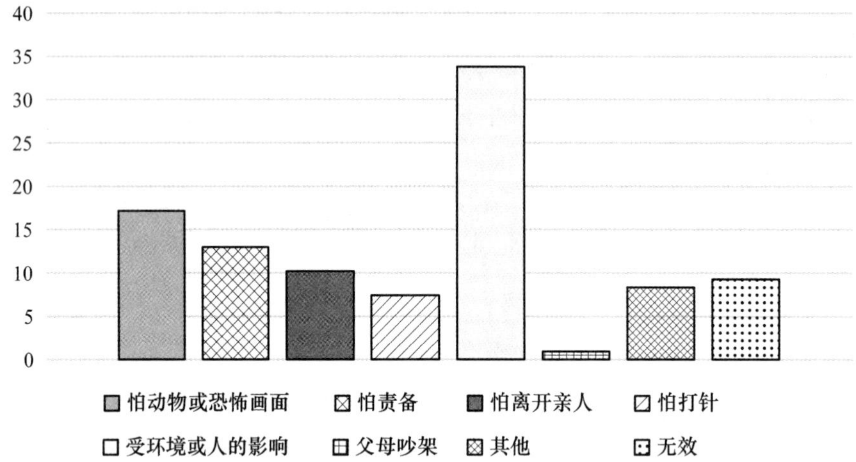

图 3－3 害怕情绪事件类型及所占比例

其中，此小班收回问卷中关于幼儿害怕情绪体验问题有 20 张无效问卷，去除无效问卷，幼儿因受环境或人的影响而体验到害怕的比例高达 33.8%，而关于害怕情绪的事件中需要重点得到关注的是怕被责备与父母吵架而造成的幼儿害怕情绪，父母不当的行为极易为幼儿带去不安全感，有碍幼儿心理健康。

根据家长叙述进行统计，3.5—4 岁幼儿体验生气情绪的事件大致分为六类，见图 3－4。

其中，小班收回问卷中关于幼儿生气情绪体验问题有 25 张无效问卷，去除无效问卷，幼儿因要求达不到满足而体验到生气的比例较高为 37.5%，其中多为父母或长辈平日过于溺爱。同时又没有使用有效教育手段，而造成幼儿在要求达不到满足时便会产生生气情绪。

（3）幼儿情绪问卷中班统计结果及分析

本次幼儿情绪问卷中班调查对象共计 193 名，年龄在 4—5 岁。本问卷中所涉及的有关快乐、悲伤、害怕、生气这四种常见情绪的开放性问题，见表 3－3。

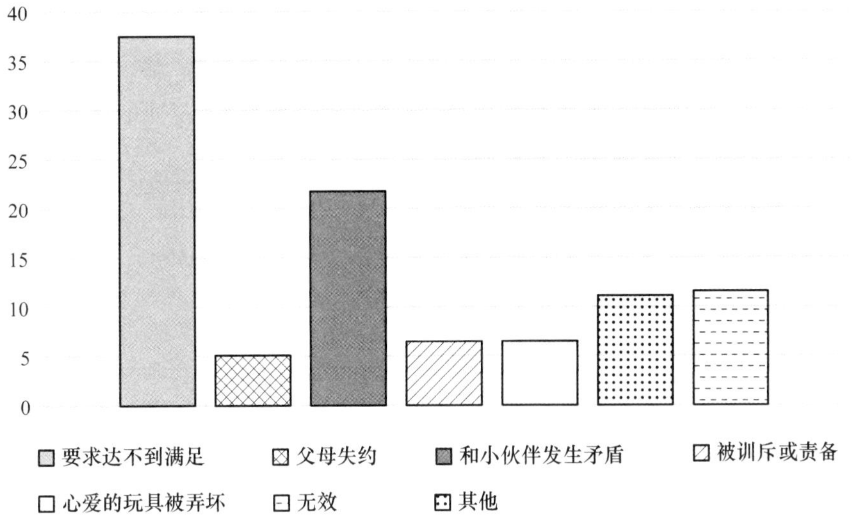

图 3－4　悲伤情绪事件类型及所占比例

表 3－3　**幼儿情绪问卷中班统计结果**

问卷总数	193	年龄	4—5 岁

情绪类型	快　乐								
情绪事件	外出游玩	和熟悉的伙伴游戏	做自己喜欢的事	掌握了本领得到老师表扬	节日或生日收到礼物	见到新奇的事物	亲人陪伴	其他	无效
问卷数量	42	41	17	19	32	11	12	10	9
所占比例（%）	21.76	21.24	8.81	9.84	16.58	5.70	6.22	5.18	4.66

情绪类型	悲　伤									
情绪事件	父母或亲人离开	受伤	心爱的动物或玩具丢失	要求没达到满足	被冤枉或被训斥	受情境感染	出于同情	父母吵架	其他	无效
问卷数量	27	10	46	34	9	9	8	3	18	29
所占比例（%）	13.99	5.18	23.83	17.62	4.66	4.66	4.15	1.55	9.33	15.03

续表

问卷总数	193				年龄			4—5岁	
情绪类型	害怕								
情绪事件	怕动物或恐怖画面	怕责备或惩罚	怕独处	怕打针	受环境或人的影响	怕达不到要求	无意识地做错事	第一次尝试	其他	无效
问卷数量	26	29	24	10	45	2	14	6	18	19
所占比例（%）	13.47	15.03	12.44	5.18	23.32	1.04	7.25	3.11	9.33	9.84

情绪类型	生气								
情绪事件	要求达不到满足	父母失约	和小伙伴发生矛盾	被训斥或责备	心爱的玩具被弄坏	被强迫做不愿意的事情	在乎别人对自己的看法	其他	无效
问卷数量	65	17	20	8	33	9	4	12	25
所占比例（%）	33.68	8.81	10.36	4.15	17.1	4. 66	2.07	6.22	12.95

由于有关快乐、悲伤、害怕、生气的问题为开放性问题，根据家长的叙述进行统计，4—5岁幼儿体验快乐情绪的事件大致分为八类，见图3-5。

其中，此次中班收回问卷中关于幼儿快乐情绪体验问题有9张无效问卷，去除无效问卷，幼儿因外出游玩而体验到快乐的比例较高，为21.76%。

根据家长叙述进行统计，4—5岁幼儿体验悲伤情绪的事件大致分为九类，见图3-6。

其中，中班收回问卷中关于幼儿悲伤情绪体验问题有29张无效问卷，去除无效问卷，幼儿因心爱的动物或玩具没有或损坏而体验到悲伤的比例较高，为23.83%。

根据家长叙述进行的统计，4—5岁幼儿体验害怕情绪的事件大致分为九类，见图3-7。

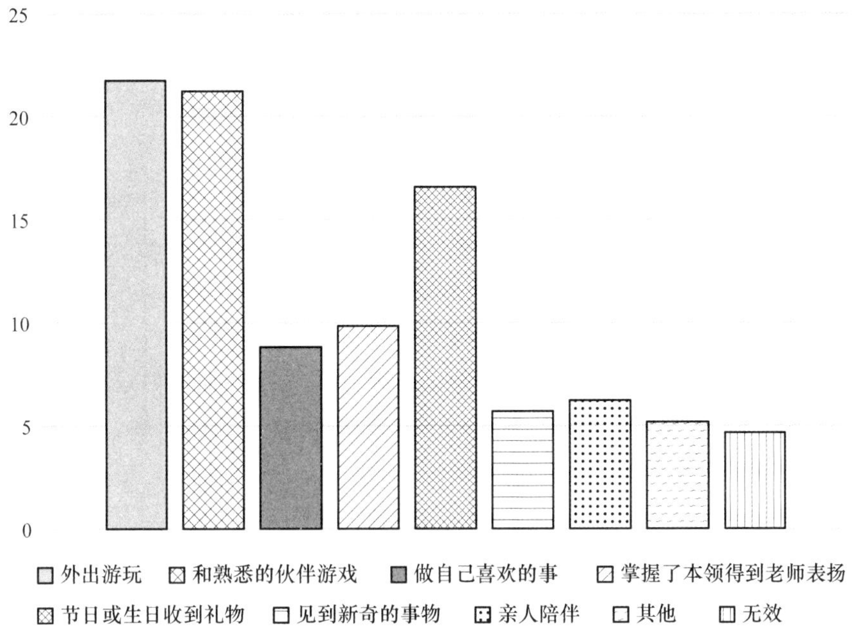

图 3－5　快乐情绪事件类型及所占比例

其中，此次中班收回问卷中关于幼儿害怕情绪体验问题有 19 张无效问卷，去除无效问卷，幼儿因受环境或人的影响而体验到害怕的比例较高，为 23.32%。

根据家长叙述进行的统计，4—5 岁幼儿体验生气情绪的事件大致分为八类，见图 3－8。

其中，中班收回问卷中关于幼儿生气情绪体验问题有 25 张无效问卷，去除无效问卷，幼儿因要求达不到满足而体验到生气的比例较高，为 33.68%。

（4）幼儿情绪问卷大班统计结果及分析

本次幼儿情绪问卷大班调查对象共计 158 名，年龄在 5—6 岁。本问卷中所涉及有关快乐、悲伤、害怕、生气这四种常见情绪的开放性问题，见表 3－4。

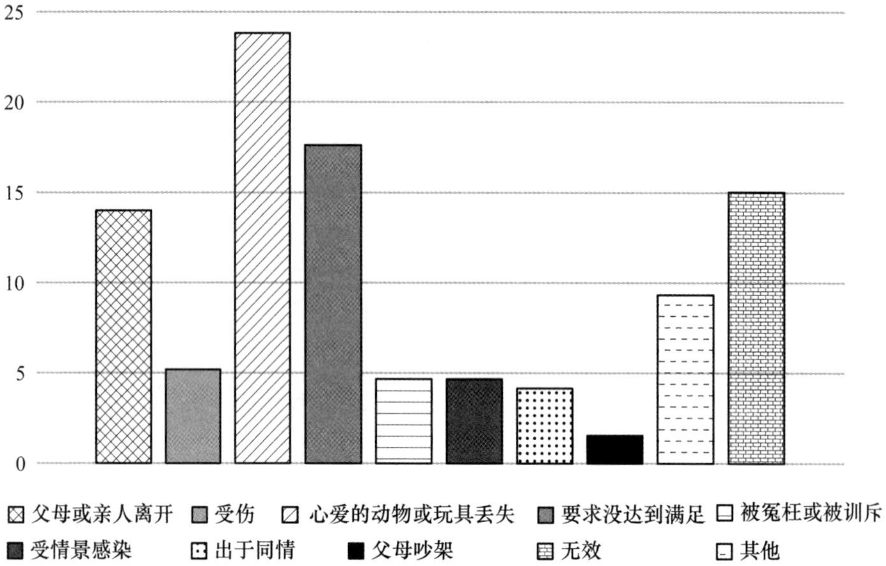

图3－6　悲伤情绪事件类型及所占比例

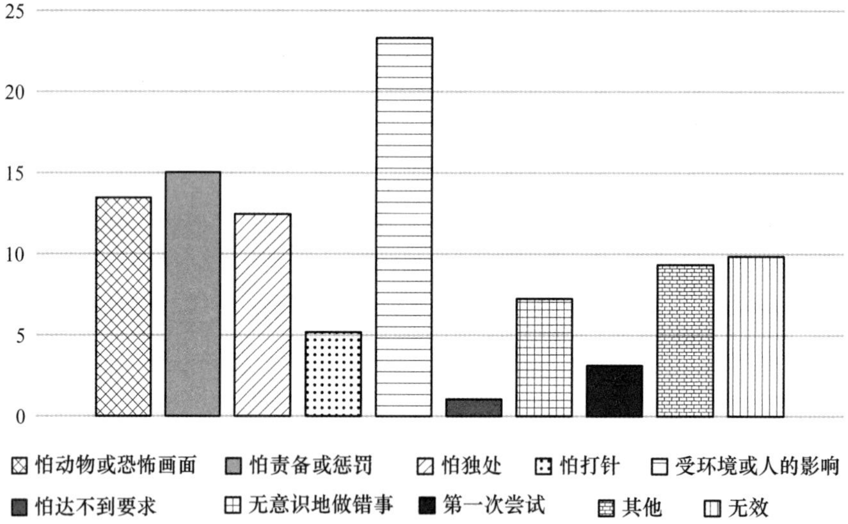

图3－7　害怕情绪事件类型及所占比例

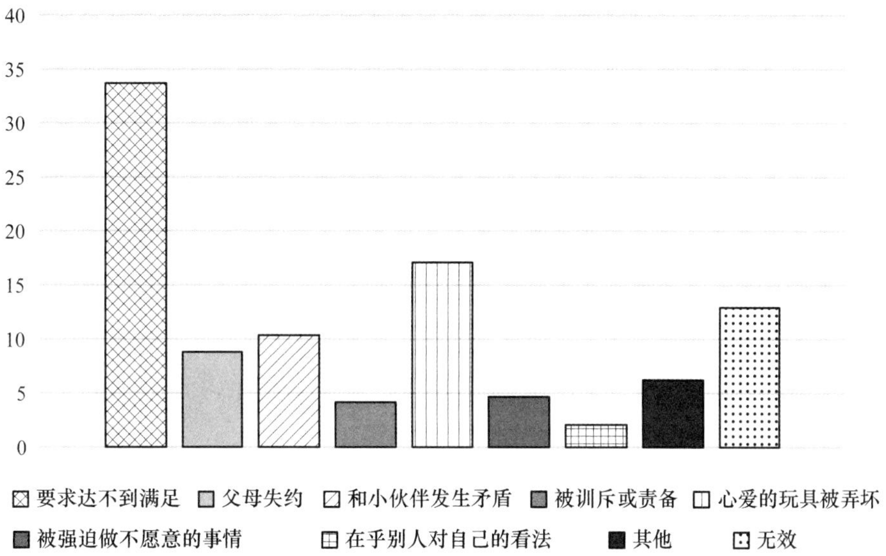

图 3－8　生气情绪事件类型及所占比例

表 3－4　**幼儿情绪问卷大班统计结果**

问卷总数	158	年龄	5—6 岁						
情绪类型	快　乐								
情绪事件	外出游玩	和熟悉的伙伴游戏	做自己喜欢的事要求达到	掌握了本领得到老师表扬	节日或生日收到礼物	有亲人陪伴	帮助别人	其他	无效
问卷数量	30	23	16	32	17	14	3	9	14
所占比例（%）	18.99	14.56	10.13	20.25	10.76	7.87	19.0	5.70	8.86
情绪类型	悲　伤								
情绪事件	父母或亲人离开	受伤	心爱的动物或玩具丢失	要求没达到满足	被冤枉或被训斥	没达到预期目标	出于同情	亲人生病	无效
问卷数量	29	4	30	20	14	5	11	3	42
所占比例（%）	18.35	2.53	19.0	12.66	8.86	3.16	6.96	1.90	26.58

续表

问卷总数	158	年龄	5—6 岁						
情绪类型	害　怕								
情绪事件	怕动物或恐怖画面	怕责备或惩罚	怕独处	怕打针	受环境或人的影响	怕达不到要求	无意识的伤害到了人	其他	无效
问卷数量	21	37	16	4	40	3	9	12	16
所占比例（%）	13.29	23.42	10.13	2.53	25.32	0.93	5.70	7.59	10.13
情绪类型	生　气								
情绪事件	要求达不到满足	父母失约	和小伙伴发生矛盾	被训斥或责备	心爱的玩具被弄坏	被强迫做不愿做的事情	在乎别人对自己的态度	其他	无效
问卷数量	43	15	31	11	15	6	2	16	19
所占比例（%）	27.22	9.49	19.62	6.96	9.49	3.80	1.27	10.13	12.03

由于有关快乐、悲伤、害怕、生气的问题为开放性问题，根据家长的叙述进行统计，5—6 岁幼儿体验快乐情绪的事件大致分为八类，见图 3－9。

其中，大班收回问卷中关于幼儿快乐情绪体验问题有 14 张无效问卷，去除无效问卷，幼儿因掌握了本领得到老师表扬而体验到快乐的比例较高，为 20.25%。

根据家长叙述进行统计，5—6 岁幼儿体验悲伤情绪的事件大致分为八类，见图 3－10。

其中，大班收回问卷中关于幼儿悲伤情绪体验问题有 42 张无效问卷，去除无效问卷，幼儿因父母或亲人离开而体验到悲伤的比例较高，为 18.35%。

根据家长叙述进行统计，5—6 岁幼儿体验害怕情绪的事件大致分

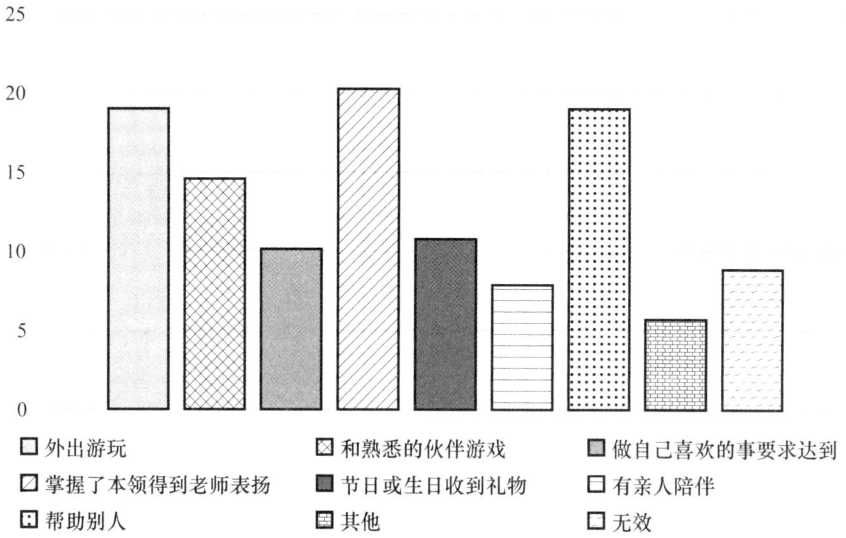

图3－9　快乐情绪事件类型及所占比例

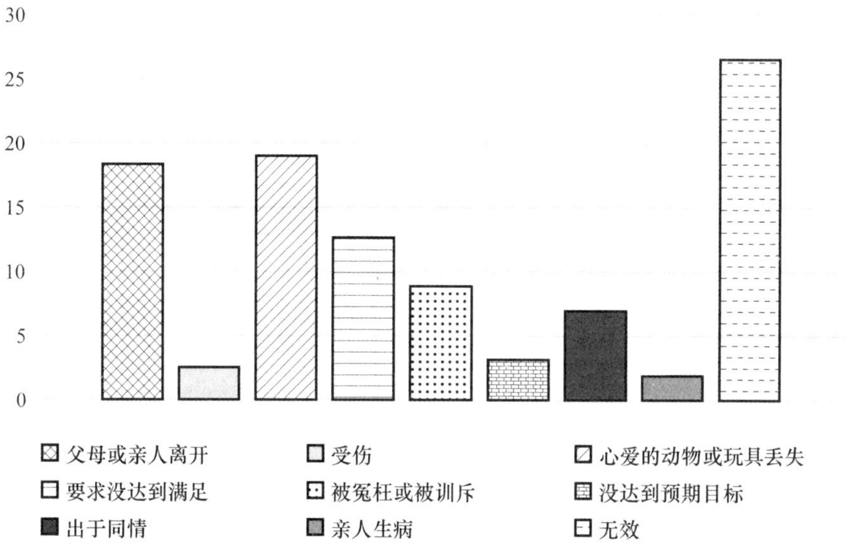

图3－10　悲伤情绪事件类型及所占比例

为八类，见图3－11。

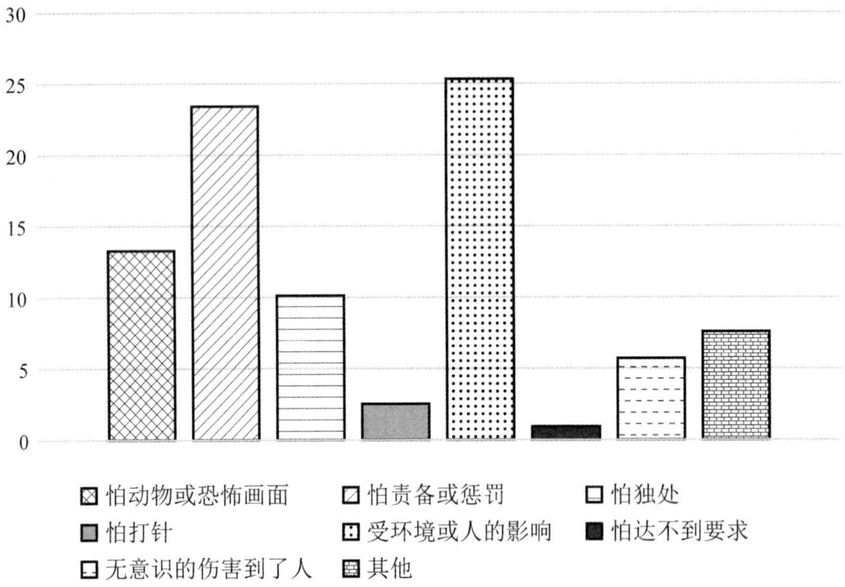

图 3－11　害怕情绪事件类型及所占比例

其中，大班收回问卷中关于幼儿害怕情绪体验问题有 16 张无效问卷，去除无效问卷，幼儿因受环境或人的影响而体验到害怕的比例较高，为 25.32%。

根据家长叙述进行统计，5—6 岁幼儿体验生气情绪的事件大致分为八类，见图 3－12。

其中，大班收回问卷中关于幼儿生气情绪体验问题有 19 张无效问卷，去除无效问卷，幼儿因要求达不到满足而体验到生气的比例较高，为 27.22%。

综上，3—6 岁幼儿会随着年龄的不同而因不同事件产生快乐、悲伤、害怕、生气四种情绪。3—4 岁幼儿因刚刚产生自我意识，对父母的依赖较大，因而较容易因父母而产生情绪变化；4—5 岁幼儿因刚刚有了一定的自我意识与独立能力，因而更容易因周边环境感染产生情绪变化；5—6 岁幼儿有了更多的成功体验，因此容易产生自豪、内疚、羞耻等更多自我意识情绪，极易因自我能力等问题产生情绪变化。家庭是 3—6 岁幼儿成长的最初环境，父母是儿童的第一任教师，

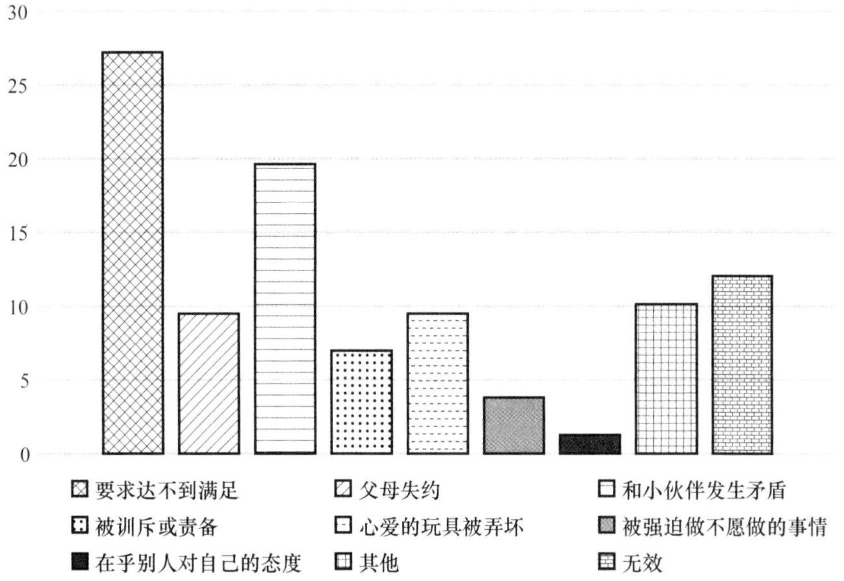

图 3－12　生气情绪事件类型及所占比例

原生家庭中的教育观念、教养技能直接对幼儿的情绪及成长产生重大影响。而在调查过程中发现，家庭教育问题虽然得到了社会及家长的重视，但在实施过程中却依然存在诸多给幼儿带去消极情绪影响的问题，诸如亲子教育活动数量和质量方面有待提高、原生家庭教育过程中缺乏父亲角色参与，离异家庭幼儿教育问题亟待解决，原生家庭过度教育等。

（三）家庭教育对 3—6 岁幼儿情绪影响案例分析

通过对本次调查结果进行统计与研究，为了探讨家庭教育对幼儿情绪的影响，从调查结果中选取十二个对幼儿情绪有较大影响的家庭教育案例。其中案例 1—案例 3 是具有代表性的关于幼儿体验到快乐事情的案例描述；案例 4—案例 6 是具有代表性的关于幼儿体验到悲伤事情的案例描述；案例 7—案例 9 是具有代表性的关于幼儿体验到害怕事情的案例描述；案例 10—案例 12 是具有代表性的关于幼儿体验到生气事情的案例描述。具体案例及分析如下：

【快乐情绪事件案例——案例1—案例3】

★案例1：

时间：周六

地点：游乐场和餐厅

被试年龄：4岁

被试性别：男

事件描述：浩浩父母平时上班很忙，因此陪伴孩子的时间很少。今天是周末，浩浩早早地起来，转动着小眼珠问妈妈：“妈妈，今天我们要去哪里玩呢?”爸爸接过来说“就去浩浩想去的地方!”浩浩听了，瞬间跳起老高。一边跳一边喊“爸爸妈妈陪我玩喽！游乐场，我们来了!”妈妈边捂耳朵边摆手来到游乐场，一会是妈妈陪着浩浩坐旋转木马，一会又是爸爸和他比赛射击，浩浩玩得大汗淋漓，开心得合不拢嘴。直到所有的玩具都玩过了，才肯跟妈妈爸爸去吃饭，他们到了肯德基，这里有浩浩最爱吃的汉堡、薯条，点过餐后，浩浩开心地吃着，回想着刚刚玩耍时的趣事，还咯咯地笑呢。这一整天浩浩都笑呵呵的，摇头晃脑得特别快乐。

★案例2：

时间：晚上

地点：家里

被试年龄：5岁

被试性别：女

事件描述：晚上，一家人吃过晚饭，刚打开电视，艾米走过去一下就把开关关掉了，站在电视机前噘着小嘴说：“电视节目不好看，你们要不要看点别的?”爸爸故意说：“我就看足球比赛，不看别的。”艾米眼睛一转：“还有更好看的，保证比足球赛过瘾”，“爷爷爷爷，你们也是这么想的，对吧?”大家一听就知道，艾米肯定在幼儿园又学新的歌曲或舞蹈了，急着表演嘛。艾米性格比较开朗，喜欢表现自己，所以她总喜欢在父母或者亲朋好友面前表演唱歌、跳舞。“大家都坐好”，艾米已经换好演出服做好准备了，首先表演的是新学的歌曲《在农场》，在赢得大家的表扬和掌声后，艾米更有激情了，舞蹈《小孔雀》表演得惟妙惟肖，在得到了大家的赞扬和夸奖后，艾米开心得眼睛眯成了一条缝，头扬着，一会看看这个，一会看看那个，自豪地哼着歌。

★案例 3：

时间：早上

地点：家里

被试年龄：6 岁

被试性别：男

事件描述：早上，哲哲不愿起床，爸爸想了想，“目标请注意！目标请注意！你已被我们的人包围，请你放下武器。”哲哲一听，马上睁开眼睛，骨碌一下爬起来，抓起枕头就砸向爸爸，这是爸爸和哲哲常玩的游戏。爸爸也不示弱，手一伸接住，枕头立马飞了回来，哲哲一下被砸中，一屁股坐到了床上。房间里立刻充满了喊叫声、大笑声。哲哲特别喜欢跟爸爸玩“打架”的游戏，经常上演枕头大战，每次他玩得都会笑得上气不接下气，非常开心。

从以上关于幼儿体验快乐情绪的三个案例可以看出，父母的陪伴、关注与交流能够使幼儿更容易体验到快乐的情绪。幼小的生命时刻需要关注与陪伴，如此幼儿的生命才有活力。父母是家庭教育中第一位启蒙教师，然而，快节奏社会使得父母承担了更多的养家糊口的责任，“忙”成了大部分父母无法陪伴孩子，参与孩子生活的重要原因。从案例 1 中可以明显感觉到孩子只有在周末与父母一起时才会特别开心，父母为了“弥补”孩子便会在周末带孩子玩耍，父母应当在自己有空时给予孩子更多有交流的陪伴，这种快乐的情绪是小伙伴或者长辈无法给予的。案例 2 中的孩子喜欢表现自己，在得到父母及他人的关注与鼓励时便会非常快乐。幼儿在发展自我意识过程中，对于“我”的体验非常敏感，此时的幼儿非常渴望自己被关注、被承认，以此获得成长的能量。尤其是外向活泼的幼儿，喜欢与人交往，在他人面前展示自己的能力，强调自我价值。此时如果父母给予关注，再加以适当鼓励、引导，不仅能够让孩子体验到快乐的情绪，同时可以让孩子拥有积极的心态，乐于与他人积极交流。案例 3 中的孩子在与父亲进行游戏、打闹中体验到快乐的情绪。父亲对于孩子的发展，特别是对于自我认同具有重要作用，孩子在幼儿期开始便将注意力更多地转向父亲，此时父亲就要投入更多的时间和精力，经常与父亲玩耍不仅能够开发幼儿的身体潜能、欢快天性，还能够塑造幼儿勇敢的个性，同时父亲更容易教会幼儿控制冲动，遵守学习规范和规则等。

【悲伤情绪事件案例——案例 4—案例 6】

★案例 4：

时间：中午

地点：家里

被试年龄：3 岁 8 个月

被试性别：女

事件描述：中午妮妮的爸爸请几个亲戚来家里，他们看着可爱的妮妮，逗孩子说“你长得不漂亮，真难看！”孩子当时脸就涨得红红的，眼泪在眼眶里打转，父母也没太当回事，客人走了之后，孩子很悲伤，细问之后，她说亲戚们说的话让她很难受，还有为什么亲戚说她时，我们在那却不替她说话？

★案例 5：

时间：下午

地点：家里

被试年龄：4 岁半

被试性别：男

事件描述：“妈妈，妈妈，弟弟又把我的玩具弄坏了。”房间里传出小伟带着哭腔的喊声。弟弟出生后，小伟很多以前用的物品都给了弟弟，由于弟弟刚出生不久，父母的精力多在弟弟身上，同时也总是教育小伟要让着弟弟，弟弟经常弄坏他的玩具。小伟大哭，非说要弟弟赔他，父母便说弟弟还小，不懂事，你让着他点，然后他很伤心地哭着说“爸爸妈妈不爱我了”。

★**案例 6：**

时间：早上

地点：家里

被试年龄：5 岁

被试性别：女

事件描述：“妈妈，今天你能送我去幼儿园吗？一天，就一天好吗”？美美说着话，眼泪扑簌簌地落下来，看着孩子祈求的眼神，妈妈的心里也不是滋味。孩子从小到大一直很黏着妈妈，但是最近工作非常忙，所以去幼儿园改成保姆接送，一段时间了，孩子每天起床和出门都是眼泪汪汪的，特别伤心。因为孩子性格像我，不是很开朗，甚至有点郁郁寡欢，所以孩子看上去特别悲伤。

从以上三个幼儿体验悲伤情绪的案例可以发现，父母缺乏良好的家庭教育方式导致孩子体验悲伤情绪。案例 4 中，孩子在被亲戚们打趣后，虽然父母知晓这是一种玩笑，但是对于幼儿来讲，他们并不清楚，他们接收到的信息就是大家都说她不漂亮，这是对幼儿自身的一种否定。同时，这种玩笑本身就存在着问题，对幼儿来讲这是带有恶意的玩笑，父母没有及时加以制止，使得幼儿内心缺乏安全感与认同感，致使幼儿极度悲伤。因此作为家长在发现有人对幼儿进行不舒服的玩笑时要及时加以礼貌阻止，同时观察幼儿，若有情绪变化，要及时加以语言或肢体上的抚慰，使幼儿感受到来自父母的安全感和认同感，减少挫折感，避免产生悲伤情绪。案例 5 是目前二胎家庭所面对的重要问题。曾经是家里的独苗苗，突然多了个弟弟或妹妹，加上父母将更多的精力转移到另一个人身上，没有人随时陪他玩耍，没有时间理他，孩子独特而重要的地位在另一个生命诞生之时消失了，幼儿会认为自己没有存在感，幼儿在心理上便无法接受。此时如果父母再一味地强调为弟弟或妹妹让步，不加以适当引导，便会使幼儿产生悲伤情绪。因此，父母应当与幼儿进行心灵上的对话，适当引导，鼓励孩子为弟弟或妹妹做些力所能及的事情，比如换尿不湿，喂奶粉，哄睡觉等等。在培养了孩子爱心的同时，也让他亲身感受一下照顾弟弟妹妹的辛苦，如此，孩子便会接纳弟弟或妹妹的存在，避免不必要的悲伤情绪。案例6中孩子对母亲的依赖非常明显，也正是对母亲过度依赖，才会导致母亲突然的忙碌无暇顾及孩子时，孩子对生活状态发生的变化无法适应，体验到了悲伤的情绪。每个幼儿都会对母亲有着一定的依恋，但是依恋过度，便是依赖，过度地依赖会使孩子承受能力较弱，缺乏独立能力和主动性，阻碍孩子的成长与成熟，影响孩子情绪。同时该案例中的家长提到自身就是不开朗的性格，甚至是郁郁寡欢，母亲的情绪会直接影响幼儿的情绪，因此，该案例中的孩子会更容易体验悲伤的情绪。所以作为家长应当注意自己日常情绪，在幼儿面前要尽量保持积极情绪，同时防止孩子对自身过度依恋，要在平日里对孩子多加引导和教育，使孩子勇敢生活实践、交往闯荡，敢于面对挫折和变化，使孩子能够更乐观、坚强。

【害怕情绪事件案例——案例7—案例9】

★案例7：

时间：上午

地点：路上

被试年龄：3岁半

被试性别：男

事件描述：一个上午，妈妈和晓凯边散步边谈心，晓凯给妈妈讲了好多幼儿园里老师和小朋友的趣事，妈妈也鼓励他做个坚强勇敢的孩子，像爸爸一样。一提到爸爸，孩子突然哭起来，眼泪滴答滴答地往下掉，说害怕爸爸，因为爸爸老是训他，他很害怕，说着还大声哭了起来，一直抹眼泪。

★**案例**8：

时间：晚上

地点：家里

被试年龄：4岁

被试性别：男

事件描述：又到了睡觉时间，也是奶奶头疼的时间，家栋哪都好，就是不爱睡觉，每天睡觉前，奶奶都得使出浑身解数，又是讲故事，又是唱儿歌。还不行就得搬出妖魔鬼怪：奶奶会为了让孩子睡觉，吓唬孩子说不睡觉会有妖怪把他抱走等等，从此孩子睡觉会很怕黑，总需要开着台灯才能睡着。

★**案例**9：

时间：下午

地点：幼儿园

被试年龄：5岁

被试性别：男

事件描述：洋洋平时胆子小、敏感，做什么都怕出差错，怕被批评，很害怕失败。有一次在幼儿园画画，有小朋友先完成了，他就开始着急紧张，怕老师批评他完成得慢，完成得不好，甚至开始掉眼泪，老师发现他哭了，过去看时他还捂着画不让老师看。

通过三个幼儿体验到害怕情绪的案例可以发现，案例7中，由于父亲平时很严厉，对孩子加以训斥，孩子在谈论起来时害怕得直哭，由此可见，父亲不当的教育方式在孩子心里产生了不良的影响。一般父亲的形象总是威严无比，但是成年人与幼儿的生活习惯是不同的，而正是由于这种不同，幼儿在无法理解和配合成年人的规则时会受到成年人的训斥，幼儿生理和心理都是脆弱的，他们更爱看到平和的脸、听到亲切的声音。严厉的训斥，缺少平等的交流与教育，势必会让幼儿对父母出现心理排斥，产生惧怕的心理。因此父母应当把握严厉的度，在教育孩子时重话轻说，看着孩子的眼睛，诚恳、坚定、平等地与孩子对话，成为孩子早年最亲密的伴侣，选择一起分享、感受，避免从上到下的教育和引导。案例 8 中是多数老人代替父母带孩子时常会发生的事情，幼儿在成长期间需要极大的安全感，而孩子经常与老人在一起生活，通常体验挫折、成功的机会相对父母带要更多，遇到事情会手足无措，无所适从，充满陌生感，极易造成缺乏安全感。再加上老人的教育理念比较陈旧，常会以吓唬的手段来达到使孩子听话的目的，因此会导致孩子严重缺乏安全感。因此，父母应当多抽出时间陪伴孩子，父母陪伴带来的安全感是任何人无法替代的，若真的无法陪伴孩子，那么为了孩子心理及生理良好的发育，也要尽量改变老人的教育方式。案例 9 中的幼儿应当更加偏内向，所以才会非常敏感，不爱表达，同时拥有丰富的理解能力，也正因此，不管理解的正确与否，幼儿都会有自己清晰地感受和判断。比如案例中别的孩子先完成了画画，他便自己判断出自己一定会被老师批评太慢，处于深深自责中。这是自尊心过强的表现，因此作为父母对于这类孩子需要更加细腻地去感受孩子的内心，进行心灵交流，慢慢引导孩子摆脱将注意力关注失败，激发孩子行动的动力，提高解决问题的能力，进而转变孩子悲观心态，避免产生害怕情绪。

【生气情绪事件案例——案例 10—案例 12】

★案例 10：

时间：晚饭后

地点：家里

被试年龄：5 岁半

被试性别：女

事件描述：晚上吃完饭，“姥爷，我要你陪我去广场，”笑笑大声叫喊着。“姥爷今天有点累了，明天陪你去好不好”？“不好，不好，我就要姥爷去，就要姥爷去”孩子十分生气地大闹大喊。嘴噘着，眼睛瞪得大大的，双手叉腰，一会走来走去，一会又跺脚，情绪十分激动。

★案例 11：

时间：周日上午

地点：家里

被试年龄：6 岁

被试性别：男

事件描述：孩子迷上了电脑，经常会在电脑上画画、看动画片，玩游戏。上周日放假在家，他在用电脑看动画片，我严肃地告诉他要去远一点的地方看，他正看在兴头上，突然被打扰，生气得去了另一个屋子，眼中带着泪水，嘴里还说着总是管我，表情很委屈。

★案例 12：

时间：中午

地点：家里

被试年龄：4 岁

被试性别：女

事件描述：一日，家里来了朋友，朋友很喜欢欢欢，说：请你给我们唱首歌吧，欢欢看着朋友，瞪了一眼，走开了。过了一会，朋友又说，“你知道烟灰缸在哪吗？”欢欢依旧不理不睬，小声地嘟囔着：“知道也不给你找”。让孩子做什么孩子都不肯，这使妈妈在朋友面前很没面子，当时妈妈便训斥了孩子，说，“等叔叔走后再收拾你”，孩子很生气地跑开了。

生气是一种原始简单的消极情绪表现，爱生气的孩子经常会流露出不快乐的情绪。案例 10 是由于孩子的要求没有得到满足而引起的，前文说到幼儿三岁左右开始发展自我意识，自我意识会随着年龄的增长逐渐变得强烈，3—6 岁幼儿的自我意识处于非常强烈时期，此时期的孩子自我意识主要表现为以自我为中心。再加上一家人的关怀，经常是百依百顺，这种竭尽全力满足孩子的过程更加重了孩子以自我为中心，使得孩子更加关注自己，因此，孩子便会很容易因为要求得不到满足而产生心理失衡引起生气情绪。如果父母在孩子生气时教育引导不当，便可能会使孩子更加生气，哭闹不止，问题升级，甚至使孩子产生心理问题。所以在孩子生气时首先建议父母要保持冷静，整理自己的情绪，避免由于自己的消极情绪加重孩子的生气情绪，判断孩子生气的原因，待孩子平静之后，再与孩子进行沟通。同时，在平日里不要过分关注孩子，让孩子减轻以自我为中心的感觉，培养孩子对家庭的责任感，以及承受挫折的能力，帮助孩子在面对要求无法满足心理失衡时能够很好地控制自己的情绪。案例 11 中，由于孩子对电脑的迷恋，家长只关注到了孩子的视力问题，对其严厉批评，而引起孩子的不满，产生生气的情绪。但该案例中的主要问题在于：孩子年龄还小，无法主动养成良好的习惯，分清事情的是非对错，而父母在孩子迷恋电脑时并没有提出相关规则，没有在事先为孩子讲明电脑对身体的坏处，从而使得父母在制止孩子玩电脑时，孩子内心只接收到从上至下而来的压制，内心必定愤愤不平。如果家长事先与孩子商量好玩电脑的时间，将电脑的利弊与孩子讲述清楚，给予孩子平等的尊重，而不是强制性的随性制止，孩子便不会产生较大的逆反心理和生气情绪。案例 12 中，是由于父母强迫孩子做孩子不愿做的事情而导致孩子产生了生气情绪。大多数孩子在陌生场合或遇见陌生人都会产生紧张和不安的情绪，并伴随躲避等不好意思的害羞行为。此时父母如果用威胁的话，比如案例中的那句“等叔叔走后再收拾你”，没有体会孩子的内心，反而表现出急躁、催促与威胁，会加深孩子的退缩，这样不但不能改变尴尬的状态，反而会打击孩子，使孩子产生生气等负面情绪，同时不利于培养孩子与人交往的积极性，加重孩子的不安全感。因此父母需要鼓励孩子，给孩子更多的时间和铺垫做心理准备，让孩子对即将发生的事情，比如面对陌生人表演之类的有一定的心理准备，使其预先知道一些事情的细节，减少孩子内心的焦虑，培养孩子的自信，减少负面情绪，进而避免此种事情引起孩子的生气情绪。

四　家庭教育促进幼儿情绪健康发展的策略

情绪在童年生活中扮演着重要的角色。心理学家约翰·格林曼曾提出："提高对婴幼儿情绪情感的关注度，对个体未来的成功和幸福有着很大的影响。"3—6岁的儿童常常将自己的喜怒哀乐写在脸上、体现在肢体和语言上，他们迫切的需要与同伴和家长分享自己的情绪体验。如果家长不能有效关注儿童的情绪体验，甚至忽视、表现出厌烦的反馈会极大影响儿童对情绪的理解和调节。本研究的幼儿情绪问卷和12个情绪案例不仅向我们呈现了3—6岁幼儿情绪发展特点，也展现了家庭在面对幼儿情绪问题教育方法的匮乏。支持性反应能够加速儿童情绪调节策略的发展，过度的情感安慰也可能会纵容孩子，使孩子倾向于选用发泄策略或人际支持。所以，家长不应盲目地对儿童的情绪进行简单的情感安慰，要依据儿童情绪发展特点，选择适宜的教育方式。

（一）重视幼儿情绪发展

幼儿情绪发展处于不稳定、不成熟的状态，因此作为家长应当重视幼儿情绪发展，防止幼儿情绪发展产生障碍。

在研究调查过程中，有一个5岁的小男孩，在幼儿园经常表现得非常胆小、恐惧。老师提问，说话的声音也非常小，经常受到其他小朋友的嘲笑，因此便经常要求妈妈不要再送他去幼儿园，这个问题让其家长很是发愁。在深入了解之后发现，该男孩是独子，家里爷爷、奶奶、姥爷、姥姥对其十分溺爱，也很少与同龄孩子接触，再加上父母工作忙没时间过多关注孩子的情绪，从而导致这个小男孩情绪发展上产生了障碍。如果这位小男孩的父母能够对他的情绪发展加以重视，经常鼓励他与同龄人玩耍，多做户外活动，增强体质，锻炼勇敢，便会很容易克服他情绪发展上的障碍，促进情绪发展水平的提高。

还有一个小公主脾气的案例，全家人都得听这位6岁女孩的"指挥"，要求得不到满足便会大发脾气，一直不肯上幼儿园，孩子到5岁才上幼儿园。这个案例中，父母的责任很大，在发现女孩情绪失控时未能给予足够重视，采取方法解决，反而因为心疼放纵孩子的任性，加重了孩子的情绪的不稳定性。如果这位小女孩的父母能够及时将幼儿送去幼儿园，培养良好、规律的生活习惯，小女孩的情绪会逐渐变的稳定。

因此作为家长要对幼儿的情绪发展加以重视，培养其情绪的稳定性，淡化冲动情绪，关心和满足幼儿的合理要求，增强其自我控制能力。

（二）选择适宜的教育方式

很多幼儿的家长认为3—6岁的孩子不需要过多教育，甚至将教育孩子的责任直接交给幼儿园教师，而当幼儿产生消极情绪问题时，没有采取适当的教育方式，导致了幼儿情绪的不健康发展。家长才是孩子最重要的老师，是孩子终生的老师，幼儿的道德观、价值观、世界观都会受到父母的影响，因此，在幼儿产生消极情绪的时候，家长应当选择适宜的教育方式促进幼儿情绪健康发展。

在幼儿成长的过程中，给幼儿一些私人空间，给幼儿自己选择的机会和权利，让其自由选择自己的伙伴、朋友；让幼儿在保证自己和他人安全的情况下做自己想做的事情；将幼儿当成自己的朋友，与其平等相处，随时关注、赞美、赏识幼儿一点一滴的进步，多沟通，关心幼儿的身心健康。

调查研究呈现的结果中，很多幼儿都是在与父母外出游玩时，产生快乐的情绪，因此在日常生活中，经常与幼儿郊游；在孩子睡前为孩子讲美丽的故事，让孩子笑着入睡；与孩子一起分享快乐，经常对着孩子展现笑容，鼓励孩子与他人交往；夫妻吵架时避开孩子，同时尽量减少吵架的次数，研究调查结果中很多孩子产生害怕的情绪是因为目睹过父母吵架。

作为家长，无论多忙，每天都应当抽出至少半个小时的时间与幼儿进行交流，不要自认为孩子还小，什么都不懂。其实，幼儿此时虽然难以正确表达自己的观点，但是他可以全盘接受父母的观点的；在家与孩子使用文明用语，用耐心、爱心多倾听孩子的声音；不要把当年未曾实现的理想强加在孩子身上；关爱孩子的同时也要适当的惩罚，不要护短；不拿孩子与其他孩子做比较、恐吓孩子、当众批评嘲笑孩子，如此会使孩子失去自信心，产生惧怕、害羞的情绪；不要过分夸奖孩子，告诉孩子已经非常优秀，不需要经常表现自己来证明自己等。

（三）关注幼儿情绪

日常生活与教育中家长与教师更加关注幼儿的身体健康，而忽视心理健康，而作为3—6岁的幼儿的情绪不仅仅代表他们的生理需要，同时还反映他们的心理需要。

正如前文所提到的，快乐、害怕、悲伤、生气等情绪，通过面部表情很容易被家长及外人识别出来，而害羞、内疚、羞耻等情绪是幼儿在三岁之后出现自我意识后产生的情绪。因此这些情绪单从面部表情未必能够识别出来，还需要对幼儿一些头部运动、胳膊姿势等身体动作加以解读。道德情绪不易被家长及教师所察觉，而未能得到更多的关注，进而不利于幼儿健康情绪的发展。

3—6岁是儿童智慧发展的关键时期，积极情绪对幼儿的认知发展极为重要。作为家长与教师应当在重视幼儿身体健康的同时，更要关注幼儿的心理健康，不仅要做一名合格的生活照料者，更应当是一个时刻关注幼儿情绪变化，细心的教育者。同时，为了更好地了解幼儿的情绪问题，作为家长和教师应当适当为幼儿提供情绪表白、发泄、交流的平台，通过游戏活动帮助幼儿表达、发泄自己的情绪，让家长和教师更好地走进幼儿的情感世界，时刻了解幼儿的情绪，促进幼儿情绪健康发展。在关注、观察和了解幼儿情绪的同时更要帮助幼儿学会控制情绪。前文提到，幼儿情绪具有不稳定性，很容易失控，因此，作为家长和教师应当通过转移法、冷却法、消退法让孩子在合理的范围内充分宣泄情绪、表达情绪，之后再通过反思法、自我说服法、想象法等让幼儿逐步学会调节自我情绪。

情绪与幼儿的生长、个性、环境、教育密切相关。喜悦、愉快的情绪能够促进幼儿身体健康成长，反之痛苦、难过的情绪则会危害幼儿的身心健康，因此家长和教师应当有目的地培养幼儿积极情绪，促进幼儿心理健康。

（四）创造良好的家庭氛围

家庭是幼儿心灵的港湾，是让幼儿获得安全感的避风港。幼儿在家庭中成长、生活、学习，是幼儿所处时间最长的地方，家庭中的任何事都会对幼儿产生深刻的影响。作为家长可以通过以下方法创造良好家庭氛围。

本研究调查结果发现，很多家长，尤其是长辈长期过于溺爱幼儿，各种要求都满足，一旦幼儿需求得不到满足，幼儿便不尊重长辈。任性，进而产生生气、愤怒等消极情绪，因此，作为家长，应当注重孩子家庭美德的教育，加强对孩子家庭礼仪文化的灌输，注重孩子社会公共道德的培养，使幼儿意识到长辈爱护小辈，但小辈同样也要尊重长辈，让幼儿有感恩、尊重的意识，对家庭道德环境进行优化，培养幼儿良好的做人习惯。

研究调查过程中，一些家长提到幼儿偶尔或经常会说出一些不文明的话，让自己非常恼怒，便对幼儿施以惩罚，但最后的结果是孩子很少会改正，反而会用生气、愤怒的情绪进行还击。此种现象，作为家长应当先进行检讨，自己日常是否有过激的语言或行为，使幼儿耳濡目染。作为家长要以身作则，在日常生活中使用文明用语，礼貌用语，使幼儿处于良好的文明用语的环境中，自然而然摒弃粗秽言语，注重礼貌待人，优化家庭语言环境，培养幼儿良好的礼仪习惯。

一些孩子产生生气、悲伤的情绪多为与小伙伴不能融洽相处，产生矛盾而导致的。作为家长，为了减少孩子消极情绪，应当促进家庭成员之间友好交往沟通，家人之间和睦相处，彼此尊重，人人平等，互敬互爱，使家庭人际环境得以优化，培养孩子与人和谐相处，养成尊重他人的良好的行为习惯。

因此，一个家庭是否拥有良好氛围对幼儿人格的塑造会产生重要的影响。良好的家庭氛围主要取决于家长，是由父母的行为特点所决定的。因此，作为家长在家中应当成为幼儿的学习榜样，使幼儿在父母的良好熏陶下，培养良好的习惯，养成良好的行为。

（五）家园合作促进幼儿情绪健康的发展

3—6 岁幼儿活动空间除了家庭，多数是在幼儿园。在整理调查结果以及调查过程中发现，很多幼儿在被家长送入幼儿园时都会产生不安、害怕、悲伤情绪，产生哭闹行为，让家长很无奈、头痛。家长们使出各种方法，比如直接将孩子强硬塞入教师怀里，头也不回地走开，有的家长实在是忍不下心把孩子又抱回家……家长这些不当做法不但会使幼儿更加容易产生消极情绪，同时还给幼儿园带去诸多麻烦。

因此，为了能够让幼儿更好地适应幼儿园生活，为了促进幼儿情绪健康的发展，家长应当全力配合和支持幼儿园的工作。诸如每天准时送幼儿入园，接幼儿离园，避免幼儿产生恐慌心理；幼儿在幼儿园生活很规律，在家休息时尽量不打破这些规律，以防止幼儿回园时不适应；积极参与幼儿园组织的亲子活动、家长会、积极了解幼儿在幼儿园的课程安排、游戏活动、吃住情况；定时与幼儿园教师联系，沟通交流幼儿的入园情况，同时也及时向教师反映幼儿在家的状况，结合幼儿在家和在园两方面的表现和教师一起探讨培养幼儿良好习惯的方法，达到家庭和幼儿园两方面相互配合；与孩子多沟通，避免对孩子说使孩子对幼儿园产生反感的语言。

幼儿的世界，需要父母和幼儿园教师共同教育，幼儿园和家庭是培养孩子文明行为、养成良好生活行为习惯的重要场所，家长与教师应当成为伙伴关系、合作关系，进而实现家庭、幼儿园教育一体化，达到对幼儿的最佳教育效果。

第二节　家庭情绪表露对幼儿内疚情绪的影响

一　家庭情绪表露定义

家庭情绪表露概念，又称为家庭表露，最初是由 Halberstadt 提出，是指家庭中口头和非口头与情绪频繁相关的一种弥散性的风格，体现了家庭的整体情绪氛围，主要体现在家庭成员对家中发生的所有事件的反应，由于家庭成员的个人经历、性格等不相同，因此他们对事件的反应也不同。[①]他认为，如果儿童所在的家庭非常鼓励儿童勇敢地表达自己的情绪，他可能更能理解他人的情绪。在此基础上，他将家庭情绪表露分为四个类型：积极支配（PD），积极服从（PS），消极支配（ND）和消极服从（NS）。积极支配是指家庭成员之间主动表达自己的情绪，比如鼓励他人；积极服从则是指家庭成员积极回应情绪事件，例如支持他人；消极支配是指涉及情绪事件时家庭成员之间的消极表达，例如批评、指责等；消极服从是指处于压力情境下家庭成员对消极情绪的回应，如伤心、哭泣、尴尬等。

（一）家庭情绪表露测量工具

家庭情绪表露问卷（FEQ）：由 Halberstadt 等人编制，国内有学者曾经对此量表进行修订，其内部一致性信度为 0.90，其中积极情绪表露为 0.92，消极情绪表露为 0.90，信效度良好。

该问卷共有 40 道题，分别测量家庭的积极情绪表露（积极从属和积极支配）和消极情绪表露（消极从属和消极支配）两个维度，其中每个亚维度包括 10 个题目。将同一维度或亚维度所有问题得分的平均分作为该维度或亚维度得分。（详见附录四家庭情绪表露问卷）

（二）家庭情绪表露相关研究

国外学者 Cassidy 的一项研究中，探讨了家庭环境中父母和孩子情绪表露模式与同伴关系之间的关系，并试图探究儿童情绪理解在这些关系中的调节作用。结果表明父母家庭情绪表露与同伴关系之间存在显著相关，且儿童的情绪理解能力对父母家庭情绪表露与儿童的同伴关系之间的关系存在一定程度上的影响。[②]此外在 Lindsey 等人的研

① Halberstadt, A. G., "Family socialization of emotional expression and nonverbal communication styles and skills", *Journal of Personality and Social Psychology*, *MEMO*, No. 51, 1986.

② Cassidy, J., Parke, R. D., Butkovsky, L., and Braungart, J. M., "Family-peer connections: The roles of emotional expressiveness within the family and children's understanding of emotions", *Child development*, Vol. 63, No. 9, 1992.

究中，幼儿时期，母亲与孩子、父亲与孩子的情绪表达方式与儿童的亲社会和攻击性行为的关系，发现父母积极的家庭情绪表露方式对儿童的亲社会行为有预测作用。[①]国内学者刘爱芳和项小琴则探讨了家庭情绪表露与幼儿焦虑之间的关系，认为家庭的消极情绪表露能显著影响幼儿的焦虑水平，生活在消极情绪表露环境下的幼儿，更容易产生焦虑情绪。[②③]除此之外有研究发现，家庭情绪表露对幼儿情绪表现规则知识也有影响，家庭环境中父母丰富的情绪表露，可以使幼儿有更多的机会了解自己表达的情绪如何引发他人行为反应。并且有研究表明母亲情绪表露与幼儿的情绪理解之间存在显著相关，而母亲的积极情绪表露始终对幼儿情绪理解能力存在预测作用。与此同时，有学者曾分别采用故事访谈法和问卷法考察 4—5 岁幼儿情绪理解能力和父母家庭表露、幼儿焦虑的特点，发现父母家庭情绪表露和幼儿情绪理解能力都与幼儿焦虑存在显著相关，且父母的积极情绪表露能够较好地预测幼儿情绪理解能力水平。

二 问题提出

（一）以往研究不足

从以上研究综述中可以看出，关于情绪理解和家庭情绪表露的研究大多仅涉及基本情绪，较少涉及道德情绪。但是有学者曾经对内疚情绪和初级情绪进行了详细的比较研究，发现内疚情绪与初级情绪在多个方面均存在很大的差异，所以有关儿童初级情绪理解的研究结论不能有效应用到儿童对自我意识情绪的理解。此外，国内外虽对幼儿的内疚情绪理解能力和家庭情绪表露分别做了相应的研究，但对二者的相关研究相对较少：在国内已有的有关儿童内疚情绪理解的研究表明，9 岁的儿童

---

① Lindsey, E. W., Caldera, Y. M., and Tankersley, L., "Marital conflict and the quality of young children's peer play behavior: The mediating and moderating role of parent-child emotional reciprocity and attachment security", *Journal of Family Psychology*, Vol. 23, No. 2, 2009.

② 刘爱芳：《家庭表露与幼儿焦虑关系的研究》，硕士学位论文，山东师范大学，2008 年。

③ 项小琴：《家庭情绪表露和幼儿焦虑的关系：情绪调节策略理解的作用》，硕士学位论文，华中师范大学，2014 年。

依旧不能很好地理解内疚情绪，[①]而在董傲然针对 3—5 岁幼儿的研究中，发现不同年龄的幼儿内疚发展差异显著，4—5 岁是幼儿内疚迅速发展阶段。[②]由于研究对象的年龄段各不相同，并且选取的角度和故事情境也有所不同，研究的结果固然也存在差异。

家庭环境可能对儿童的情绪理解存在重要作用。因为儿童最早的情绪经验发生在家庭中，因此家庭在儿童的情绪理解发展中有着不可忽视的影响。有的父母可能经常和孩子谈论自己的情绪，并常常不经意地将自己的情绪通过口头语言表达出来，不同父母的情绪表露方式也各不相同，而这很可能对儿童理解情绪产生不同程度的影响。此外，Cassidy 等的研究中曾认为家庭情绪表露对幼儿情绪理解认知会产生重大影响，所以对幼儿内疚情绪理解能力和家庭情绪表露之间的关系研究是非常有必要的。[③]

本研究的创新点主要有：

第一，3—6 岁幼儿阶段是个体情绪理解发展的重要时期，目前很多研究也集中在此阶段。如果能系统地对该阶段幼儿的情绪理解进行研究，可以从整体上了解对幼儿阶段儿童内疚情绪理解发展的特点，以及与家庭情绪表露的关系有进一步的把握。

第二，本研究在参考以往研究者（如徐琴美、张晓贤）研究方法的基础上，在故事的第一问（主人公现在的心情）中，结合了情绪 5 点量表，在后续评分的过程中可以用作参考评分，尽量避免幼儿言语发展的限制。

第三，家庭情绪表露对理解幼儿内疚情绪的影响，有助于父母在日常生活中培养幼儿内疚情绪发展。

---

① 徐琴美、张晓贤：《5—9 岁儿童内疚情绪的理解特点》，《心理发展与教育》2003 年第 3 期。

② 董傲然：《幼儿内疚发展及其与气质、父母教养方式的相关研究》，硕士学位论文，辽宁师范大学，2014 年。

③ Cassidy，J.，Parke，R. D.，Butkovsky，L.，and Braungart，J. M.，"Family-peer connections：The roles of emotional expressiveness within the family and children's understanding of emotions"，*Child development*，Vol. 63，No. 9，1992.

（二）研究问题和假设

1. 研究问题

探讨 3—6 岁幼儿内疚情绪理解的发展特点及内疚情绪理解能力与家庭情绪表露之间的关系。本研究旨在探讨以下几个具体问题：

（1）3—6 岁幼儿家庭情绪表露的特点。

（2）3—6 岁幼儿内疚情绪理解能力的发展特点。

（3）家庭情绪表露与幼儿内疚情绪理解之间是否存在某种相关？

2. 研究假设

（1）幼儿的内疚情绪理解能力随着年龄的增长总体呈上升趋势。

（2）不同年龄段的幼儿关于内疚的不同维度上的情绪理解能力存在显著差异。

（3）家庭情绪表露与幼儿内疚情绪理解能力之间可能存在相关，且家庭情绪表露的不同维度与幼儿的内疚情绪理解能力存在不同程度的相关。

（三）研究意义

从理论上来看，内疚属于自我意识情绪，对于幼儿内疚情绪理解和家庭情绪表露关系的探究也在一定程度上有助于对其他道德情绪的探究，也为以后的研究提供了一个新视角。另外，内疚情绪虽然是一种负性情绪体验，但具有良好的社会适应性，可以帮助个体更好地适应社会，因此对个体而言，有着积极的社会意义，即促进幼儿社会性行为（如内疚情绪发生时试图进行的补偿性行为）的发展。此外，3—6 岁是幼儿内疚情绪理解发展的关键期，该研究对幼儿内疚情绪理解的层次进行了详细划分，并且探究了家庭情绪表露对幼儿内疚情绪的影响。因此，有助于家长和教师对 3—6 岁幼儿的内疚情绪理解能力发展趋势有一个较好的把握，对于家长来说具有很好的启示作用，让家长和教师在教育儿童的过程中可以适时地进行引导，这将有助于幼儿的健康发展和良好人际关系的建立。

三　研究过程

本部分研究思路：研究一，先从总体上对 3—6 岁幼儿的内疚情绪理解能力的发展特点进行分析。研究二，通过问卷调查法对参与本研究幼儿的父母情绪表露特点进行研究，在此基础上对幼儿内疚情绪理解与家庭情绪表露特点进行相关分析和讨论。

（一）研究一：内疚情绪理解能力的发展特点

1. 研究方法

（1）被试

本研究采用临床访谈法，以长春市某两所幼儿园内的儿童为研究对象，任意选取幼儿园的儿童共148名，其中3岁及3岁以上儿童为40名（$M=41.88$，$SD=2.86$），其中男生20名，女生20名；4岁及4岁以上45名（$M=54.42$，$SD=3.20$），男生19名，女生26名，5岁及5岁以上60名（$M=65.57$，$SD=3.80$），男生31名，女生29名。其中有效的访谈对象共145名，有效问卷共154份。

（2）研究材料

在本次研究中，测量内疚情绪理解能力的实验采用了临床访谈法，以前人（董傲然）研究获得的情境为依据，自编两个故事情境，一个为伤害他人的情境，一个为违反规则的情境（见附录一：幼儿内疚故事情境实验材料）。具体安排见表3－5。

表3－5 实验设计

	故事编码	情境
违反规则	故事1（游戏时由于自己不小心把老师分发的玩具摔坏了）	
伤害他人	故事2（活动时自己不小心把别的小朋友撞倒了）	

根据内疚的维度，在编写故事情境的时候，主要包含了以下两点：故事1中并没有特定受害对象，是针对损坏物品等违反规则时导致的内疚；而故事2中涉及他人，对他人造成了一定程度的伤害，即有相应的受害对象。

本次研究中，主要采用3（年龄：3岁，4岁，5岁）×2（情境类型：违反规则情境，伤害他人情境），其中情境类型为被试内变量，年龄为被试间变量。

（3）研究程序

实验过程中，主试逐个向每位被试儿童讲述2个故事，故事分为女孩版和男孩版，然后向被试儿童询问有关问题，并由一名主试助手记录回答内容。为了避免顺序效应，已经事先安排好故事呈现的顺序，其中有一半的被试接受故事顺序1，另一半接受故事顺序2。其中访谈中需要被试回答的问题如下：

①某某被试他/她现在的心情是什么样的呢？（若幼儿用言语无法准确描述，可将其选择的内部心情图片作为参考）

②为什么她/他会有这样的心情呢？

③那么接下来她/他应该怎么做呢？

参考研究者张晓贤内疚情绪的层次划分，本次研究也将内疚分为了三个层次，根据内疚的定义，若被试的回答是伤心、内疚等消极情绪，则表明她理解了内疚的第一层次；如果被试在第一个问题回答正确的基础上，在第二层次上回答责任定向——根据行为者或他人应承担的责任，如“他把她撞倒了”，则表明被试理解了内疚的第二层次；同样，如果被试在前两个层次都理解的基础上，又在第三个问题中回答了弥补性行为——如向她道歉或者把她扶起来，则表明被试理解了内疚的第三层次。

（4）编码过程

第一步—答案分类：找两名不知道实验目的的心理学专业学生先根据被试的回答进行分类，将同类性质的回答归为一类，然后总结出这一类的类别，并说明这一类别的评判标准。

第二步—编码：另外找两名心理学专业学生按照归类标准进行编码，可参考情绪归因的类别的种类划分：

①结果定向—根据行为产生的结果。如：“小汽车坏了。”

②道德定向—个体是否坚持道德准则或有所偏离。如：“不应该把小汽车摔坏。”

③奖惩定向—个体可能存在的外部奖惩。如："老师会批评他。"

④责任定向—个体或他人应承担的责任。如："是他自己不小心。"

⑤移情定向—个体对受害者身体伤害及损失的关心。如："她摔疼了。"

⑥无效回答—回答"不知道"或说其他无关紧要的事情。

第三步—对编码不一致的地方进行讨论，最终两个人的编码一致性水平为98.4%。

（5）统计方法

本研究采用SPSS统计软件对数据进行分析。

2. 结果

（1）共同方法偏差检验

本研究采用Harman单因子方法对共同方法偏差的严重性进行检验，研究结果显示特征值大于1的因子有9个，且第一个因子解释的变异量是24.74%，小于40%。这说明本研究不存在严重的共同方法偏差。

（2）不同年龄的幼儿内疚情绪理解能力的差异研究

根据内疚的操作定义，内疚的第一层次为感到内疚、难过等消极情绪，因此将相关数据进行了合并和整理。根据内疚的定义，将内疚分为违规内疚和伤他内疚。采用非参数的卡方检验发现，在违规内疚上年龄间并无显著差异，而在伤他内疚上年龄差异显著。用非参数的秩和检验（Kruskal-Wallis H）发现，不同年龄的儿童间存在显著差异（$\chi^2=6.47$，$p<0.05$）。利用事后多重比较发现，3—4岁的儿童与4—5岁的儿童之间不存在显著差异（$Z=-1.63$，$p>0.05$），4—5岁的儿童与5—6岁的儿童间也不存在显著差异（$Z=-1.02$，$p>0.05$），但是3—4岁的儿童和5—6的儿童间存在显著差异（$Z=-2.73$，$p<0.05$）。另外，结果表明，对于内疚第一层次的理解，两类情境之间存在显著差异（$Z=-4.49$，$p<0.01$），相对于伤害他人情境，在违反规则情境中，更多的学生能理解内疚的第一层次；可见，相对于伤害他人情境，在违反规则情境中，儿童对内疚第一层次的理解能力更好。见表3-6。

表 3－6 不同年龄的幼儿对内疚第一层次的理解（频次及百分数%）

年龄	违反规则情境	伤害他人情境	Z
3—4 岁	37（92.50%）	28（70.00%）	－1.63
4—5 岁	43（95.56%）	37（82.22%）	－1.02
5—6 岁	58（96.67%）	53（88.33%）	－2.73
χ^2	0.921	6.47	

根据内疚第二层次的操作定义，若被试正确回答了第一层次的问题，并在第二个问题上正确回答责任定向时，我们将它视为对第二层次的理解，因此我们对不同年龄的幼儿内疚第二层次的理解进行了非参数统计，可见表 3－7。用非参数的秩和检验（Kruskal-Wallis H）发现，不同年龄儿童间存在显著差异（$\chi^2=6.47$，$p<0.05$）但在违反规则情境中，对内疚第二层次的理解，不同年龄间的差异并不显著；在伤害他人情境中，不同年龄的儿童差异显著（$\chi^2=7.13$，$p<0.05$）。但是利用事后多重比较发现，3—4 岁的儿童与 4—5 岁的儿童之间不存在显著差异（$Z=-0.11$，$p>0.05$），4—5 岁的儿童与 5—6 岁的儿童间也不存在显著差异（$Z=-2.08$，$p>0.05$），3—4 岁的儿童和 5—6 的儿童间也不存在显著差异，（$Z=-2.13$，$p>0.05$）。另外，结果表明，对于内疚第二层次的理解，两类情境之间存在显著差异（$Z=2.36$，$p<0.05$），相对于违反规则情境，在伤害他人情境中，有更多的儿童能理解内疚的第二层次。可见，相对于违反规则情境，在伤害他人情境中，儿童对内疚第二层次的理解能力更好。见表 3－7。

表 3－7 不同年龄的幼儿对内疚第二层次的理解（频次 X 及百分数%）

年龄	违反规则情境	伤害他人情境	Z
3—4 岁	17（42.50%）	16（40.00%）	－0.11
4—5 岁	15（33.33%）	23（51.11%）	－2.08
5—6 岁	31（51.67%）	40（66.67%）	－2.13
χ^2	3.51	7.13	

根据内疚第三层次的操作定义，若被试在第一层次和第二层次的回

答均正确且在第三个问题上作出了弥补性的行为后，将视为对第三层次的理解，因此对不同年龄的幼儿内疚第三层次的理解进行了非参数统计。用非参数的秩和检验（Kruskal-Wallis H）发现，不同年龄的儿童在违反规则和伤害他人情境中分别存在显著差异（$\chi^2=9.06$，$\chi^2=11.80$，$p<0.01$）。利用事后多重比较发现，3—4岁的儿童与4—5岁的儿童之间不存在显著差异（$Z=-1.08$，$p>0.05$），但是4—5岁的儿童与5—6岁的儿童间存在显著差异（$Z=-2.59$，$p<0.05$），3—4岁的儿童与5—6岁的儿童间存在显著差异（$Z=-3.65$，$p<0.01$）。另外，结果表明，对于内疚第三层次的理解，两类情境之间并不存在显著差异（$Z=-1.73$，$p>0.05$）。见表3-8。

表3-8　**不同年龄幼儿对内疚第三层次的理解（频次及百分数%）**

年龄	违反规则情境	伤害他人情境	Z
3—4岁	11（27.50%）	10（25.00%）	-1.08
4—5岁	12（26.67%）	20（44.44%）	-2.59
5—6岁	31（51.67%）	36（60.00%）	-3.65
χ^2	9.06	11.80	

为了了解幼儿内疚情绪理解能力的发展特点，我们将只能理解内疚情绪第一层次的计为0分；能理解内疚情绪第一层次，但不能理解第二、第三层次的计为1分；能理解内疚情绪第一层次和第二层次，但不能理解第三层次的计为2分；能理解内疚情绪第一层次和第二层次，还能理解第三层次的计为3分。我们对幼儿内疚情绪理解故事中的得分进行了3（年龄）×2（情境类型）的单因素方差分析，结果分析见表3-9。

从表3-9数据可以看出，年龄与情境类型的交互作用不显著［$F(2)=1.66$，$p>0.05$］，但是从整体来看，儿童的内疚情绪理解能力表现出随年龄上升的发展趋势。并且在违反规则情境中，儿童的内疚情绪理解能力存在显著的年龄差异［$F(2)=4.71$，$p<0.05$］，且从数据上看，3岁与4岁之间的内疚理解能力差异不大，但4岁和5岁间的

内疚理解能力差异较大。伤害他人情境中，儿童的内疚情绪理解能力存在非常显著的年龄差异 $F(2)=11.23$，$p<0.01$)，从数据上来看，3岁与4岁学生的内疚情绪理解能力差异不大，而与5岁学生的内疚情绪理解能力差异较大。这说明，无论是在违反规则或是伤害他人情境中，儿童内疚情绪理解的能力快速发展时期均在4岁到5岁之间。总体来说，在违反规则情境与伤害他人情境中，不同年龄儿童的内疚情绪理解能力并无显著差异。

表3－9　**幼儿内疚情绪理解能力的单因素方差分析结果**

年龄	违反规则情境		伤害他人情境	
	M	*SD*	*M*	*SD*
3—4岁	1.65	0.98	1.43	1.13
4—5岁	1.69	0.90	1.82	1.18
5—6岁	2.15	0.92	2.42	1.12
年龄**	情境类型	*F*	1.66	

（二）研究二：家庭情绪表露的特点

1. 家庭情绪表露的特点分析及对幼儿内疚情绪理解的影响

通过数据分析得出，在不同年龄组内，家庭情绪表露中消极情绪表露存在显著差异。根据事后比较的结果发现，3—4岁和4—5岁间存在显著差异，后者消极情绪表露的得分要明显低于前者。此外，表3－10表明，4—5岁是一个转折时期，家庭情绪表露中积极情绪表露的得分上升的同时消极情绪表露的得分也有所下降。

表3－10　**不同年龄的幼儿在家庭情绪表露的两个维度上的得分情况**

年龄	积极情绪表露		消极情绪表露	
	M	*SD*	*M*	*SD*
3—4岁（n＝67）	145.07	25.24	73.85	14.06
4—5岁（n＝31）	147.87	19.82	63.16	13.70

续表

年龄	积极情绪表露		消极情绪表露	
	M	*SD*	*M*	*SD*
5—6岁（n=56）	145.38	27.40	70.25	26.23
总体（n=154）	145.75	24.96	70.39	19.63
F	0.14		3.24	
p	0.87		0.04	

2. 家庭情绪表露和幼儿内疚情绪理解的相关分析

通过数据分析，对家庭情绪表露和幼儿的内疚情绪理解能力进行了相关分析，见图3-11。

表3-11　　**家庭情绪表露和幼儿内疚情绪理解的相关分析**

	违反规则	伤害他人
积极情绪表露	-0.03	-0.10
消极情绪表露	0.02	0.01

由表3-11表明，家庭情绪表露（积极情绪表露和消极情绪表露）与内疚情绪理解能力（违反规则和伤害他人）之间的相关并不显著。

四　讨论

（一）3—6岁幼儿内疚情绪理解能力的差异比较

从以上的结果来看，不管是违反规则情境还是在伤害他人情境，三个年龄段中，均有超过50%的儿童能理解内疚的第一层次，而这似乎与前人徐琴美和张晓贤研究结果并不相符。他们的研究结果显示，9岁儿童依旧不能很好地理解内疚的第一层次，猜测原因可能是两个研究中采用的情境不同，并且随着时代的进步与发展，儿童的情绪理解能力也可能受到一定程度上的影响。[①]在伤害他人情境中，不同年龄段的儿童

① 徐琴美、张晓贤：《5—9岁儿童内疚情绪的理解特点》，《心理发展与教育》2003年第3期。

对内疚情绪第二层次、第三层次的理解能力均存在显著差异，且随着年龄增长呈上升趋势。并且到了5—6岁左右，无论是在违反规则情境还是伤害他人情境中，均有50%以上的儿童可以理解内疚的第二层次和第三层次。在违反规则情境中则不同，在对内疚的第一、二层次上，不同年龄段的儿童并未存在显著差异，但对于内疚第三层次的理解，不同的年龄间存在显著差异，且到了5岁及以上，已经有超过了50%以上的儿童可以理解内疚的第三层次。从数据上看，5—6岁是理解内疚情绪能力快速增长的时期，但总体来说，在违反规则情境与伤害他人情境中，不同年龄儿童的内疚情绪理解能力并无显著差异。这与前人董傲然和许仲红对于幼儿内疚发展的研究结论不太一致，董傲然认为不同的年龄段间幼儿内疚情绪理解能力存在差异，且4—5岁是幼儿内疚发展的关键期，可能选取的引起内疚的情境不同，从而结果不同。[①]此外，在许仲红的研究选取被试的年龄为2—4岁，结果也无显著年龄差异，可能是因为错过了内疚发展迅速的关键期，这与本次研究的结果不谋而合。[②]

（二）家庭情绪表露的特点分析及对幼儿内疚情绪理解的影响

在对于家庭情绪表露的特点的研究中，在不同年龄组内，消极情绪表露存在显著差异，且3—4岁和4—5岁间差异显著，并且后者消极情绪表露的得分要明显低于前者，并且在不同年龄段幼儿家庭积极情绪表露的得分始终高于消极情绪表露的得分。这一点与前人（刘爱芳）的研究结果相同，研究发现3—5岁幼儿家庭的积极情绪表露显著高于消极情绪表露。在家庭情绪表露中积极情绪表露占主导地位，消极情绪表露次之，这说明在现代家庭，幼儿父母更倾向于表露积极情绪，并且Cassidy的研究也支持该结论。但是在家庭情绪表露和幼儿内疚情绪理解的相关研究中，二者并不存在相关。

---

① 董傲然：《幼儿内疚发展及其与气质、父母教养方式的相关研究》，硕士学位论文，辽宁师范大学，2014年。

② 许仲红：《2—4岁幼儿的内疚及其与气质、母亲控制方式的关系》，硕士学位论文，浙江大学，2007年。

（三）研究不足与展望

局限一：在本次研究中虽然对内疚的三个层次进行详细的探究，并且由于对于情绪理解的研究方法最主要的还是访谈法，所以本次研究中仍然采用的是临床访谈法，但针对的是 3—6 岁的幼儿，这种方法在很大程度上受到儿童语言能力的影响。相关研究表明，儿童的言语理解早于言语运用，有些东西儿童能理解但是不一定能用恰当的言语准确地表达。因此，在访谈的过程中，幼儿很有可能出现可以理解但是却无法准确地用语言表达的情况，从而可能对结果产生某种程度上的影响。在未来的研究中，可以尝试完全用图画来代替语言表达的方式来测量幼儿的内疚情绪，以便排除幼儿言语的发展状况对研究的干扰。

局限二：有待开展后续纵向追踪研究。本研究选取 3 岁、4 岁、5 岁三个年龄段的幼儿进行内疚情绪理解能力的测量，以此来探讨幼儿内疚情绪的一般特点。但由于时间限制等问题，没有对同一个个体进行纵向追踪研究，因此对于了解幼儿内疚情绪理解的发展趋势可能存在不足，这一点有待改善。

五　结论

本节通过临床访谈法和问卷法分别探究了 3—6 岁幼儿内疚情绪理解能力的发展趋势以及该趋势与家庭情绪表露之间的关系，现研究结论如下：

（1）总体来说，在违反规则与伤害他人情境中，不同年龄的儿童的内疚情绪理解能力并无显著差异。但是在不同的情境中表现出不同的发展趋势。在违反规则情境中，儿童的内疚情绪理解能力存在显著年龄差异，但在伤害他人情境中差异并不显著。此外，在内疚的不同层次上，不同情境中的表现也不相同。在伤害他人情境中，不同年龄段儿童对内疚情绪第二层次、第三层次的理解能力均存在显著差异，且随着年龄增长呈上升趋势；而在违反规则情境中则不同，对内疚的第一、二层次上，不同年龄段的儿童并未存在显著差异，但对于内疚第三层次的理解，不同的年龄间存在显著差异。从数据上看，到了 5—6 岁左右，无论是在违反规则情境还是伤害他人情境中，均有 50% 以上的儿童可以理解内疚的第二层次和第三层次，由此可见 5—6 岁是理解内疚情绪能力快速增长的时期。

（2）在对家庭情绪表露的研究中，不同年龄组内，消极情绪表露中存在显著差异，尤其 3—4 岁和 4—5 岁间差异显著，并且积极情绪表露的得分始终高于消极情绪表露的得分。

（3）家庭情绪表露与幼儿内疚情绪理解相关关系不显著。

第三节　父母教养方式与幼儿情绪理解培养策略的关系

一　问题提出

情绪理解作为儿童心理理论发展的重要组成部分，近几十年来，幼儿的情绪理解越来越受国内外学者的重视，国内外不同学者都对情绪理解有不同的理解和定义。早期的情绪理解研究主要来源于皮亚杰所提出的儿童“自我中心”概念以及儿童观点采择发展的相关研究，Cassidy 等认为情绪理解是幼儿理解情绪原因和结果的一种能力，以及在应用这些信息时对自我以及他人产生合适情绪反应的一种能力。[①]通过对已有研究情绪理解定义来看，情绪理解的内涵是相对确定的，都认为情绪理解是作为社会认知重要的组成部分，情绪理解其实是对自己或他人的情绪加工过程的认知，对自己或者他人发生情绪以及相应后果的认识，从而学会调节、控制自己的情绪。

幼儿阶段（3—6 岁）是情绪理解能力发展的快速时期，情绪理解的发展可以使儿童了解自己和他人的情绪，并且在同伴交往中指导幼儿的行为。儿童情绪理解与其日常生活中的社会行为以及同伴关系等方面的发展紧密相关。然而，在对于幼儿情绪理解能力的培养方面，家庭以

① Cassidy, J., Parke, R. D., Butkovsky, L., and Braungart, J. M., “Family-peer connections: The roles of emotional expressiveness within the family and children's understanding of emotions”, *Child development*, Vol. 63, No. 9, 1992.

及教师也有着重要的影响，其中父母教养方式尤为重要，父母作为孩子的第一任老师，对幼儿情绪的识别、理解、表达以及调节能力的发展有着重要的影响。

但是关于情绪培养策略大多数学者并没有进行具体分类，很多研究者在对不论是教师还是父母在幼儿的情绪培养上都提出了具体的培养方法或者策略；要求家长正确认识幼儿情绪理解能力，唤起幼儿愉悦的情绪体验；开展教育活动，促进幼儿情绪理解能力发展，通过绘本、开展情绪游戏和角色扮演等方式，让幼儿体验不同身份的不同情绪感受，引导幼儿尝试换位思考，从而促进其情绪理解能力的发展；为幼儿创设良好环境，给幼儿提供一个温馨、轻松、民主、和谐的情绪环境，为幼儿提供积极的情绪示范。本研究基于相关教育心理学理论基础，根据布卢姆的教育目标分类理论，将情绪培养策略分为行为策略、情感策略和认知策略，以此来研究 3—6 岁幼儿父母教养方式与幼儿情绪理解培养策略之间的关系。

二　研究方法

（一）被试

本研究从长春市某幼儿园随机抽取幼儿父母作为被试，其幼儿年龄在 2—6 岁之间。情绪理解能力培养策略问卷共 371 份，父母教养方式问卷共 368 份，被试基本信息，见表 3 - 12 和表 3 - 13。

表 3 - 12　情绪理解能力培养策略问卷被试基本信息

年龄	男孩	女孩	总计
2—3 岁	18	23	41
3—4 岁	52	45	97
4—5 岁	68	53	121
5—6 岁	51	43	94
6 岁以上	11	7	18

表 3-13　**父母教养方式问卷被试基本信息**

年龄	男孩	女孩	总计
2—3 岁	18	23	41
3—4 岁	52	46	98
4—5 岁	67	51	118
5—6 岁	52	41	93
6 岁以上	11	7	18

（二）实验材料

本研究采用问卷法进行研究，分别使用自编问卷《幼儿情绪理解能力培养策略调查问卷》以及由杨丽珠和杨春卿所编制的《父母教养方式问卷》。

1. 《幼儿情绪理解能力培养策略调查问卷》

《幼儿情绪理解能力培养策略调查问卷》为自编问卷，通过纸质版和互联网共发放了 139 份问卷，收回 139 份，剔除无效问卷 40 份，实际有效问卷 99 份，因此将 99 份有效问卷进行问卷修订分析。经过项目分析和探索性因素分析，删除不恰当项目后，确定《幼儿情绪理解能力培养量表》正式量表共 17 个项目。问卷共三个维度，分别是行为策略、情感策略和认知策略，采用五点评分法，内部一致性信度为 0.837。问卷具有良好的信效度，可以用作父母对幼儿情绪理解培养策略的调查。［见附录五　幼儿情绪理解能力培养调查问卷（家长版）］

2. 《父母教养方式问卷》

《父母教养方式问卷》是由杨丽珠和杨春卿所编制的父母教养方式问卷，分为五个维度，分别为溺爱型、民主型、放任型、专制型和不一致性型，采用 5 点评分法，所得分数越高，表明父母的溺爱性、民主性、放任性、专制性和不一致性越突出。此问卷的内部一致性信度为 0.723，分半信度为 0.643，具有良好的内在一致性。（见附录六　父母教养方式问卷）

3. 数据分析

本研究所有数据均运用 SPSS 22.0 进行统计分析，主要统计方法有描述性统计、相关分析以及回归分析。

（三）结果与分析

1. 共同方法偏差检验

本研究采用 Harman 单因子检验对共同方法偏差的严重性进行检验。对 3—6 岁幼儿父母教养方式的检验结果显示，特征根值大于 1 的因子有 10 个，并且第一个公因子的方差解释百分比为 21.575%，小于 40%，可以认为此量表不存在严重的共同方法偏差。对 3—6 岁幼儿父母使用情绪理解能力策略培养方法的检验结果显示，特征根值大于 1 的因子有 3 个，并且第一个公因子的方差解释百分比为 42.466%，大于 40%，可以认为此量表存在共同方法偏差。

2. 3—6 岁幼儿父母教养方式描述性分析

对 3—6 岁幼儿父母的教养方式采用描述性分析，分析不同年龄阶段幼儿父母教养方式的不同差异，见表 3－14。

表 3－14　**幼儿父母教养方式的描述性分析（$M \pm SD$）**

年龄	性别	n	溺爱型	民主型	放任型	专制型	不一致型
2—3 岁	男孩	18	11.83 ±2.81	42.33 ±4.27	15.89 ±4.38	17.33 ±4.95	11.89 ±4.00
	女孩	23	11.96 ±3.44	41.65 ±4.41	16.52 ±4.18	17.18 ±4.58	13.65 ±4.15
	总计	41	11.90 ±3.14	41.95 ±4.31	16.24 ±4.22	17.24 ±4.68	12.88 ±4.09
3—4 岁	男孩	52	12.13 ±3.05	40.73 ±6.77	16.58 ±4.66	17.40 ±4.78	12.67 ±4.83
	女孩	46	12.83 ±4.53	40.70 ±6.27	17.43 ±4.74	17.80 ±4.31	12.59 ±4.35
	总计	98	12.46 ±3.81	40.71 ±6.50	16.98 ±4.69	17.59 ±4.55	12.63 ±4.59
4—5 岁	男孩	67	11.73 ±3.14	40.37 ±5.60	16.52 ±4.79	18.15 ±4.02	11.60 ±3.77
	女孩	51	11.65 ±3.74	41.75 ±4.70	16.24 ±4.76	17.04 ±4.56	11.57 ±3.76
	总计	118	11.69 ±3.98	40.97 ±5.25	16.40 ±4.76	17.67 ±4.28	11.58 ±3.74

续表

年龄	性别	n	溺爱型	民主型	放任型	专制型	不一致型
5—6 岁	男孩	52	12.19 ±3.73	39.33 ±7.45	18.33 ±4.71	18.87 ±4.55	13.04 ±4.00
	女孩	41	11.24 ±2.26	42.46 ±3.65	15.73 ±3.80	18.20 ±4.10	12.98 ±3.51
	总计	93	11.77 ±3.18	40.71 ±6.24	17.18 ±4.50	18.56 ±4.35	13.01 ±3.77
6 岁以上	男孩	11	9.63 ±2.20	10.45 ±4.41	15.36 ±3.17	19.36 ±5.61	12.91 ±5.54
	女孩	7	14.00 ±6.06	40.57 ±7.39	21.57 ±8.48	18.43 ±5.56	12.86 ±2.85
	总计	18	11.33 ±4.54	40.50 ±5.54	17.78 ±6.40	19.00 ±5.44	12.89 ±4.57

由表 3－14 可知无论是哪个年龄段幼儿，父母使用最多的教养方式为民主型，其次为专制型、放任型、不一致型，使用最少的教养方式为溺爱型。因此看出民主型教养为父母的主要教养方式，并且随着幼儿年龄的增长，使用民主型教养方式越多。

3. 父母对 3—6 岁幼儿情绪理解培养策略使用的描述性分析

对不同年龄阶段幼儿父母使用的情绪理解培养策略进行描述性分析，其分析结果见表 3－15。

表 3－15　**幼儿情绪理解培养策略的描述性分析**（$M \pm SD$）

年龄	性别	n	行为策略	认知策略	情感策略
2—3 岁	男孩	18	19.83 ±3.27	24.94 ±4.77	21.39 ±2.87
	女孩	23	19.17 ±3.45	23.22 ±5.26	20.17 ±2.93
	总计	41	19.46 ±3.35	23.97 ±5.06	20.71 ±2.93
3—4 岁	男孩	52	18.94 ±4.34	24.56 ±6.71	20.88 ±3.45
	女孩	45	19.29 ±3.61	24.67 ±5.21	20.91 ±3.22
	总计	97	19.10 ±3.94	24.61 ±6.03	20.89 ±3.32

续表

年龄	性别	n	行为策略	认知策略	情感策略
4—5 岁	男孩	68	19.25 ±3.48	24.00 ±4.96	20.63 ±3.09
	女孩	53	19.17 ±3.74	24.38 ±6.01	21.11 ±3.17
	总计	121	19.21 ±3.58	24.17 ±5.42	20.84 ±3.12
5—6 岁	男孩	51	18.94 ±4.41	23.57 ±6.04	20.02 ±3.83
	女孩	43	18.63 ±4.34	23.86 ±5.62	20.84 ±2.98
	总计	94	18.79 ±4.38	23.70 ±5.82	20.39 ±3.48
6 岁以上	男孩	11	17.82 ±3.54	21.82 ±6.27	20.45 ±2.21
	女孩	7	20.57 ±2.30	27.00 ±4.73	20.43 ±2.44
	总计	18	18.88 ±3.34	23.83 ±6.15	20.44 ±2.23

可以看出 2—3 岁（包括 3 岁）幼儿父母使用最多的策略是认知策略（23.97 ±5.06），其次是情感策略（20.71 ±2.93），使用最少的策略是行为策略（19.46 ±3.35）；3—4 岁（包括 4 岁）幼儿父母使用最多的策略也是认知策略（24.61 ±6.03），其次是情感策略（20.89 ±3.32）和行为策略（19.10 ±3.94）；同样 4—5 岁（包括 5 岁）幼儿、5—6 岁（包括 6 岁）以及 6 岁以上的幼儿父母使用最多的策略均是认知策略，最少的是行为策略。

4. 3—6 岁幼儿父母教养方式与情绪理解培养策略使用的相关分析

采用 person 相关方法分析父母教养方式与情绪理解培养策略的相关。分析结果见表 3 - 16。

表 3 - 16 **幼儿父母教养方式与情绪理解培养策略使用的相关分析**

	行为策略	认知策略	情感策略
溺爱型	-0.09	-0.07	-0.08
民主型	0.18**	0.16**	0.18**
放任型	-0.16**	-0.13*	-0.14**
专制型	-0.12*	-0.11*	-0.08
不一致型	-0.14**	-0.13	-0.14**

注：** 在显著水平上 0.01 相关显著（双尾），* 在显著水平上 0.05 相关显著（单尾）。

表3－16表明在父母教养方式中只有溺爱型与幼儿情绪理解培养策略的使用上相关性不显著。民主型与行为策略的相关为$r=0.18$，$p=0.01$，与认知策略的相关为$r=0.16$，$p=0.01$，与情感策略的相关为$r=0.18$，$p=0.01$，民主型的教养方式均与策略的使用上呈现显著的正相关。放任型与行为策略的相关为$r=-0.16$，$p=0.01$，与认知策略的相关为$r=-0.13$，$p=0.05$，与情感策略的相关为$r=-0.14$，$p=0.01$，放任型的教养方式均与策略的使用上呈现显著的负相关。

专制型与行为策略的相关为$r=-0.12$，$p=0.05$，与认知策略的相关为$r=-0.11$，$p=0.05$，专制型的教养方式与行为策略和认知策略的使用上呈现显著的负相关，与情感策略相关性不显著。不一致型与行为策略的相关为$r=-0.14$，$p=0.01$，与情感策略的相关为$r=-0.14$，$p=0.01$，不一致型的教养方式与行为策略和情感策略的使用上呈现显著的负相关，与认知策略相关不显著。

5. 幼儿父母教养方式与情绪理解培养策略使用的回归分析

幼儿父母教养方式和幼儿情绪理解培养策略的相关分析已得知放任型、专制型、不一致型在三种策略的使用上呈现负相关，与溺爱型相关不显著，只有民主型在三种策略使用上是正相关，为了进一步研究父母教养方式对幼儿情绪理解培养策略的影响，以五种父母教养方式为自变量，三种幼儿情绪理解培养的策略为因变量，采用进行多元回归分析。

表3－17　**父母教养方式民主型与情绪理解培养策略的回归分析**

	非标准化回归系数B	标准化回归系数Beta	调整r方	F值	p
行为策略	0.12	0.18	0.03	12.14	0.00
认知策略	0.16	0.16	0.02	9.46	0.00
情感策略	0.1	0.18	0.03	12.1	0.00

表3－17表明，父母教养方式中民主型对行为策略的使用有显著的正向预测作用（$\beta=0.18$，$p<0.05$），回归方程的变异量为0.03，也就是民主型教养方式能解释行为策略总变异的3%。

父母教养方式中的民主型对认知策略的使用有显著的正向预测作用（$\beta=0.16$，$p<0.05$），回归方程的变异量为 0.02，也就是民主型教养方式能解释认知策略总变异的 2%。

父母教养方式中民主型对行为策略的使用有显著的正向预测作用（$\beta=0.18$，$p<0.05$），回归方程的变异量为 0.03，也就是民主型教养方式能解释情感策略总变异的 3%。

三 讨论

（一）3—6 岁幼儿的父母教养方式发展情况

由研究可知无论是哪个年龄段幼儿，父母使用最多的教养方式为民主型，其次为专制型、放任型、不一致型，使用最少的教养方式为溺爱型。可以看出民主型教养为父母的主要方式，并且随着幼儿年龄增长，使用民主型教养方式越来越多。由于现代经济的发展以及社会的进步，父母越来越重视孩子的教育，因此会通过媒体、书籍等丰富自己的育儿知识。已有理论和研究表明，专制型教养方式下的孩子自我调节能力以及适应性较差，不能很好地调节自己的情绪，在与同伴交往中遇到挫折时更易产生敌对情绪。放任型教养方式使得父母对子女缺少关爱和情感上的交流，这种忽视型教育会让孩子在依赖、认知情绪等方面存在缺陷。而民主型教养方式下的孩子更善于自我控制和解决问题，个性更加健全且情绪稳定，由此可以看出民主型教养方式更为合理。

（二）父母对幼儿情绪理解培养策略使用情况

无论哪个年龄段幼儿的父母对于情绪理解培养策略使用最多的皆是认知策略，使用最少的是行为策略，说明父母更注重从幼儿认知方面培养幼儿的情绪理解能力。

（三）幼儿父母教养方式与情绪理解培养策略使用的相关分析

在研究父母教养方式与幼儿情绪理解能力培养策略的关系问题上，父母教养方式与幼儿情绪理解的培养策略呈现相关，溺爱型与情绪理解培养策略相关性不显著。民主型在策略培养上呈现正相关，放任型在三种培养策略上呈现显著的负相关；专制型在行为策略以及认知策略上为负相关，与情感策略上无显著相关；父母教养方式中的不一致型在认知策略与情感策略上为负相关，在认知策略上相关不显著。父母教养方式中的民主型能对幼儿情绪理解培养有很好的预测作用。

四　研究不足

本研究对象选择长春市某一所幼儿园中的幼儿家长，本次实验只选取一所幼儿园的父母当作被试，在今后的研究中可以选取更大范围的被试。

另外，在对幼儿情绪理解培养策略使用以及父母教养方式的测试上采用的是问卷法，统一发放和回收，这种方法虽然方便简洁，但是也会有家长由于某些原因不能认真填写问卷。在今后的研究中将会对幼儿情绪理解培养策略和父母教养方式采用更合理和严谨的方法进行深入的探讨。

五　结论

在本节研究条件下，得出如下结论：

第一，通过对父母教养方式以及情绪培养策略的描述性统计分析得出无论在哪个年龄阶段的幼儿，父母使用最多的教养方式为民主型，其次是专制型、放任型、不一致型和溺爱型；在情绪培养策略上使用最多的是认知策略，而行为策略使用的最少。

第二，幼儿情绪理解培养策略使用与父母教养方式具有相关性。采用 person 相关方法来分析父母教养方式与情绪理解培养策略的相关性，溺爱型与情绪理解培养的策略相关性不显著，民主型在策略培养上呈现正相关，放任型在三种培养策略上呈现显著的负相关，专制型在行为策略以及认知策略上为负相关，在情感策略上无显著相关，父母教养方式中的不一致型在认知策略与情感策略上为负相关，在认知策略上无显著相关。同时父母教养方式中的民主型在幼儿情绪理解培养策略使用上有很好的预测性。

第四章　父亲教养投入与幼儿道德情绪理解

第一节　父亲教养投入与幼儿道德情绪理解的影响

一　研究概述

（一）父亲教养投入

1. 父亲教养投入的概念

父亲教养投入（father involvement），很多学者从不同层面和角度进行了阐述。国内外有许多关于父亲教养投入的研究，也有许多学者对父亲教养投入的概念进行了界定。Lamb 提出，投入、可及和责任是父亲对幼儿教养的三个方面。第一个方面“投入”，指的是父亲在幼儿的生活起居照顾中的直接参与，比如给幼儿穿衣服、喂饭喂水，陪伴幼儿嬉戏玩耍，关注幼儿的身体健康状态，并且对幼儿的生活进行健康管理等；第二个方面“可及”，指的是父亲间接与幼儿交流、游戏，也就是没有直接参与，而是在幼儿的身边陪伴，可以随时给予幼儿相应的帮助，比如幼儿在吃饭时，父亲在一旁写材料；第三个方面“责任”，顾名思义，指的是父亲对幼儿需要承担的职责和义务，这包括发现并满足幼儿的身体健康状况、情绪变化和对事物的认知等需求。[①] Dollahite 等

---

① Lamb, M. , E. , “The changing roles of fathers. In M. E. Lamb (Ed), The father's role: Applied perspectives”, *New York*: *Wiley*, 1986.

人认为父亲的工作职责可以分为七种，这七种职责分别是：（1）指导性职责：父亲在幼儿发展自我才能方面给予指导；（2）情感职责：父亲与幼儿建立亲密关系，并成为幼儿情感上的依靠；（3）精神性职责：父亲和幼儿进行语言和精神交流，且在精神上给予幼儿更多的鼓励；（4）娱乐职责：父亲能够及时满足幼儿的游戏或其他娱乐方面的需求；（5）服务性职责：父亲能够有效满足幼儿对于物质和环境的间接性需求；（6）伦理道德职责：父亲能够指导幼儿发展自己的伦理道德；（7）发展性职责：父亲能够密切关注幼儿情绪，帮助幼儿随时调整自己的状态。[①] Dollahite 等总结的父亲这七种职责，代表了父亲教养投入的一种理想化的状态。Doherty 等人提出，父亲教养投入的关键因素是，父母亲共同参与幼儿教养。[②]将父亲教养投入定义为：当妻子在怀有幼儿时，父亲会自然地认可和接受自己的孩子，同时接受自己作为父亲的身份；自妻子怀孕，就与妻子共同担负幼儿的经济支出；在幼儿出生成长时，与妻子共同给予幼儿情感和物质上的支持。Hawkins 等提出，父亲对幼儿的教养包括很多方面：财政支持、支持母亲、鼓励儿童的学业成绩、培养幼儿责任感、赞扬儿童、与儿童进行情感交流并关注儿童身心健康成长、与儿童一起阅读，以及鼓励儿童发展兴趣和爱好。[③]

国内的许多学者，也对父亲教养投入进行了大量的研究，我国学者是在借鉴国外的基础上，结合国内的现状。赵娜认为：父亲教养投入应该以“父母投入”的概念为基础，父亲教养投入指的是，父亲积极参与到家庭中和学校中，并在儿童的教育上有期望、信念及兴趣。[④]孙彦

---

① Dollahite, D. C., and Hawkins, A. J., “Fatherwork: A conceptual ethic of fathering as generative work”, *Generative fathering: Beyond deficit perspectives*, 1997.

② Doherty, W. J., Kouneski, E. F., and Erickson, M. F., “Responsible fathering: An overview and conceptual framework”, *Journal of Marriage and the Family*, Vol. 60, No. 2, 1998.

③ Hawkins, A. J., Palkovitz, R., Christiansen, S. L., and Palkovitz, R., “The Inventory of father involvement: A pilot study of a new measure of father involvement”, *Journal of Men's Studies*, Vol. 10, No. 2, 2002.

④ 赵娜：《父亲角色对儿童发展的影响》，硕士学位论文，东北师范大学，2007 年。

将父亲教养投入定义为：父亲所从事一切对幼儿成长有影响的活动，包含直接影响与间接影响。[①]梅真认为：在幼儿的成长中，父亲在幼儿身体、情感以及心理等诸多方面的参与可作为“父亲教养”概念的界定。[②]李萌提出，父亲对子女教育的参与就是父亲教养投入。父亲教养投入既是父亲行为上的参与，同时也是心理和情感上的参与，具体表现为关爱儿童生活、引导儿童学习、参加幼儿园活动、处理儿童情感问题和行为问题、指导儿童人际交往、为幼儿提供经济支持、支持母亲教育儿童等方面。[③]伍新春等认为：父亲为了能够促进幼儿的健康快乐发展，认知、情感和行为三方面的参与，都是父亲教养投入的内容。[④]

本研究采用的是伍新春等人对父亲教养投入的定义，依据 Lamb 的观点，伍新春等认为：在幼儿的成长过程中，父亲对幼儿在互动性、责任性和可及性三个方面的身心投入。第一个方面：互动性投入指的是，父亲直接地参与照顾幼儿生活，包括父子间的直接接触和信息流通，与第三方是否在场无关；第二个方面：责任性投入指的是，父亲为了幼儿未来顺利成长和发展而做的准备活动，包括规划、积累和支持等方面，这些虽然没有直接接触幼儿，但会影响幼儿的生活；第三个方面：可及性投入指的是，当幼儿有需求时，父亲能够及时回应。有两方面的表现：在同一环境下，父亲即使在做与幼儿无关的事情，仍可以注意并满足幼儿的需求，并且给予相应回应；抑或是父亲不在幼儿身旁，但是通过其他的媒介，让幼儿感受到父亲的存在，如通讯设备等。

2. 父亲教养投入的相关研究

（1）与幼儿认知发展关系的研究

在婴儿时期，婴儿开始学会观察他人，对家人的行动产生兴趣。

---

① 孙彦：《城市父亲参与幼儿教养的现状研究——以陕西省宝鸡市为例》，硕士学位论文，西南大学，2011 年。

② 梅真：《父亲参与教养与中学生性别角色及性别刻板印象的关系》，硕士学位论文，首都师范大学，2013 年。

③ 李萌：《幼儿父亲角色研究》，硕士学位论文，南京师范大学，2015 年。

④ 伍新春、刘畅、邹盛奇等：《青少年评价父母教养投入行为问卷的修订及其信效度检验》，《中国临床心理学杂志》2018 年第 4 期。

Biller 认为，如果幼儿 4 岁前的生活中，没有父亲的陪伴，对男孩的影响会更大一些，男性角色的形成可能会产生问题。[①] Ninio 等发现，婴幼儿时期，父亲的教养投入会对幼儿的记忆力及想象力的培养有较大的影响。[②] Shannon 等的观点认为，父亲在教育中的积极参与，可以影响到孩子认知及语言的发展。[③] Doherty 等的研究成果显示，女孩比较容易因为父亲的缺失而受到影响，女孩在家庭中，会因为父亲的缺失而难以了解男性的特点，特别是男性和女性之间的不同，致使她们在性别认知方面产生困惑。[④]因此，这种家庭中成长的女孩，在与异性的交往中，会表现出焦虑、羞怯。

（2）与幼儿社会性发展关系的研究

父亲在儿童的社会性发展上，影响是至关重要的。如果父亲多陪幼儿玩益智类、体力游戏，幼儿与同伴交往的能力就更强，幼儿也会更适应与周围人的交往，在与同伴交往方面、合群性方面都会有更高、更快的发展。Ryan 等人认为，幼儿的自信心和自我调节能力也与父亲教养投入呈正比。父亲由于社交和工作上的特点，可以将更广阔和更丰富的经验传授给幼儿，幼儿的视野被打开，对培养孩子的创造力、丰富孩子的知识内容等方面，都是非常有利的。[⑤]邓珂文等研究认为，幼儿情绪很大程度上会受到父亲教养投入的影响，父亲教养对幼儿的情绪和亲社会行为问题可以起到有效的预测作用。[⑥]因此，对于父亲在促进青少年

---

① Biller, H. B., "Father absence, maternal encouragement and sex role development in kindergarten age boys", *Child Development*, Vol. 40, No. 2, 1969.

② Ninio, A., Rinott, N., "Fathers' involvement in the care of their infants and their attributions of cognitive competence to infants", *Child Development*, Vol. 59, No. 2, 1988.

③ Shannon, J. D., Tamis-Le, Monda, C. S., London, K., and Cabrera, N., "Beyond rough-and-tumble: Low-income fathers' interactions and children's cognitive development at 24 months", *Parenting: Science and Practice*, Vol. 2, No. 1, 2002.

④ Doherty, W. J., Kouneski, E. F., and Erickson, M. F., "Responsible fathering: An overview and conceptual framework", *Journal of Marriage and the Family*, Vol. 60, No. 2, 1998.

⑤ Ryan, R. M., Deci, E. L., "On happiness and human potential: A review of research on hedonic and eudemonic psychology", *Annual Review of Psychology*, Vol. 52, No. 1, 2001.

⑥ 邓珂文、尹霞云、姜圣秋：《幼儿情绪行为问题与父亲参与教养的关系》，《当代教育理论与实践》2016 年第 3 期。

发展中起到的独特作用，应该引起重视，更应该从增加父亲与幼儿互动的机会和优化亲子关系这两个方向着手，让子女亲社会性行为得以全面提升。许琪等认为，父亲教养投入明显影响着孩子诸多方面的发展，而与母亲相比，这种影响具有同等重要的地位；但是，与其他参与事务性的育儿活动相比，父亲与子女的情感沟通对青少年发展更加重要，父亲育儿投入对儿子和女儿都有显著影响。[①]

（3）与幼儿性别角色发展关系的研究

父亲对幼儿性别角色发展的影响要大于母亲。父亲以自己的性别特征为幼儿做示范，帮助幼儿正确建立性别角色意识。特别是男孩，发展自己的男性品质多数以自己的父亲为榜样。父亲与幼儿互动中，将自己独立、勇敢的品质展示出来。此外，父子间的游戏互动，也会使孩子在情绪上有积极乐观的体验，从而增强孩子抵御外界环境困难的能力，提高幼儿的幸福感。

另外，Eisenberg在亲社会行为的影响因素模型的研究中发现，家庭的性质是一体社会化的载体，家庭成员中的每个个体在相互接触中，都在学习彼此的认知方式以及行为习惯。在幼儿的认知、情感和行为上，父母的投入对儿童道德推理、品质和道德价值观的内化、移情和亲社会行为的发展有着非常显著的影响。[②]马爽等认为父亲的参与对儿童的社会退缩、抑郁和注意力发展有显著的预测作用。父亲的参与越积极，孩子的社交退缩越少，抑郁情绪越少，注意力发展越好。[③] Cabrera等证明虽然父亲花时间与幼儿在一起很重要，但如果这段时间是在敌对和冲突的交流中度过的，那么这种参与实际上可能会伤害儿童，因此，父亲要

① 许琪、王金水：《爸爸去哪儿？父亲育儿投入及其对中国青少年发展的影响》，《社会发展研究》2019年第1期。

② Eisenberg, N., "Emotion, regulation and moral development", *Annual Review of Psychology*, *MEMO*, No. 51, 2000.

③ 马爽、高然、王义卿等：《农村地区父亲参与现状及其与幼儿发展的关系》，《学前教育研究》2019年第5期。

为幼儿提供高质量的陪伴。[①]

（二）道德情绪理解的概念

情绪理解（emotion understanding）是组成情绪能力的重要因素，也是组成情绪智力的重要因素。徐琴美等认为，情绪理解可分为对情绪状态的理解和对情绪过程的理解。[②]谭千保等提出，情绪理解包含描述情绪体验、识别情绪线索、触发情绪事件等方面，是个体对情绪信息的解释能力，儿童在情绪理解发展的过程中，对各种情绪的理解能力发展也是不同的。[③]马谐、陶云、白学军提出，儿童对负面情绪的理解发展比较迟，这是相对于其他情绪类型来说的。[④]姚端维等认为个体的情绪理解能力在3—4岁期间发生显著的变化，5—6岁的儿童可以对他人情绪产生的原因做出分析，即可以对他人的情绪进行归因。[⑤]同时，周双珠、陈英和等的研究表明，6岁左右的儿童已经能理解自我和他人的真实心理状态，并理解混合情绪，这种能力一直到青春期晚期才会发育成熟，所以，3—6岁是儿童情绪理解发展的重要时期。[⑥]

3—6岁之间的儿童，开始逐步具备了适应社会环境多样性、复杂性的能力，开始能够理解快乐、伤心、惊恐等基本情绪。梁宗保等运用儿童情绪理解测查程序，对3—5岁的幼儿来说，男孩的情绪识别显著低于女孩；在情绪理解上，年长幼儿显著优于年幼幼儿。随着年龄增

---

① Cabrera, and Natasha, J., "Father involvement, father-child relationship, and attachment in the early years", *Attachment & human development*, MEMO, No. 10, 2019.

② 徐琴美、何洁：《儿童情绪理解发展的研究述评》，《心理科学进展》2006年第2期。

③ 谭千保、蔡蓉：《聋童与听力正常儿童的情绪理解及其比较》，《当代教育理论与实践》2009年第3期。

④ 马谐、陶云、白学军：《儿童对中——西方音乐情绪感知的发展研究》，《心理与行为研究》2017年第2期。

⑤ 姚端维、陈英和、赵延芹：《3—5岁儿童情绪能力的年龄特征、发展趋势和性别差异的研究》，《心理发展与教育》2004年第2期。

⑥ 周双珠、陈英和、胡竹菁：《道德和个人领域儿童情绪理解的发展特点及对其亲社会行为的影响》，《心理学探新》2017年第1期。

长，幼儿会发展出更多的复杂情绪。[①]他们能够在与同伴的相处中，建立更加友善和亲密的关系。儿童实现情绪的社会化，是在儿童表现出的具体情绪与情绪的认知相联系的基础上而形成的。

道德情绪理解指的是，个体对自豪、羞耻等道德情绪的觉知、理解。对自己的认知、情感及行为是否符合社会道德规范的一种理解，是与社会规则紧密相连的。

（三）道德情绪的相关研究

道德情绪产生于个体的自我理解与自我评价。从心理加工的角度来看，道德情绪是儿童道德形成和发展的关键。同时，道德情绪在调节儿童的道德标准和行为方面起着关键作用，道德情绪一旦激发的话，会对儿童的道德决策与行动起到一定的影响。道德情绪从儿童早期已经开始萌芽，随着个体社会化的进程而逐渐丰富和发展。

早期的道德情绪研究，其关注点一般都锁定在消极效价上，如内疚、害羞和尴尬等。这之后，伴随着积极心理学的诞生与发展，自豪、感戴等积极情绪的研究，开始引起研究者的重视。道德情绪能够调节个体的道德规范与道德准则间的关系，是道德机制的重要组成部分，在刺激、调节或抑制行为中起着重要作用。Huebner（2008）认为道德情绪的调节功能可以分为四个方面：（1）消极的道德情绪，羞耻、愤怒、厌恶等是由不道德的行为所导致的。（2）个体的行为会因个体的道德情绪而改变，例如内疚情绪会让个体避免做伤害他人的不道德的行为。（3）个体会采取什么样的实际行动，能够根据他的情绪的反应来进行预测，也就是说，道德情绪是具有可预测性的。（4）道德行为建立在情感动机的基础上。[②]

道德情绪中所包含的自我意识与自我评价的认知过程，是道德情绪区别于基本情绪的最重要的特征。幼儿在 3 岁左右，道德情绪的发展虽

① 梁宗保、张光珍、陈会昌等：《学前儿童情绪理解的发展及其与父母元情绪理念的关系》，《心理发展与教育》2011 年第 3 期。

② Huebner, B., Dwyer, S., and Hauser, M., "The role of emotion in moral psychology", *Trends in Cognitive Sciences*, *MEMO*, No. 13, 2008.

然还未成熟，但是已经获得了几种主要的道德情绪。幼儿在随后的几年里，与道德情绪方面有关的情绪能力在不断地发展。道德情绪具有一定预见性，如果这种情绪反应是不符合社会要求的，个体就会调整自己的实际行为。神经科学的相关研究为这一结论提供了证据，个体早期的道德行为包含有特定的情感动机，道德情绪不仅仅影响着个体的行为，也在影响着社会群体的行为，道德情绪是人类进化历程中保留下来的重要社会情绪。

个体对自我内在价值的平衡以及利他行为，是判断某一种行为道德与否的标准。不道德的行为会对个体道德的一致性造成负面影响，致使个体内在自我价值失衡，一个人如果处于这种状态，往往会运用其他的方式来寻求平衡，这时道德补偿行为就会随之产生。自我实现理论认为，当个体出现与自身道德评价相违背时的行为或是接收到不满意的自我反馈，个体一般会选择其他的途径来达成目标，这是因为个体缺乏自我实现。自我实现理论可以解释道德补偿行为是受到道德情绪影响所产生的，所以不道德行为发生的时候，个体若意识到自己的不道德行为威胁到了形象，就会做出更多的道德行为来挽回自己的形象，并重塑自我的积极、高尚的道德形象，这一点也阐明了道德行为是具有补偿性的。上述表明，积极的道德情绪能够鼓励个人或集体尽全力去做社会所认可的事情，也就是利他行为；而消极的道德情绪，则可能迫使个人或集体停止正在实施的不道德行为，也就是所谓的道德补偿行为。

（四）父亲教养投入与道德情绪

家庭是人生的第一学校，父母是孩子的第一任教师，重视家庭教育是所有父母义不容辞的责任。幼儿在与父母相处中，会学习父母的情绪理解方式以及父母的情绪调节方式。有研究表明父母教养与道德情绪呈正相关，父母亲的教养行为能够有助于幼儿道德情绪的发展。有利的父母教养与内疚倾向呈正相关，而不利的父母教养与羞耻倾向呈正相关。也就是说，经常采用积极情绪理解方式的幼儿，他们会采用积极的调节策略来调节情绪，并能够与父母经常进行互动；而采用消极策略的幼儿，与父母互动也是较少的。父亲的态度对于孩子来说是相当重要的：

父亲对幼儿的态度是积极的接纳，还是消极的不理，对家庭氛围有重大影响。若幼儿能够在充满爱与关心的氛围中成长，父亲对幼儿的情绪采取的是接纳、尊重，那么家庭会形成温暖、轻松的氛围，在这种氛围中生活，孩子可以内化父母的指导与教育。

父亲作为家庭的精神支柱，是幼儿成长的能量源泉。有研究认为，父亲和孩子相处时间长短，是父亲教养投入的表现。进入儿童中期，父亲对儿童教养投入的程度与儿童情绪能力以及学习成绩的好坏有关。在幼儿时期，父母温暖、接纳、支持的教养方式，对幼儿自主性的简繁发展是极为有利的。同时，也有研究显示，幼儿的同伴交往能力、社会适应力、亲社会性等的良好发展，依赖于父母积极的协同教养。而幼儿焦虑、抑郁等问题行为，多半是由于父母消极的协同教养行为所导致的。消极的父母协同教养行为对学龄前的幼儿来说，阻碍着幼儿在学业和社会能力方面的准备。也有研究者表明，积极的协同教养，能为幼儿提供一个温暖、安全的氛围和环境。

有研究表明：父亲和母亲的育儿体验是非常不同的，母亲照顾孩子的时间是父亲的两倍左右。母亲每天在孩子的管理和家务上花时间，父亲则花费时间与孩子玩耍和休闲。在幼儿教育方面，如果父亲对幼儿投入更多的关注、情感，教会幼儿规则、责任意识，更有利于幼儿形成完整、良好的道德情绪理解能力。理解什么是规则，什么是责任，哪些是应该做的，哪些是不该做的，使幼儿的情感、行为发展更符合社会的要求。同样地，幼儿如果能够形成良好的道德情绪能力，对其社会性适应、社会性情绪、人际关系适应发展都有助益，这样的幼儿，也会得到父亲更多的重视和关注，使父亲在时间和精力上投入得更多。

综上所述，父亲教养在幼儿成长发展中发挥的作用是不可或缺的，父亲教养能够帮助幼儿建立正确道德意识，理解正确社会规范，为幼儿的健康、顺利发展奠定基础。然而，针对父亲教养投入对幼儿道德情绪理解能力发展的影响的研究，还未见相关报告。本研究将父亲教养投入与幼儿道德情绪理解相结合，分析父亲对幼儿道德情绪理解的发展产生怎样的影响，并提出教育建议，以促进幼儿的发展。

（五）研究意义

1. 理论意义

道德情绪理解能力是幼儿社会情绪能力发展中的重要部分，在以往的研究中，研究父亲对幼儿道德情绪理解的形成和发展的很少。本研究采用调查问卷与情境故事两种方法，探索并分析父亲的教养投入与幼儿道德情绪的理解能力的发展具有怎样的关系，希望能够丰富父亲教养投入以及幼儿道德情绪理解方面的研究，并为今后的研究提供一定的支持。

2. 现实意义

父亲这一角色在家庭幼儿教育方面的作用往往被忽视，多数人认为母亲是承担幼儿教育的主体，父亲很少甚至不参与幼儿的教养。但是有研究表明，父亲和母亲间的育儿方式是非常不同的，父亲的教养投入能够给予幼儿完全不同的体验，父亲与孩子的互动更多的是玩耍与娱乐。父亲的积极参与对孩子在各个阶段的发展至关重要。如果在幼儿成长过程中，父亲教养投入太少，甚至不投入，很可能导致幼儿情绪情感发展出现问题，进而影响孩子的社会性发展。

本节研究旨在探究父亲教养投入与幼儿道德情绪理解的关系，希望能够引起家庭的关注，为幼儿教育提出合理化建议，从而提高家庭教育的水平与质量。同时，本研究希望家庭成员都能够积极地投入幼儿的教育中来，重视幼儿道德情绪的发展，进而使幼儿成长发展更符合社会的要求。

二　问题提出

家庭是幼儿教育的起点，在家庭中，幼儿将接受母亲默默提供的润物无声的全方位教育，同时将接受父亲深沉、伟大、不善言辞的领导式教育。父亲作为维系家庭和谐的中坚力量，在调和夫妻关系、亲子关系方面发挥着独特的作用，是幼儿成长道路中不可或缺的重要部分，能够引领幼儿更健康地成长和发展。在家庭教育中，如果父亲能够对幼儿投入更多的关注、情感，教会幼儿规则意识、责任意识，这将有利于幼儿形成完整、良好的道德情绪理解能力，幼儿的情感、行为发展更符合社会的要求。因此，研究父亲教养投入与幼儿道德情绪理解的关系有着非常重要的价值。

（一）研究目的

1. 探明 3—6 岁幼儿父亲教养投入的特点。

2. 探明 3—6 岁幼儿自豪、尴尬、内疚、羞耻等道德情绪理解的特点，以及在年龄、性别上的特征。

3. 探明父亲教养各维度的投入与幼儿自豪、尴尬、内疚、羞耻情绪理解发展的关系。

4. 针对父亲教养投入与幼儿道德情绪理解的关系，提出针对性的教育建议。

（二）研究问题

1. 3—6 岁幼儿父亲教养各维度的投入的基本特点是什么？针对不同年龄、性别的幼儿，父亲在教养投入上是否存在差异？父亲教养投入与父亲的年龄、学历、职业性质等关系如何？

2. 3—6 岁幼儿自豪、尴尬、内疚、羞耻，道德情绪理解有何特点，以及在年龄、性别上有哪些特征？

3. 父亲教养各个维度的投入与幼儿自豪、尴尬、内疚、羞耻情绪理解能力的发展，具有怎样的关系？

（三）研究假设

1. 父亲教养投入可能因幼儿年龄、性别不同而存在差异；

2. 3—6 岁幼儿父亲教养投入，在互动性、可及性的投入方面可能对幼儿道德情绪理解有不同的影响；

3. 3—6 岁幼儿道德情绪理解可能存在一定的性别差异。如男孩和女孩对自豪、内疚、尴尬、羞耻的理解水平可能不同；幼儿在不同年龄段的情绪理解能力可能存在差异；

4. 父亲教养投入的程度可能对幼儿道德情绪理解，如自豪、尴尬、内疚、羞耻具有一定影响。

三　研究方法

（一）研究对象

为了便于对父亲教养投入与3—6岁幼童道德情绪理解的基本情况进行调查，本研究选取了C市两所公办政府机关幼儿园，发放问卷给幼儿的家长，由父亲作答。共发出200份父亲教养投入问卷，回收问卷183份，有效问卷162份，有效率为88.5%。幼儿道德情绪实验进行200人次，其中有效人数152人次，有效率为76%；对收集的数据进行对应筛选，筛选出108份有效数据。其中幼儿3—4岁（37—48月）共33人，4—5岁幼儿（49—60月）共28人，5—6岁（61—72月）幼儿共47人。其中已经剔除回答问题有所残缺、回答不认真等情况的问卷。

（二）研究材料

实验材料分为两部分，第一部分：父亲教养投入问卷；第二部分：道德情绪实验材料。

1. 父亲教养投入问卷

父亲教养投入采用的是伍新春、刘畅等人在2015年编制的《父亲教养投入问卷》，该问卷共有56个题目，分为3个维度，分别是互动性、可及性、责任性。其中互动性由生活照顾、学业支持、情感交流、规则教导、休闲活动五个子维度组成；可及性由空间可及、心理可及两个子维度组成；责任性由榜样示范、父职成长、信息获得、教养支持、发展规划五个子维度组成。互动性、可及性、责任性三个维度所包含的各项目得分之和为该维度的得分，问卷采用五级记分，“从不、偶尔、有时、经常、总是”分别记为0—4分，得分越高，代表父亲教养投入的程度越高。三个维度及问卷的内部一致性系数在0.82以上，重测信度在0.66以上；可作为我国3—18岁人群的父亲教养投入研究的测量工具。

对问卷中部分题目进行适当调整，以便更适用于幼儿园的实际情况。对问卷的第1题、第13题、第17题以及第31题进行修改。例如：

（1）“我督促孩子做作业”改为“我督促孩子完成老师布置的

任务”。

（2）“我协助孩子选择课外辅导班”改为“我协助孩子选择课外班”。

预测阶段。正式测试之前，对修改的问卷进行信度、效度检验，选取C市公立政府机关幼儿园，抽取50名幼儿父亲发放问卷，并对问卷进行编号。问卷在下午接园时由事先沟通好的主班教师分发给家长，嘱咐由幼儿父亲进行作答，并在第二天来园时交回。最终回收48份问卷，其中45份问卷有效，对该数据进行信效度分析，问卷内部一致性为0.970，效度为0.901，信效度良好。可以用作3—6岁幼儿父亲教养投入的调查。（见附录七　父亲教养投入问卷）

2. 情绪理解实验

本实验分为两个部分，情绪识别与情境情绪理解。情绪识别是幼儿学习的过程，主试向幼儿随机呈现自豪、尴尬、内疚、羞耻四种情绪的图片，请幼儿进行命名。情绪理解运用情境故事法，主试给被试幼儿讲述情境故事，讲述的过程中采用彩色图片作为辅助，请幼儿从四张情绪图片中找出符合主人公心情的图片贴上，以此来考察幼儿对故事人物的情绪理解情况。实验包含4种不同的道德情绪，分别为：自豪情绪、尴尬情绪、内疚情绪、羞耻情绪。每种情绪设置两个故事，共有8个故事。在本研究中，为了实验的严谨性，由一名主试对所有幼儿进行测试，主试经多次练习，并经由专家评判，一致认为该实测程序可用于勘测幼儿的情绪理解情况。在实验过程中要求主试对测试幼儿进行录像，以便后期剔除无效数据。

（1）情绪识别

这是幼儿的学习过程，主试向幼儿随机呈现自豪、尴尬、内疚、羞耻四种情绪的图片，请幼儿进行命名。如果幼儿指认不正确，主试就将正确的图片指给幼儿，并让幼儿记住每一张图片所代表的情绪。然后主试随机命名一种情绪，让幼儿指出该表情图片。幼儿指认正确后进行下面的道德情绪理解实验，如果指认不正确，再次将正确答案告知幼儿，直到幼儿能够正确认识到这四种图片所代表的情绪。然后再进行下面的情境故事实验。

（2）情绪理解

运用情境故事法，主试给幼儿讲述情境故事，过程中采用彩色图片作为辅助，请幼儿从四张情绪图片中找出符合主人公心情的图片贴上，以此来考察幼儿对故事人物的情绪理解情况。

通过开放式问卷，向幼儿家长收集幼儿生活中发生自豪、尴尬、内疚、羞耻情绪的情境故事，从问卷中选出 12 个重复率较高的情境，编制出幼儿道德情绪情境实验材料（自豪、尴尬、内疚、羞耻各 2 个故事）。邀请幼儿家长对选择的故事提出意见，对故事进行修改调整。修改后的情境材料经两位幼儿园从事一线工作的专家教师进行评审，每个道德情绪留下两个情境题目，确定 8 个道德情境故事。然后选取预测样本对情境故事结构及信度初步验证，最后，实验人员进入幼儿园进行正式测验，邀请两所幼儿园中 3—6 岁幼儿参加研究。幼儿根据情境故事，指认出正确的情绪图片，记 1 分；指认错误，记 0 分。自豪、尴尬、内疚、羞耻四种情绪理解得分数相加，为幼儿道德情绪理解任务的总得分。（见附录八　幼儿道德情绪理解实验材料）。

（三）共同方法偏差检验

由于本研究采用问卷法调查父亲教养投入情况，可能存在共同方法偏差，因此采用 Harman 单因素方法，对数据进行共检验。将问卷全部题目进行分析，结果如表 4－1 显示：有 14 个因子特征值根大于 1。除此之外，第一个公共因子解释了总方差的 34.19%，不足 40% 的判断标准。因此，本研究不存在共同方法偏差问题。见表 4－1。

表 4－1　　Harman 共同方法偏差检验

因素	提取平方和载入		
	总计	方差率（%）	累计率（%）
1	19.14	34.19	34.19
2	3.02	5.39	39.58
3	2.58	4.61	44.18

续表

因素	提取平方和载入		
	总计	方差率（%）	累计率（%）
4	1.95	3.49	47.67
5	1.66	2.96	50.63
6	1.64	2.93	53.56
7	4.54	2.76	56.32
8	1.43	2.56	58.88
9	1.42	2.53	61.41
10	1.26	2.25	63.66
11	1.20	2.14	65.80
12	1.17	2.08	67.88
13	1.08	1.92	69.80
14	1.05	1.88	71.68

四　数据分析

采用 SPSS 25.0 进行数据统计分析。主要进行描述统计、方差分析、相关分析、逐步多元回归分析等。

本研究对 C 市两所公立幼儿园幼儿及其父亲进行实测。共发放 200 份《父亲教养投入问卷》，收集问卷 183 份，有效问卷 162 份；情绪实验进行 200 人次，有效 152 人次；对收集的数据进行对应筛选，筛选出 108 份数据。对正式试验所收集的问卷进行验证性分析，问卷内部一致性为 0.964，效度为 0.845，信效度良好。其中幼儿 3—4 岁（37—48 月）共 33 人，4—5 岁幼儿（49—60 月）共 28 人，5—6 岁（61—72 月）幼儿共 47 人，被试基本信息如表 4 - 2 所示。表 4 - 3 是对父亲的年龄、学历进行的统计，由于样本中父亲年龄在 30 岁以下的样本较少，将 25 岁及以下与 26—30 岁进行了合并，详见表 4 - 3。

表4－2　　幼儿基本情况的描述性统计

	n	Min	Max	$M \pm SD$
3—4岁	33	37	48	42.39±3.11
4—5岁	28	51	60	56.75±2.56
5—6岁	47	61	72	65.77±3.61

由表4－2可见，3—4岁幼儿的具体月龄在37—48月之间，最小为37月，最大为48月，平均月龄在42月左右；4—5岁幼儿的月龄在49—60月之间，最小为51月，最大为60月，平均月龄在56月左右；5—6岁幼儿的具体月龄在61—72月之间，最小为61月，最大为72月，平均月龄为65月左右。

表4－3　　父亲基本情况的统计

类别		人数	比率（%）
父亲年龄	30岁及以下	2	1.8
	31—35岁	50	46.2
	36岁及以上	56	52
父亲工作年限	5年以下	3	2.8
	5—8年	13	12
	8年以上	92	85.2
父亲学历	初中及以下	4	3.7
	高中	14	12.9
	大学	66	61.1
	研究生及以上	24	22.3

表4－3表明，幼儿父亲年龄在30岁及以下2人，占总体的1.8%；父亲年龄在31—35岁的50人，占总体的46.2%，父亲年龄在36岁及以上的56人，占总体的52%。学历在初中及以下的父亲为4人，占3.7%；父亲学历为高中的是14人，占总体的12.9%；父亲学历为大学的66人，占总体的61.1%；父亲学历为研究生及以上的24人，占总体的22.3%。

（一）父亲教养投入的基本特征

本研究共收集有效数据108份，其中男孩51名，女孩57名。3—4岁（37—48月）幼儿33名，4—5岁（49—60月）幼儿28名，5—6岁（61—72月）幼儿47名。本研究从幼儿的性别、幼儿年龄、幼儿父亲年龄、父亲文化程度等方面进行差异性分析。

1. 父亲教养投入描述性统计

对父亲教养投入问卷进行描述性统计，父亲教养投入分为三个维度，三个维度又具体分成12个子维度，问卷内部一致性为0.964，效度为0.845，信效度良好。分别对幼儿年龄、幼儿性别、幼儿父亲年龄、学历进行描述性统计和方差分析及单因素分析。父亲教养投入基本情况见表4-4。

表4-4　**父亲教养投入基本情况的描述性统计**

		n	Min	Max	$M \pm SD$
互动性	生活照顾	108	4.00	16.00	10.10±2.91
	学业支持	108	2.00	16.00	10.12±2.97
	情感交流	108	6.00	20.00	13.79±3.33
	规则教导	108	3.00	12.00	9.19±1.97
	休闲活动	108	5.00	24.00	15.07±4.11
可及性	空间可及	108	4.00	16.00	11.25±2.66
	心理可及	108	4.00	16.00	11.89±2.79
	榜样示范	108	9.00	28.00	20.05±4.24
	父职成长	108	3.00	24.00	13.56±4.25
责任性	信息获得	108	6.00	20.00	14.81±3.12
	教养支持	108	5.00	16.00	12.35±2.59
	发展规划	108	2.00	16.00	10.50±3.08

表4-4表明，父亲教养投入的子维度中，榜样示范的均值最高，其次是休闲活动、父职成长、信息获得及情感交流，规则教导、生活照顾及学业支持方面均值较低。

2. 父亲教养投入特征在幼儿年龄上的差异

对父亲教养投入在幼儿年龄上的差异进行分析，结果如表4-5所示。

表4-5 **父亲教养投入在幼儿年龄上的差异**

		3—4岁（33）（$M \pm SD$）	4—5岁（28）（$M \pm SD$）	5—6岁（47）（$M \pm SD$）	F	p	LSD
互动性	生活照顾	10.18 ±2.73	8.93 ±2.77	10.74 ±2.94	3.61	0.030	3 >2
	学业支持	9.91 ±2.92	9.71 ±2.85	10.51 ±3.08	0.75	0.475	
	情感交流	13.51 ±3.36	14.00 ±3.32	13.85 ±3.37	0.17	0.841	
	规则教导	8.94 ±2.15	9.04 ±1.57	9.45 ±2.06	0.75	0.477	
	休闲活动	15.52 ±3.62	14.04 ±3.01	15.38 ±4.89	1.22	0.298	
可及性	空间可及	11.33 ±2.50	10.79 ±2.38	11.47 ±2.94	0.60	0.553	
	心理可及	11.88 ±3.20	11.25 ±2.52	12.28 ±2.62	1.19	0.307	
	榜样示范	20.03 ±4.61	19.36 ±3.01	20.47 ±4.61	0.60	0.552	
	父职成长	13.88 ±4.44	12.36 ±3.85	14.04 ±4.30	1.53	0.221	
责任性	信息获得	14.70 ±3.40	14.21 ±1.85	15.26 ±3.49	1.01	0.368	
	教养支持	12.58 ±2.61	11.96 ±2.05	12.43 ±2.88	0.45	0.638	
	发展规划	10.58 ±3.32	9.86 ±2.26	10.83 ±3.33	0.89	0.415	

将3—6岁幼儿的年龄作为自变量，进行单因素方差分析，结果发现，在互动性中的生活照顾（$p < 0.05$）方面，幼儿的年龄差异显著。经过多重比较，结果显示：父亲在5—6岁幼儿生活照顾方面的投入要显著高于4—5岁幼儿。

3. 父亲教养投入在幼儿性别上的差异

对父亲教养投入在幼儿性别上的差异进行分析，结果如表4-6所示。

表4-6 **父亲教养投入在幼儿性别上的差异**

		男（51）（$M \pm SD$）	女（57）（$M \pm SD$）	t	p
互动性	生活照顾	10.22 ±2.83	10.00 ±2.99	0.38	0.702
	学业支持	10.06 ±2.76	10.18 ±3.16	-0.20	0.839
	情感交流	13.49 ±3.04	14.05 ±3.58	-0.88	0.983
	规则教导	9.24 ±1.63	9.14 ±2.25	0.25	0.801
	休闲活动	14.71 ±3.73	15.40 ±4.41	-0.88	0.380

续表

		男（51）（M ± SD）	女（57）（M ± SD）	t	p
可及型	空间可及	10.78 ±266	11.67 ±2.61	-1.74	0.086
	心理可及	11.96 ±2.82	11.82 ±2.78	0.25	0.801
	榜样示范	19.63 ±4.38	20.42 ±4.11	-0.97	0.334
	父职成长	13.57 ±4.18	13.54 ±4.36	0.03	0.976
责任性	信息获得	14.82 ±2.93	14.81 ±3.31	0.03	0.978
	教养支持	12.06 ±2.57	12.61 ±2.60	-1.11	0.268
	发展规划	10.31 ±2.77	10.67 ±3.35	-0.59	0.555

将3—6岁幼儿的性别作为自变量，进行t检验，结果显示父亲教养投入各维度，在不同性别上差异不显著。也就是说：当前中国父母对男孩和女孩的教养投入大部分是一样的。

4. 父亲教养投入在父亲年龄和父亲学历上的差异

对父亲教养投入在父亲年龄上的差异进行分析，结果如表4-7所示。

表4-7　**父亲教养投入在父亲年龄上的差异**

		30岁及以下（M ± SD）	31—35岁（M ± SD）	36岁及以上（M ± S）	F	p
互动性	生活照顾	6.50 ±2.12	9.90 ±3.06	10.41 ±2.72	2.01	0.139
	学业支持	7.00 ±1.41	10.06 ±2.89	10.29 ±3.04	1.21	0.303
	情感交流	12.00 ±4.24	13.46 ±3.23	14.14 ±3.41	0.85	0.432
	规则教导	7.50 ±2.12	9.12 ±2.04	9.30 ±1.92	0.86	0.428
	休闲活动	14.00 ±0.00	14.66 ±4.43	15.48 ±3.86	0.60	0.553
可及性	空间可及	9.00 ±0.00	10.88 ±2.89	11.66 ±2.42	1.90	0.155
	心理可及	11.00 ±0.00	11.78 ±3.05	12.02 ±2.61	0.20	0.822
	榜样示范	20.50 ±4.95	20.10 ±4.39	19.98 ±4.17	0.02	0.979
	父职成长	10.50 ±0.71	13.36 ±4.80	13.84 ±3.76	0.69	0.504
责任性	信息获得	12.50 ±3.54	14.68 ±3.20	15.02 ±3.05	0.71	0.493
	教养支持	9.50 ±2.12	12.22 ±2.62	12.57 ±2.55	1.49	0.230
	发展规划	6.00 ±4.41	10.46 ±3.27	10.70 ±2.86	2.30	0.105

将幼儿父亲的年龄作为自变量，对数据进行单因素方差分析，表4－7可见父亲的教养投入在父亲年龄上的差异不显著。

对父亲教养投入在父亲不同学历方面进行差异分析，见表4－8。

表4－8　　父亲教养投入在父亲学历上的差异

		初中及以下（$M \pm SD$）	高中（$M \pm SD$）	大学（$M \pm SD$）	研究生及以上（$M \pm SD$）	F	p	LSD
互动性	生活照顾	9.50 ±0.58	9.29 ±3.27	10.17 ±2.93	1 ±2.89	0.58	0.630	
	学业支持	8.50 ±1.73	9.00 ±2.75	10.05 ±3.02	11.25 ±2.82	2.32	0.080	
	情感交流	13.00 ±2.45	12.93 ±2.59	13.68 ±3.44	14.71 ±3.47	1.02	0.387	
	规则教导	8.50 ±2.38	9.14 ±1.79	9.08 ±1.98	9.63 ±2.04	0.62	0.602	
	休闲活动	14.25 ±3.59	14.21 ±3.49	14.76 ±4.31	16.58 ±3.74	1.49	0.221	
可及性	空间可及	12.00 ±2.16	10.21 ±3.14	11.15 ±2.55	12.00 ±2.64	1.50	0.219	
	心理可及	11.00 ±3.92	11.64 ±3.00	11.95 ±2.50	12.00 ±3.36	0.19	0.902	
	榜样示范	16.00 ±0.82	19.14 ±5.42	20.30 ±3.72	20.54 ±4.89	1.65	0.183	
	父职成长	11.25 ±3.20	11.86 ±4.50	13.06 ±3.96	16.29 ±3.97	5.32	0.002	4>3、2、1
责任性	信息获得	14.25 ±2.22	14.64 ±3.86	14.76 ±2.82	15.16 ±3.69	0.16	0.921	
	教养支持	11.25 ±1.71	11.50 ±3.41	12.36 ±2.29	13.00 ±2.89	1.26	0.294	
	发展规划	9.25 ±2.87	9.57 ±3.39	10.20 ±2.98	12.08 ±2.80	3.14	0.028	4>2，4>3

注：1代表初中及以下、2代表高中、3代表大学、4代表研究生及以上学历。

将3—6岁幼儿父亲学历作为自变量，进行单因素方差分析，结果显示，在责任性方面，父职成长与发展规划（$p < 0.05$），在父职成长、

发展规划维度上差异显著：研究生及以上学历的父亲，在父职成长与发展规划上的投入要显著高于高中、大学学历的父亲。

（二）道德情绪理解描述性统计及方差分析

对 3—6 岁幼儿进行道德情绪识别与理解的考察，研究结果见表4－9。

表 4－9　　道德情绪理解描述性统计

	n	Min	Max	*M*±*SD*
自豪识别	108	0	1	0.88±0.33
尴尬识别	108	0	1	0.56±0.50
内疚识别	108	0	1	0.57±0.50
羞耻识别	108	0	1	0.69±0.47
自豪理解	108	1	2	1.92±0.28
尴尬理解	108	0	2	0.98±0.76
内疚理解	108	0	2	1.07±0.67
羞耻理解	108	0	2	0.99±0.79
识别总分	108	0	4	2.69±1.11
理解总分	108	2	8	4.95±1.51

由表 4－9 可见，108 名幼儿中，自豪、内疚、尴尬、羞耻的识别最大值均为 1，最小值为 0，自豪识别的均值为 0.88，标准差为 0.33。尴尬识别的均值为 0.56，标准差为 0.50；内疚识别的均值为 0.57，标准差为 0.50；羞耻识别的均值为 0.69，标准差为 0.47。自豪、尴尬、内疚、羞耻的理解最大值均为 2，自豪最小值为 1，其他三种最小值为 0，自豪理解的均值为 1.92，标准差为 0.28；尴尬理解的均值为 0.98，标准差为 0.76；内疚理解的均值为 1.07，标准差为 0.67；羞耻理解均值为 0.99，标准差为 0.79。

1. 道德情绪理解在幼儿年龄上的差异

对 3—6 岁幼儿道德情绪，如自豪、尴尬、内疚、羞耻在不同年龄的差异进行分析，结果如表 4－10 所示。

表 4-10 **不同年龄幼儿道德情绪理解的差异**

情绪理解	3—4 岁（$M \pm SD$）	4—5 岁（$M \pm SD$）	5—6 岁（$M \pm SD$）	F	p	LSD
自豪	1.82 ±0.39	1.92 ±0.26	1.98 ±0.15	3.42	0.036	3 >1
尴尬	0.94 ±0.79	1.00 ±0.77	1.00 ±0.75	3.08	0.005	3 >1
内疚	1.06 ±0.66	0.82 ±0.61	1.21 ±0.69	0.07	0.931	
羞耻	1.00 ±0.71	0.79 ±0.92	1.11 ±0.76	1.46	0.238	

注：1 代表 3—4 岁、2 代表 4—5 岁、3 代表 5—6 岁。

从表 4-10 可见，3—6 岁幼儿自豪、尴尬情绪的理解在年龄上差异显著（$p<0.05$），多重比较结果显示：5—6 岁幼儿对自豪情绪与尴尬情绪的理解要显著高于 3—4 岁幼儿。

2. 自豪、尴尬、内疚、羞耻情绪理解，在幼儿不同性别上的特点

对 3—6 岁幼儿道德情绪，如自豪、尴尬、内疚、羞耻在不同性别上的差异进行分析，结果如表 4-11 所示。

表 4-11 **不同性别幼儿道德情绪理解的差异**

理解	男（$M \pm SD$）	女（$M \pm SD$）	t	p
自豪	1.92 ±0.27	1.91 ±0.29	0.17	0.863
尴尬	0.96 ±0.75	1.00 ±0.78	-0.27	0.791
内疚	1.00 ±0.69	1.12 ±0.66	-0.95	0.347
羞耻	0.92 ±0.80	1.05 ±0.79	-0.86	0.393

由表 4-11 可见，3—6 岁幼儿不同性别，在自豪、尴尬、内疚、羞耻四种情绪上的理解差异不显著。

（三）父亲教养投入与幼儿道德情绪理解的分析

1. 父亲教养投入与幼儿道德情绪理解的关系

对父亲教养投入与幼儿道德情绪，如自豪、尴尬、内疚、羞耻的相关关系进行分析，结果如表 4-12 所示。

表4-12　**父亲教养投入与幼儿道德情绪理解的相关分析**

变量	自豪	内疚	尴尬	羞耻
生活照顾	0.10	0.35**	0.34**	0.31**
学业支持	0.11	0.29**	0.38**	0.28**
情感交流	0.05	0.19*	0.38**	0.27**
规则教导	0.25**	0.22*	0.41**	0.23*
休闲活动	0.04	0.30**	0.35**	0.35**
空间可及	0.09	0.29**	0.28**	0.23*
心理可及	0.15	0.24*	0.30**	0.32**
榜样示范	0.19*	0.24*	0.33**	0.32**
父职成长	0.03	0.32**	0.36**	0.32**
信息获得	0.07	0.34**	0.27**	0.26**
教养支持	0.09	0.31**	0.35**	0.38**
发展规划	-0.03	0.37**	0.26**	0.22*

注：* 表示 $p<0.05$，** 表示 $p<0.01$。

由表4-12可见，父亲教养投入与各个维度均呈显著正相关，规则教导、榜样示范与幼儿自豪情绪理解呈显著正相关。

2. 父亲教养投入与幼儿道德情绪理解回归分析

通过对父亲教养投入与3—6岁幼儿道德情绪理解的相关分析得出：自豪情绪理解与规则教导、榜样示范呈显著的正相关；幼儿尴尬、内疚、羞耻情绪的理解与父亲教养投入的各个维度，均呈显著正相关。为了进一步探讨研究父亲教养投入对3—6岁幼儿自豪、尴尬、内疚、羞耻四种情绪理解的影响，以父亲教养投入的12个维度为自变量，4种道德情绪理解为因变量，进行逐步多元回归分析。

表4-13　**父亲教养投入对自豪、尴尬、内疚、羞耻情绪理解的回归分析**

		非标准化回归系数B	调整后 R^2	F	p
自豪	规则教导	0.04	0.06	7.08	0.009
尴尬	规则教导	0.12	0.17	21.83	0.000
	父职成长	0.04	0.03	13.52	0.037

续表

		非标准化回归系数 B	调整后 R^2	F	p
内疚	发展规划	0.08	0.14	16.95	0.000
羞耻	规则教导	0.12	0.14	14.88	0.000

由表 4－13 可见，以自豪情绪理解为因变量，对相关性显著的规则教导、榜样示范为预测变量，进行逐步多元回归分析。分析发现，自变量规则教导进入回归方程（$p<0.05$），规则教导与自豪情绪理解呈显著的线性关系，自变量规则教导可以有效解释自豪情绪理解 6% 的变异量。说明规则教导在一定程度上可以预测幼儿自豪情绪的理解水平。

以尴尬情绪理解作为因变量，规则教导、父职成长进入回归方程（$p<0.05$），可见与尴尬情绪理解呈显著的线性关系。自变量规则教导可以有效解释尴尬情绪理解的 17% 的变异性，“父职成长”可以解释“尴尬情绪理解”的 3% 的变异性。说明规则教导、父职成长可以在一定程度上预测幼儿尴尬情绪理解的水平。

以内疚情绪理解作为因变量，发展规划进入回归方程（$p<0.05$），可见与内疚情绪理解呈显著的线性关系。自变量发展规划可以解释内疚情绪理解 14% 的变异性。说明发展规划可以在一定程度上预测幼儿内疚情绪理解的水平。

以羞耻情绪理解作为因变量，教养支持进入回归方程（$p<0.05$），可见与羞耻情绪理解呈显著的线性关系。自变量教养支持可以解释羞耻情绪理解 14% 的变异性。说明教养支持可以在一定程度上预测幼儿对羞耻情绪的理解水平。

五　分析与讨论

研究发现，父亲教养投入与幼儿道德情绪理解具有一定的相关性，父亲教养投入的程度可以预测幼儿道德情绪理解的水平，说明父亲对幼儿道德情绪的发展起着不可替代的作用。以下通过对数据的具体分析，探究父亲教养投入对幼儿道德情绪理解发展的影响及原因。

（一）父亲教养投入的特征分析

1. 父亲教养投入与幼儿性别的分析

父亲教养投入互动性维度中生活照顾方面，在幼儿年龄方面上差异显著，年龄往往可以反映出幼儿这一阶段所具有的特征。幼儿年龄不同，其发展水平也会有一定的差异。5—6 岁幼儿的父亲在生活照顾方面要显著高于 4—5 岁幼儿的父亲，随着幼儿年龄增长，幼儿开始独立思考，并会产生各种想法，父亲开始关注幼儿的发展，更多地在幼儿的生活方面提供照顾，这是因为 5—6 岁的幼儿能够与父亲进行有效的互动，能够使父亲注意到幼儿对他的需要。这个年龄的幼儿已经明白很多道理，父亲意识到对幼儿提供生活照顾的重要性，这能够使父子间的关系更加密切。对于年龄较小的幼儿，父亲的态度不够重视，认为孩子还小很多事情都不懂，等孩子大一些再开始重视还来得及。因此忽略了幼儿能力发展的关键期。对幼儿的教养，要从小抓起，在发展关键期给予支持与协助，这样才能帮助孩子健康地成长。

2. 父亲教养投入与幼儿年龄的分析

父亲教养投入的各个维度，在幼儿性别上差异都不显著。传统观念中，父亲对男孩的待遇会优于女孩。男性更被重视，也就意味着他们要负更多的责任，所以，往往父亲对男孩的管教更为严格一些。但随着社会的不断进步，男性和女性的社会地位开始变得平等，老旧的“重男轻女”思想，也在逐渐发生转变，家庭成员对孩子几乎同样重视。然而，男孩和女孩性别不同，在性格气质上会有差异，因此，父亲对男孩和女孩有不同的态度。

3. 父亲教养投入与幼儿父亲年龄的分析

父亲教养投入上，年龄差异不显著。说明无论处于哪个年龄阶段的父亲，对幼儿的教养都一样重视。对幼儿无论是互动性、可及性还是责任性上的投入，父亲年龄方面的差异不显著。父亲能够意识到孩子身心各方面发展的重要性，并且能够把更多的时间和精力放到孩子的教育上。

4. 父亲教养投入与幼儿父亲学历的分析

父亲学历不同，在父职成长、发展规划两个维度上（$p<0.05$）差异显著。表明父亲是研究生及以上学历，因为受到过专业而系统的教育，自身的文化素养相对较高，他们也会更加重视对幼儿的教养。他们一方面能够意识到，尊重幼儿的需要，另一方面又有足够完善的知识储备，来帮助他们及时帮助幼儿解决问题。在幼儿需要时，能够及时地给予满足，使幼儿觉得自己被肯定、被回应，幸福感也会更高。

（二）幼儿道德情绪理解的特征分析

研究结果表明，3—6 岁幼儿对自豪、尴尬、内疚、羞耻四种道德情绪理解的程度在年龄上差异显著，幼儿道德情绪理解能力在性别上无差异。

1. 幼儿道德情绪理解与幼儿年龄的分析

3—6 岁的幼儿，道德情绪理解在年龄上差异显著：3—6 岁幼儿在情绪理解上，自豪与尴尬的理解差异显著，5—6 岁幼儿自豪与尴尬的理解均高于 3—4 岁幼儿，说明幼儿年龄越大，自豪、尴尬情绪理解能力越强。随着幼儿的年龄的增长，生活阅历也在增加，在与他人接触、交流的时候，幼儿会通过观察来进行学习，这促使幼儿各方面能力得到飞速的提升，幼儿的情绪理解能力也逐步提高。

2. 幼儿道德情绪理解与幼儿性别的分析

幼儿发展过程中性别对道德情绪理解能力的影响不显著。通过实验数据统计可以看出，幼儿对自豪情绪的识别与理解的百分比要高于其他三种情绪，这可能由于现代教育理念的影响，当今教育，更加注重鼓励式教育，幼儿在学习、活动中能够被肯定、被鼓励，促使幼儿对自豪情绪理解更深刻。而对于 3—6 岁的幼儿来说，尴尬、内疚、羞耻情绪要更为复杂难懂一些。随着年龄的增长，生活经验的增加，幼儿对其他道德情绪理解能力也会随之加强。

（三）父亲教养投入与幼儿道德情绪理解的分析

对父亲教养投入与幼儿道德情绪理解进行检验分析发现，规则教导、榜样示范与幼儿自豪情绪理解呈显著正相关，规则教导可以显著预测幼儿自豪情绪的理解水平。内疚、尴尬、羞耻情绪理解与父亲教养投入各个维度均呈显著正相关。规则教导、父职成长可以显著预测幼儿尴尬情绪理解的水平；发展规划可以显著预测幼儿内疚情绪理解的水平；教养支持可以显著预测幼儿羞耻情绪理解的水平。

1. 父亲教养投入自豪情绪理解分析

通过逐步多元回归分析我们得出，规则教导可以显著预测幼儿自豪情绪的理解水平，因此父亲在与幼儿相处中，要为幼儿制定规则，让幼儿学会对自己的事情负责任，同时遵守处世的原则、规则，对幼儿自豪情绪的理解具有正向的促进作用。

2. 父亲教养投入与尴尬情绪理解分析

父亲教养投入各维度与幼儿尴尬情绪理解均呈显著正相关，说明父亲的投入对幼儿尴尬情绪理解能力的发展具有很大的推动作用。在幼儿3—6 岁这一关键时期，父亲对幼儿互动性、可及性、责任性的投入，有利于实现幼儿社会化，发展道德情绪能力。研究表明，父亲的规则教导、父职成长可以正向预测幼儿尴尬情绪的理解。父亲的行为会在生活中，对幼儿形成潜移默化的影响，父亲教导幼儿规则意识，正潜移默化地影响幼儿模仿父亲遵守规则并内化规则，当违背正潜移默化的影响会产生尴尬情绪。当幼儿意识到所做的事情有违正潜移默化的影响时，尴尬情绪就因此产生。所以，父亲与孩子相处的质量，对幼儿情绪能力、人际交往能力都起着相当重要的作用。

3. 父亲教养投入与内疚情绪理解分析

父亲教养投入各维度与幼儿内疚情绪理解均呈显著正相关，说明父亲的投入对幼儿内疚情绪理解能力的发展具有很大的推动作用，父亲投入子女教养或直接互动越多、幼儿的攻击行为越少。互动性游戏往往是父母与孩子互动的一个重要观测内容，父亲的温暖、反应性和控制被视为互动质量的指标。研究表明，发展规划能够正向预测内疚情绪理解能力，有些父亲往往认为，为幼儿规划好未来，是为他们指明道路，在这一过程中，往往会忽视幼儿是一个独立的个体，幼儿会感到父亲并不尊重自己的想法和意见，进而形成消极情绪。同时，幼儿在父亲的这种规划下，自身能力往往不能得到很好的提高，在以后的学习和生活中会更加依赖父亲，很难独立计划和完成任务，进而会产生内疚的情绪。

4. 父亲教养投入与羞耻情绪理解分析

父亲教养投入各维度与幼儿羞耻情绪理解均呈显著正相关，说明父亲对幼儿羞耻情绪理解能力的发展具有推动作用，诱发个体产生羞耻情绪的事件，一般与道德有关。研究表明，教养支持可以显著预测幼儿羞耻情绪理解的水平。教养支持是指对其他养育者的支持，尤其是经济支持。父亲教养支持的投入，有利于提高家庭其他成员对幼儿教养的投入时间和质量，获得高质量陪伴的幼儿，会保持乐观，积极面对困难与挫折。父亲的支持、关心等方面的表达，对幼儿的情绪理解、幸福感的发展都具有促进作用。

道德情绪是个体依据一定的道德标准评价自己或他人行为和思想时所产生的一种情绪体验。父亲责任性的投入对幼儿情绪理解能力具有提升作用，父母的积极乐观会潜移默化地影响着孩子，让孩子学会面对生活。在幼儿与父亲相处的过程中，父亲就成为幼儿学习的对象，父亲好的方面的表现，让幼儿在不断学习中进步，从而更深入地理解复杂情绪，进而更好地适应社会的发展。

六　研究结论

本研究通过问卷调查更好地适应故事法，探究父亲教养投入与3—6岁幼儿道德情绪理解的关系，最终得出以下结论：

1. 通过对3—6岁幼儿父亲教养投入的特征及进一步分析得出：

（1）父亲教养投入互动性维度中，生活照顾方面在幼儿年龄上差异显著，父亲对5—6岁幼儿的教养投入要大于4—5岁幼儿；

（2）父亲教养投入的各维度在幼儿性别上差异不显著；

（3）在父亲教养投入上，父亲年龄上的差异不显著，父亲学历在责任性维度上，与父职成长、发展规划差异显著，研究生及以上学历的父亲的投入要显著高于高中与大学学历的父亲。

2. 3—6 岁幼儿道德情绪理解的分析，得出以下结论：

（1）3—6 岁幼儿道德情绪理解在年龄上差异显著，自豪、尴尬的情绪理解能力 3—4 岁幼儿要低于 5—6 岁幼儿；

（2）3—6 岁幼儿道德情绪的理解在性别上差异不显著。

3. 通过对父亲教养投入与幼儿道德情绪识别与理解的分析，得出以下结论：

（1）规则教导、榜样示范与幼儿自豪情绪理解呈显著正相关，规则教导可以显著预测幼儿自豪情绪的理解水平。

（2）内疚、尴尬、羞耻情绪理解与父亲教养投入各个维度均呈现显著正相关。规则教导、父职成长可以显著预测幼儿尴尬情绪理解的水平；发展规划可以显著预测幼儿内疚情绪理解的水平；教养支持可以显著预测幼儿羞耻情绪理解的水平。

第二节　父亲教养投入对幼儿道德情绪的教育启示

一　教育启示

目前，幼儿道德教育慢慢发展为教育研究领域中的集中问题，同时也成为教育范畴中的新课题。幼儿道德情绪可以说是幼儿道德教育中的重要组成部分，很大程度上影响着幼儿身体和心理的健康成长。道德教育的重要年龄段是幼儿阶段，这个阶段的道德情绪教育足以确保幼儿身心健康以及全面发展。同时，幼儿道德情绪的发展也是社会文明实现的重要基础和保证。在以往研究中，较重视幼儿基本情绪的识别、表达与理解，而本文则侧重于幼儿道德情绪理解的发展。研究结论表明，父亲教养投入的程度会直接影响幼儿道德情绪的理解水平，这一结论给我们带来教育实践方面的诸多启示。

（一）转变教育观念，重视父亲投入

1. 明确父亲育儿的责任

在参与幼儿教育方面，父亲表现出意识不强、参与程度不高等特

点。所以要求我们要转变传统的教育观念，让父亲们能够积极地参与、投入到幼儿教育中来，体验作为父亲的快乐，承担自己在父亲这一角色上的责任。同时，父亲也应该享有育儿的权利，家庭中的成员要尊重父亲的这项权利。想让父亲深入地投入到幼儿的教育中来，需要通过正确积极的引导方式。明确家庭教育的主体为父亲是非常必要的，同时需要明确的是家庭教育知识的标准化，父亲自身道德品质、育儿方式的提升等。

首先，母亲有必要了解幼儿的教养责任是父母双方均需承担的，不应该认为教养子女是母亲单方面的任务，父亲同样也有这份责任和权利。

其次，父亲要维护自己对子女的教养权利，任何家庭成员均不可干涉和侵害这项权利。现今社会，大部分家中长辈退休后，便主动承担起带孩子的任务，使得原本应由父亲承担的责任转移到长辈的身上。这样一来，父亲平常就更少有机会投身到幼儿教养中来。所以，家庭中的每位成员都要革新自己的育儿理念，父亲的教养职责是不可替代的。

最后，幼儿园应该适当增加宣传方式，例如组织讲座、集中培训等，将与时俱进的教育理念传达给幼儿的父亲，让其能够清楚地认识自身职能，使幼儿父亲能够有明确定位，更加清楚自身应具备什么样的责任，使父亲对幼儿教育有更加深刻的理解和体会。讲座的过程中，老师可以与父亲进行一对一的沟通交流，以此增加父亲的教养经验，为父亲履行职能提供帮助。

2. 增强对父亲教养投入的认识

早期的研究中，幼儿的家庭教育只需要母亲就足够了。因此，虽然法律有要求，父亲对幼儿的教育负有责任，但大家普遍并没有真正从思想上重视起来，只有父亲们真正转变观念，才能实现教育的作用。要想做到真正的认识，要求从以下几个方面着手。

首先，大力宣传、发展父职教育。为父亲提供育儿理论和实践方法，通过引领导向，让父亲能够积极地投入到教育幼儿的活动中来，优化父亲的行为，提高父亲的意识，帮助父亲们更好地诠释父亲这一角色，使父亲从思想上做到真正重视幼儿的教养。

其次，母亲能够认识到父亲教养投入的重要性。父亲对幼儿教养的参与，母亲在其中发挥了重要的作用，母亲积极鼓励的态度是父亲积极、高效地参与到育儿活动中来的动力。在父亲诠释自身角色的心理过程中，母亲的肯定能够使父亲产生更高的自我效能感。所以，母亲要做到尊重、信任、支持父亲。母亲应该知道父亲在育儿方面，有着与生俱来的优点，在幼儿的成长过程中的地位是不可或缺的。如果母亲能够清楚地认识到这一点，不仅可以减轻自己的育儿负担，同时可以使孩子的教育更加全面。

再次，幼儿园要认识到父亲的重要性。幼师应明确在幼儿教育过程中，父亲发挥的作用是不可替代的，并在教育工作中探究阻碍父亲教养的因素。鼓励父亲从细节做起。例如可以以班级为单位举办以“父亲教养投入”为主题的座谈会，使父亲认识到在幼儿成长过程中，父亲的作用和价值；开展亲子活动，邀请父亲来参加，为父亲与子女共处创造机会。另外幼儿教师在与家长沟通方面，要加强与父亲的沟通，重视家庭、幼儿园合作，以及父亲配合的重要性。

最后，利用传媒和网络宣传父亲的重要性。营造全民鼓励“父亲教养投入”的导向。宣传父亲教养对幼儿成长，对家庭关系的重要作用。有机地融合“父亲参与”“家庭幸福”“社会和谐”三者的关系，让全社会认识到父亲教养投入的重要性。

3. 鼓励、支持父亲投入热情

传统的观念认为父亲应该将心思放在事业上，而不是幼儿教养活动上，还有部分观点认为照顾幼儿的事情琐碎，父亲不擅长这方面工作。鼓励支持父亲做到以下几点：

首先，家庭成员鼓励父亲参与。学历较低的父亲一般认为自己学历低，知识理论不够，导致自己对教养幼儿不够自信，认为自己能力不强，因害怕出错而出现逃避行为。父亲应为幼儿的教养倾注一生的心血，并且需要持续地补充知识更新教育观念，做到和幼儿共同成长进步。除此之外，更加需要家庭中其他成员的肯定与鼓励，为父亲参与幼儿活动创造条件和机会，给父亲提供与幼儿相处的时间与空间，鼓励并支持父亲学习育儿知识，并在此过程中，增强父亲对幼儿教养的决心与信心。另外，家中的长辈也要改变观念、与时俱进，在父亲学习的过程中，接受和包容父亲存在的不足，全力配合和支持父亲对幼儿的教育。

其次，幼儿园应当鼓励和支持父亲育儿。针对“父亲不积极”的现状，幼儿园可以开展一些亲子活动，鼓励父亲们来参加，如亲子读书会、亲子运动会、家庭日等，这不仅能够拉近父亲和幼儿之间的距离，同时可以让父亲全方位、多渠道地体验亲子活动的趣味性。除此之外，幼儿园可以成立父亲联盟、爸爸俱乐部等组织，并不定期地举办育儿座谈会等活动，来鼓励父亲们积极投入到幼儿教育中来。

最后，通过媒体宣传父亲教养对幼儿发展的积极影响。如《闪亮的爸爸》等真人秀类节目，通过这些综艺节目的宣传，向社会、家庭传递正向的教育观念。同时能够激发父亲投入幼教的积极性，引导父亲确立正面的育儿价值标准，帮助其摆正教育态度，从而达到促进幼儿健康成长的目的。

（二）提高父亲教养投入的时间与频率

幼儿的健康成长与发展很大程度上，取决于与父亲相处的时间。幼儿的表达、沟通、思维、情绪等能力的发展，同幼儿与父亲相处时间有很大程度的相关。能够在时间上与父亲充分互动的幼儿，其在生活、学习、游戏中会表现得更加冷静、有信心。有研究显示，由于父亲对幼儿教养方面的投入时间与内容是随机的，没有计划性，父亲的角色会模糊混乱。父亲参与教养幼儿的时间普遍低于母亲，父亲参与的频率也严重不足。原因大多数是父亲要承担家庭的主要经济来源，工作占用了大部分时间和精力，且工作与经济压力都很大，没有精力和条件去照顾孩子，还有部分父亲因为缺少主动意识以及科学的育儿方法，虽有时间却不能够在与孩子的相处过程中发挥出父亲的陪伴价值。所以，要想有效地确保父亲与幼儿的互动，切实提高父亲对幼儿的教养时间投入，可以尝试从以下几个方面来改善：

1. 合理安排工作时间

在绝大多数家庭中，父亲的工作是家庭收入的主要来源，父亲需要在工作中投入更多的时间与精力。但是对于一个家庭而言，幼儿的成长是不可逆的，父亲的参与对幼儿的发展具有重大影响，一旦错过了就无法弥补，甚至在幼儿幼小的心灵上会造成重大的创伤。如此来看，父亲要着重把注意力放在对幼儿的教育上，合理地安排家庭与工作的关系，抽出时间参与孩子的教育和成长。充分利用周末、假日等时间与幼儿进行互动和交流。此外，父亲应减少喝酒应酬，减少玩手机、看电视、打游戏等闲暇时间，将这些时间用在与幼儿互动中，同时增强教养投入的意识。

一名合格的父亲，应该确保每天有足够的时间，来和孩子玩耍，实现父母和孩子之间的互动。而且需要父亲做到全身心地投入，这样才能确保给予幼儿高质量的陪伴，这种投入包括父亲集中精力参与幼儿的生活起居，而非敷衍生硬地与孩子捆绑在一起。例如父亲可以教幼儿读书识字、陪幼儿搭积木、与幼儿做游戏，或是帮幼儿做早餐、带幼儿做室外活动，如滑滑梯、骑单车、玩捉迷藏等。通过与幼儿多多相处，与幼儿做朋友，父亲展现男性阳刚正气，让幼儿感受到父亲深沉的爱。同时，如果父亲出差在外，不能天天与幼儿见面，更应该通过视频、电话等网络途径与幼儿多多交流。父亲的这些行为，会让幼儿感受到父亲浓厚的爱，促进父亲与幼儿之间感情升温。

2. 充分利用有效的时间段

曾有心理学学者提出，人的情绪往往在两个时间点的影响很大，早饭前与睡觉前。因此，父亲应该把握住这两个时间段，集中精力与幼儿交流和互动，利用这两段温馨的时间，参与到幼儿的生活中。例如早餐时，可以与孩子探讨生活中的有趣的事；晚上睡觉前，可以为孩子传授生活常识、与孩子一起读绘本，这些行为能增加父子的感情，让幼儿感受到父亲对自己的关心和爱。

同时，父亲应合理安排时间，积极承担接送孩子上下学、课外班的任务。现在经常会看到这样一种景象，一到放学的时间段就会有很多老人守候在幼儿园的门口，而父亲的身影是很少见的。父亲想要和孩子搞好关系，接送孩子这个时间段很关键。在这一段时间里，幼儿总是喜欢跟接送他/她的人说一些学校里面发生的趣事，可以了解幼儿在幼儿园里面都学到了什么，有没有遇到什么困难之类的事情。很多事情可能孩子回家之后，家长问很多遍有关在幼儿园发生的事情孩子都不会说，可是如果父亲去接送他/她们，他/她们就会很乐意把自己发生的事告诉父亲。因此要充分利用这个时间与幼儿交流，增进彼此的感情。

3. 给幼儿高质量的陪伴

为了确保父亲能够全神贯注地参与孩子的教养，在与孩子的相处中需要远离电子通信设备，多和孩子做互动性的游戏。发挥父亲自身条件的优势，引导和鼓励幼儿大胆地探索新鲜刺激的事物，在父亲与幼儿相处时，合理地安排一些户外活动，如郊游、采摘、登山、徒步等，并且通过室外运动，传授给孩子生活常识和大自然的奥秘。还可以陪伴孩子进行简单的体育健身和益智活动，有利于孩子智力与体力的协同发展。假期可选择陪伴孩子参观科技展、画展、历史文物等，直观的观察可以提高孩子对美的体验，加深文化底蕴。同时能够提升父亲自身的文化素养。父亲通过多种多样的活动，给予孩子炽热的爱，增进父亲和子女的感情，让陪伴富有价值和意义，也会为幼儿的身心健康成长带来更加优质的营养。

很多父母感叹：再不陪孩子，孩子就长大了。当孩子长大，父母才意识到，孩子需要父母的时光就那么几年，错过了就没有办法去弥补。但是“陪伴”和“陪着”是有区别的，能够做到“有价值陪伴”才是真正的陪伴，也是最好的家庭教育，这样孩子们才能在满足基本需要的基础上，达到自我实现的需要。在孩子成长的漫长道路上，只有家长全神贯注地陪伴才更有意义，这需要家长了解并且积极支持孩子的爱好和需求。父母在教育孩子的道路上，同时也实现了自身的成长，因此，我们应该倾情融入，耐心地陪着幼儿慢慢长大。

4. 给予及时的回应

任何人都无法取代父亲在孩子心目中的地位，孩子眼中的父亲是高大威猛的，也是万能的。当孩子遇到了困难，父亲应该放下一切去开导孩子、引导孩子，帮助幼儿找到解决问题的方案。就算父亲此时此刻不在幼儿身边，也可以通过电话、微信等电子通信方式，与幼儿保持良好的沟通和交流。这种支持与鼓励会大大激发幼儿解决难题的潜力。当幼儿面临高兴或难过的事情时，父亲应该集中注意力给予及时的回应。或许幼儿遇到的只是一件看似非常简单的事情，但在幼儿看来，却是无法跨越的难题，所以，当孩子遇到需要解决的难题时，父亲应第一时间提出解决办法。

换位思考；很多成年人都有过这样的感受，在向对方抒发自己的不快与苦闷时，对方没有及时回应，甚至是不做任何回应时，会产生更大的情绪波动，与成年人相比，孩子更为幼小和脆弱，因此得不到回应如同面临绝境。高质量的回应与幼儿未来的沟通协调能力是呈正比的。

（三）加强学习，优化教养方式

大多数的父亲都是爱孩子的，但是对于在孩子教育方式上的表现，却发人深思。包括高学历在内的多数父亲，他们教育孩子的方式仍比较传统，甚至会比较守旧和落后。具体表现为三方面：一是教育理念不正确，没有尊重幼儿自身的意愿，对其教育全权包办；二是借助为人父权威，强迫幼儿服从命令和安排；三是表里不一，言谈举止不统一，未树立良好的榜样。孩子长期与父亲保持不良的交流方式，渐渐在内心深处产生厌烦与抗拒，导致不爱与父亲交流、沟通，并会与父亲渐行渐远。这种结果对于幼儿和父亲都是十分不利的，在某种程度上甚至会阻碍幼儿的发展。针对以上的行为表现，我们可以做到以下几点：

1. 走进幼儿内心世界

作为父亲，在工作之余要拿出一些时间用来与孩子沟通和交流，以倾听者的身份，与孩子共同分享生活和情绪，如此方能走进孩子的最真实的内心世界。虽然幼儿的年龄还很小，却迫切希望将自身所见所闻与亲人分享，渴望在成功时刻得到支持与肯定。当幼儿在幼儿园因在某方面表现优秀，得到了同学或者老师的认可和赞许，家长应第一时间肯定孩子的行为表现，并且进行鼓励和激励；而当幼儿遇到了困难与挫折的时候，幼儿同样也会向亲近的人倾诉，希望得到家长的帮助。因此，在日常生活中，父亲需要更多的爱心、耐心、细心和信心去教养孩子，在幼儿身旁陪伴的同时，还应该鼓励幼儿，尊重孩子内心的想法，这些做法有助于促进幼儿身心健康发展。

同时，在与孩子相处时要给予孩子相对独立的空间，这并不是要放任孩子，而是要有基本的原则，给予的空间要在自己可以掌控之内，确保孩子不会遇到危险。让孩子试着自己做一些事，让幼儿学会面对生活中的困难与挫折，并且让其学会运用自己的方式和方法去战胜困难。

2. 正确表达对幼儿的情感

幼儿在心理上的情绪是积极、乐观还是消极、忧郁，是由幼儿的感知能力决定的，孩子对父亲或母亲的爱是有感知的。父爱更加有利于孩子独立能力、待人接物的能力的培养以及人际交往能力的养成，孩子通过观察，学习正确对待他人的方式。这使得我们认识到，父亲如何表达出对孩子的爱是相当重要的，我们为其创造充满爱意的家庭，父亲要善于对自己的情绪进行克制，不用强烈的语言重伤孩子的自尊心，并及时给予孩子适当帮助。

每一个孩子都是不同的独立个体，父亲应当以客观的态度去对待孩子的个体差异。用广阔的胸怀去包容孩子的错误和缺点，并且语重心长地激励孩子超越之前的自己。同时，父亲要正确地引导孩子面对不如意与矛盾，也要对孩子的某些过激行为给予理解和谅解，引导其走出困境。父亲应常与幼儿保持良好的沟通关系，让幼儿能够时时刻刻感受到父亲的用心，帮助幼儿打开心扉，疏通忧郁情绪，让幼儿能够主动地表达出自己的“爱”。在充满爱的环境中长大的孩子，注定要比在吵闹、不健全的家庭长大的孩子更乐观、更阳光。父母亲的格局与情绪，决定了一个孩子的将来。

3. 以身作则，时刻注意自己的言行

父亲应时刻注重提升自身素养，做到表里如一，这样才能成为孩子心目中学习的楷模。同时也要诚实守信，言出必行，这样才能在幼儿心目中树立威严的形象。同时，父亲应教育幼儿维持说到做到的原则，尽全力履行对孩子许下的承诺，做到一诺千金，言行一致。幼儿在与父亲相处中，通常会将父亲作为自己学习的榜样，观察父亲的行为方式去处理问题，如果父亲言而无信，会大大破坏自己在幼儿心中的高大形象，也会使幼儿学会这种行为，致使幼儿同样做出言而无信的行为。重视与幼儿在日常生活中的交流沟通，认识到幼儿的兴趣和身上的优点，了解幼儿各方面能力，尽最大的努力激发孩子的潜力，给予孩子充分的理解与尊重，用自己积极向上的语言和行动为幼儿树立良好的榜样形象，真正做到尊重、支持与鼓励幼儿，做一个具有亲和力的父亲。

（四）丰富参与内容，重视父亲自身成长

很多父亲已经能够认识到对子女教养是十分重要的，而且也积极地投身到幼儿教育当中，但是在与幼儿互动交流的过程中仍会出现各种各样的问题。在孩子的教养过程中，父亲育儿的方式方法还存在很多缺陷，水平整体需要提高。要根据活动主体的差别，有选择性地提升父亲的教养水平，要从以下四个方面进行改变：

1. 父亲主动学习，提高教养能力

育儿书籍中的育儿经验和建议，可以有效帮助父亲认识和了解幼儿。父亲可以选择与幼儿共同阅读绘本故事，在这个过程中，父亲可以对幼儿有更多新的、深刻的理解和发现，从而了解到幼儿的身心发展规律。同时，如果父亲们能够主动参与幼儿教育的培训、讲座，并且在与朋友、同事的沟通交流中，经常涉及育儿知识，也可以增长父亲这方面的知识。

父亲要不断通过学习来丰富和充实自己，并且要足够重视幼儿全方位的发展，这是社会性的课题。当今是学习型的社会，要求我们不可以停滞不前，应该主动学习，提高自身参与能力，重视自身父职的成长，成为一名称职的爸爸。社会在不断的进步与发展，也对父亲提出了更高的要求，为了适应这一要求，父亲们应该做到掌握科学育儿方法，同时将先进的理念付诸实践，这样才能够更加深入地认识幼儿，了解和掌握幼儿阶段的发展特点与规律。同时，父亲还应进行以下几个方面的学习：如妥善地解决家庭矛盾、巧妙地缓和育儿分歧等。

2. 家庭成员主动积极配合，促进父亲教养投入

幼儿教育要想取得成效，需要全体家庭成员共同努力。面对孩子的教育问题，家庭成员需要有共同的理念和方法，更要对父亲的教养进行包容和支持，做到不干涉。父亲在家庭中会受到母亲的影响，因此，夫妻关系与家庭关系密不可分，且会对家庭的稳定与和谐产生直接的影响，和谐温馨的家庭环境离不开良性和平的夫妻关系，同时和睦的夫妻关系可维系家庭的稳定关系。除此之外，也能够有效提高父亲教育孩子的积极性，使父亲主动地参与到幼儿教育活动中去。

营造温馨家庭氛围，创设和谐夫妻关系，有助于父亲积极投入到育儿活动中，促使夫妻双方和谐地进行沟通交流。其次，建议家庭成员在教育孩子时，能够心平气和，尽可能去肯定和鼓励父亲的教育方式，避免争吵与冷战，与母亲的态度保持一致，当双方发生分歧时，采取私下沟通的方法，以免为幼儿成长带来负面能量。最后夫妻双方要明确在幼儿教育中的任务，取长补短，协同作战。父母需要对对方的优点、缺点及性格特点有足够的了解，然后通过沟通去调整双方在教育中所承担的责任，共同进步。

3. 幼儿园亲子互动，支持父亲教养

幼儿成长的主要环境是在幼儿园，幼儿可在园中学习、与同伴交往、游戏和生活，因此，幼儿园可发挥自身优点，为父亲教养提供帮助与支持。首先，园内可定期组织亲子活动，提倡父亲参加，为加强父亲与幼儿的沟通创造机会。幼儿园以自身文化特色与教育理念为基础，健全父亲的参与机制，拓宽父亲教养参与的方法与途径，可以设立“父子日”，即幼儿园设立特定的时间，邀请幼儿父亲参加幼儿园举办的活动。另外，幼儿园可以邀请园中幼儿父亲们参加开放日、家长会等亲子活动，这样的活动能够拉近父子之间的距离，也有利于父亲乐于参与到幼儿教育中来。

幼儿园应针对父亲教育这一主题，开展“父亲对幼儿成长的影响”“如何做一个合格的父亲”“学习先进的育儿理念”等系列幼儿教育的讲座，要求各位父亲交流育儿的心得和经验。这样既让家长们联络了感

情，又能够使父亲们意识到父亲对幼儿教育的重要性。

4. 发挥社区资源优势，配合父亲教养

动员全社会关心和支持家庭教育；也可以注重发挥妇联独特的作用。社区是各种资源的结合体，社区资源丰富，这些资源可以为家庭教育提供有力的保障和服务。首先，社区可以吸纳素质高、有文化的离退休干部、多个领域的专家，社区可合理利用这些资源，联合起来共同开展家庭教育工作。其次，社区可以定期举办家庭教育指导、解答育儿问题等活动。最后，可成立“家长学校”、成立“家委会”、建设社区咨询中心等，父亲们通过多样的方式进行学习。

社区应健全各项设施，合理利用空间，有效划分出专有场地，成为父亲与孩子活动的专有领域，鼓励父亲和孩子共同参加；也可建设家庭工作区域、开设教育讲座等，让父亲有渠道获取最新的教育信息。

在家庭中，父母有各自的角色和地位，既是无可替代的，又是不可或缺的。夸美纽斯曾说过：“幼儿的价值胜过黄金，脆弱却好似玻璃，极易受到伤害，而且是不可逆的损伤。”马卡连柯也曾提出“孩子在童年时期，有力的、正确的教育并不是一件困难的事情。这对于每一位父亲或是母亲来说，都是能力所及的。”然而，在婴幼儿期，无论是缺少父亲还是母亲任何一方的关爱，对孩子所造成的伤害，都是不可弥补的。教育幼儿要求父亲做好自身角色，学习新的、先进教育理念，多与幼儿沟通，加强父亲对幼儿的教养，需要全社会共同努力。

第三部分

教师与幼儿道德情绪

第五章 教师言语与幼儿自豪情绪

第一节 教师言语评价对幼儿自豪情绪理解的影响

一 研究综述

（一）教师言语评价

1. 教师言语评价

教师言语评价有广义和狭义之分，从广义上讲，教师的言语评价既包括教师有声言语（口头言语）评价，也包括教师使用无声言语（眼神、手势、表情、姿态）进行评价；狭义上：教师的言语评价仅指口头的言语评价。在教育教学过程中，教师需要针对学生的学习表现做出相应的反馈，此时教师所使用的语言称为教师评价语言。本节中教师言语评价仅指教师口头言语评价。在此基础上，结合本节研究的问题，将教师言语评价定义为：在幼儿自豪情绪事件中，教师使用的评价性言语称为教师言语评价。①

2. 教师言语评价的分类及实证研究

罗润生（1993）将幼儿教师课堂言语分为发指令、提供信息、提

① 张桂东：《教师行为对3—6岁幼儿道德情绪的影响及教育启示》，硕士学位论文，长春师范大学，2018年。

问、表扬、批评、示范和传达性言语七种类型。[①] Girolametto（2002）将教师的言语归为指令和回应两大类。[②]吴康宁（1994）将教师的课堂语言主要分为：提问、要求和评价。[③]魏丽杰（2007）按照教学过程将教学语言分为导入语、讲授语、提问语、评价语、总结语、应变语。[④]朱珊（2007）将幼儿教师应答言语行为分为形成性应答和探究性应答两大类。指出在教学的过程中，教师的评价应该按照幼儿自身性格特点积极评价，给幼儿具体夸奖，少使用消极评价。[⑤]张芳芳（2014）将教师的言语行为分为组织性、讲述性、提问性、反馈性四种类型。反馈性包括肯定评价、否定评价、纠错和重复答案。[⑥]康丹和张学林（2010）将教师言语按性质归类，分为指令性、提问、批评、表扬、示范和评定重复言语。[⑦]李润洲（2003）将教师对学生的评价方式分为书面评价、口语评价和非言语评价三种。[⑧]沈娟（2006）从肯定评价和否定评价两个角度分析教师非正式评价行为，其中肯定性评价分为笼统、具体、激励，否定性评价分为笼统、具体、暗示、批评。[⑨]陆昌萍（2010）将教师课堂评价行为分为肯定性模式和否定性模式两种。[⑩]韩春红（2007）认为教师评价行为会影响幼儿自我概念的形成，对幼儿评价标准和言语

---

① 罗润生：《幼儿教师课堂言语类型的观察研究》，《西安师专学报》1993年第5期。

② Weitzman, E., Girolametto, L., "Responsiveness of child care providers in interactions with toddlers and preschoolers", *Language, Speech, and Hearing Services in Schools, MEMO*, No. 3, 2002.

③ 吴康宁：《教师课堂角色类型研究》，《教育研究与实践》1994年第4期。

④ 魏丽杰：《高师"教师口语"课程建设的思考》，硕士学位论文，山东师范大学，2007年。

⑤ 朱珊：《集体教学活动中幼儿教师应答言语行为的个案研究》，硕士学位论文，华东师范大学，2007年。

⑥ 张芳芳：《幼儿语言教育活动中教师言语行为研究》，硕士学位论文，山西师范大学，2014年。

⑦ 康丹、张学林：《幼儿园教学活动中的教师言语行为透视》，《当代教育论坛》（管理研究）2010年第12期。

⑧ 李润洲：《教师非言语学生评价浅探》，《当代教育科学》2003年第3期。

⑨ 沈娟：《幼儿园教育活动中教师非正式评价行为的研究》，硕士学位论文，西北师范大学，2006年。

⑩ 陆昌萍：《教师课堂评价言语行为的语用原则》，《安徽师范大学学报》（人文社会科学版）2010年第1期。

也有影响。[1]刘烨（2016）从评价性质的角度将教师评价分为肯定评价和否定评价，各含笼统、具体、暗示 3 个子项目。[2]张桂东（2018）等通过对教师观察报告的自豪情绪事件进行内容分析发现，幼儿自豪情绪事件中的教师言语特征分为三类：笼统表扬言语、针对表扬言语和鼓励言语，也证实了幼儿的自豪产生受到评价言语的影响。[3]

在此基础上，自豪作为一种道德情绪，伴有积极的自我评价和正性的情感体验，自豪的产生多与目标的成功实现和自己与他人积极的评价有关。结合调查研究和对以往文献的梳理可以发现，自豪的情绪产生多与他人评价有关，因此本节采用言语评价作为研究自变量，按言语评价的性质划分，将肯定性言语评价、否定性言语评价和无言语评价作为本节言语评价的分类，研究教师言语评价对幼儿自豪情绪理解的影响。

（二）言语、认知与情绪的关系

Bosacki 等（2004）认为幼儿言语能力在其情绪认知中有重要作用。幼儿言语能力随着年龄的增长也在不断地发展，与此同时幼儿开始自我评价，随之产生了自我意识情绪。[4]在幼儿言语能力发展的过程中，教师作为幼儿在幼儿园中的榜样，对幼儿言语的发展具有重要作用。他人的评价方式以及内容会影响幼儿的自我评价，进而影响幼儿自我意识的发展。随着幼儿年龄的增长，幼儿客观的自我意识和内化的行为标准这两种认知能力使幼儿能够评价自己的行为。如：儿童努力完成了一项任务，搭建一个小房子并且成功搭成一个高楼。搭成了一个高楼之后，从儿童的行为中可以看出一种自豪的状态。自豪是儿童对自己在这个任务中对于楼高度的标准行为评价的结果。这些标准要么是外部产生的，比

---

① 韩春红：《教师评价行为影响幼儿自我概念的形成》，《幼儿教育·教育科学》2007 年第 3 期。

② 刘烨：《幼儿园集体绘画教学活动中新职教师和成熟教师言语评价行为的研究》，硕士学位论文，天津师范大学，2016 年。

③ 张桂东：《教师行为对 3—6 岁幼儿道德情绪的影响及教育启示》，硕士学位论文，长春师范大学，2018 年。

④ Bosacki，S. L.，and Moore，C.，"Preschoolers' understanding of simple and complex emotions：Links with gender and language"，*Sex Roles*，Vol. 50，No. 9/10，2004.

如父亲或母亲说“搭得真高真好；”要么是内部产生的，因为儿童知道这是他/她迄今为止搭得最高的楼。在这两种情况下，儿童必须根据一些标准来评价自己的行为，以体验自豪。王斯文（2019）认为正性情绪状态可以有效促进认知活动的进行，负性情绪状态在一定程度上阻碍认知活动的进行；表达抑制策略在一定程度上阻碍了正性情绪对认知活动的促进作用。[①]康荔（2008）的研究表明，教师使用表达关爱的教诲效果最好，使用表达愤怒的管教言语效果最差。这也表明了言语会影响人的认知与情绪。[②]

在情绪认知理论中阿诺德“评定—兴奋”说认为：刺激情境并不直接决定情绪的性质，从刺激出现到情绪产生，要经过对刺激的估量和评价，情绪产生的基本过程是刺激情境—评估—情绪。同一刺激情境，因为评估不同就会有不同的情绪反应。这就说明他人评价方式的不同会使幼儿产生不同的情绪反应。沙赫特两因素情绪理论认为：情绪的产生有两个不可缺少的因素：一个是个体必须体验到高度的生理唤醒；另一个是个体必须对生理状态的变化进行认知性的唤醒。这说明只有对幼儿的情绪进行唤醒才能使幼儿产生情绪，他人唤醒幼儿情绪所使用的言语十分重要。拉扎勒斯认知—评价理论认为：情绪是人和环境相互作用的产物，在情绪活动中人不仅接受环境中的刺激事件对自己的影响，同时要调节自己对于刺激的反应。情绪活动必须有认知活动的指导，只有这样人们才可以了解环境中刺激事件的意义，才可能选择适当的、有价值的动作组合即动作反应。情绪是个体对环境事件知觉到有害或有益的反应，在情绪活动中，人们需要不断地评价刺激事件与自身的关系。

由此可见，个体产生情绪的过程主要依赖自我评估和他人的刺激。在幼儿产生情绪的过程中，言语评价就是环境中的刺激事件，会影响幼儿的自我评估，从而影响幼儿的情绪。

---

① 王斯文：《情绪调节策略对言语类推的影响》，《现代交际》2019年第10期。

② 康荔：《中职教师管教言语对学生认知、情绪和行为的影响——以厦门中等职业学校为研究对象》，《福建广播电视大学学报》2008年第2期。

（三）归因理论

1. 归因理论与归因方式的研究

归因理论是指说明和分析人们活动因果关系的理论，人们用它来解释、控制和预测相关的环境，以及随这种环境而出现的行为，因而也称为“认知理论”，即通过改变人们的自我感觉、自我认识来改变和调整人的行为的理论。

美国心理学家伯纳德韦纳（Weiner，B.）在他的著作《动机与情绪的归因理论》中认为；人们对成败的归因涉及六种因素，即能力、努力、任务难度、运气、身体状况及其他，并且认为这几种因素可以划分为三个维度，即内部、外部；稳定、不稳定；可控、不可控。[①]由此得出，能力属于内部的、稳定的、不可控的因素；努力属于内部的、不稳定的、可控的因素；任务难度属于外部的、稳定的、不可控的因素；运气属于外部的、不稳定的、不可控的因素。同时韦纳的动机与情绪归因理论指出，对事件不同归因倾向会产生不同情感体验，而不同情感体验会影响个体行为。

归因方式（Attributional style）也称“归因风格”或“解释方式”，是指个体所具有的独特的归因认知方式及由此产生的特有的归因倾向，或说是个体在过去经验和当前期望的基础上，对不同事件或行为以一种相似或习惯性的方式做出原因推理的倾向性。

2. 归因理论对幼儿成长影响的研究

韦纳的情绪与动机归因理论表明，当个体对事件的结果归因时，其中的情感体验会对幼儿的动机产生影响。当幼儿把成功归因为内部因素、稳定因素、可控因素时，就会对行为动机产生强化；幼儿将失败归因于可控因素时，也有利于行为动机的激发。而当幼儿将失败归因为内外部因素、稳定与不稳定因素和不可控因素时都会抑制幼儿的行为动机；同样幼儿将成功归因为外部因素、不稳定因素、不可控因素时，也

---

① Weiner，B.，*An attributional theory of motivation and emotion*，New York：Springer-Verlag，1986.

不利于幼儿行为动机的激发。马军伟（2017）认为当儿童产生攻击性行为时，要运用多种方法帮助儿童全面认识自身攻击性行为，并且要帮助儿童正确归因，以此减少儿童的攻击性行为。[①]王小英等（2010）认为 3—4 岁儿童已能对情绪进行归因，随着年龄的增长更具有逻辑性。[②]董会芹等（2017）研究显示，对同伴侵害归因受同伴侵害、情绪适应类型影响、同伴嫉妒归因对儿童孤独情绪有帮助。[③]

（四）心理理论

自豪情绪的产生与个体和他人的评价有关，所以幼儿对自己或他人心理状态的理解能力，会影响幼儿对自豪情绪的理解。

1. 心理理论的概念

对“心理理论”的探讨源于 Premack 和 Woodryff（1978）对“黑猩猩是否拥有心理理论?”这一问题的探究。[④]心理理论（Theory of Mind，TOM）是指个体在某种情境下，对自我或他人的愿望、信念、意图及情绪等状态的理解或判断，同时通过这种理解或判断来解释和预测自我或他人的内在状态与外在行为的一种能力。心理理论主要用来研究儿童的心理世界、解释关于知觉、情绪、愿望和信念等概念如何相互联系并实现组织建构。

2. 幼儿心理理论的发展研究

Wellman 等（1990）发现 2 岁左右幼儿可以根据愿望预测一个人的行为。[⑤]王益文等（2002）认为 4—5 岁是儿童获得“心理理论”的关键年龄，但这会因测验任务的不同而有所差异。[⑥] Wellman 等（1990）发

---

① 马军伟：《理性情绪疗法介入流动儿童攻击性行为的实务研究——以某个案辅导为例》，硕士学位论文，华中科技大学，2017 年。

② 王小英、张玉梅、王丽娟等：《3—6 岁儿童情绪理解过程：情绪表现、归因和调节》，《心理科学》2010 年第 4 期。

③ 董会芹、张文新：《童年中晚期同伴侵害与情绪适应：归因的中介作用》，《心理与行为研究》2017 年第 5 期。

④ Premack，D. and Woodryff，G.，“Does the chimpanzee have a theory of mind?”，*The Behavioral and Brain Sciences*，Vol. 1，No. 4，1978.

⑤ Wellman，H.，and Woolley，J.，“From simple desires to ordinary beliefs：the early development or everyday psychology”，*Cognition*，*MEMO*，No. 35，1990.

⑥ 王益文、张文新：《3—6 岁儿童“心理理论”的发展》，《心理发展与教育》2002 年第 1 期。

现，到 5 岁时正常发育的儿童通常能够通过错误信念测试。[①]

幼儿情绪理解是幼儿心理理论的重要组成部分。随着幼儿的发展，他们对情绪的理解能力也在不断进步，并能推测他人内心想法，做出相应的行为反应。孙艺闻和但菲（2018）的研究发现，幼儿情绪理解能力发展存在年龄差异，小班阶段以初级的情绪理解发展为主，中班阶段以心智的情绪理解发展为主，反省的情绪理解在整个幼儿阶段尚处于萌芽状态。[②]熊贇慧（2016）研究结果显示，3—6 岁幼儿表情识别和外部情境的情绪理解发展较早，而混合情绪和道德情绪理解的发展相对晚些。[③]田瑞向（2016）的研究结果显示，3—6 岁幼儿的情绪理解能力年龄差异显著，性别差异不显著。[④] 王异芳等（2010）的研究结果表明，3—4 岁是儿童获得表情再认和表情命名能力的关键年龄，4—5 岁是儿童情绪观点采择能力发展的关键年龄。儿童的情绪理解能力与语言能力显著相关。[⑤] Weimer 等（2012）研究表明，情绪理解总分得分较高的儿童在心理理论问题上表现得更好，这说明儿童的情感理解与他们对他人的思想和感受的感知之间存在重要关系。[⑥]

二　问题提出

（一）研究问题

1. 教师言语评价对幼儿自豪情绪理解有怎样的影响？

2. 在不同性质教师言语评价的作用下，幼儿对理解到的自豪情绪

---

① Wellman, H., and Woolley, J., "From simple desires to ordinary beliefs: the early development or everyday psychology", *Cognition*, *MEMO*, No. 35, 1990.

② 孙艺闻、但菲：《幼儿情绪理解能力发展特点及其与教师情绪智力的关系》，《幼儿教育·教育科学》2018 年第 12 期。

③ 熊贇慧：《3—6 岁幼儿情绪理解的发展及其与气质的关系》，《武汉交通职业学院学报》2016 年第 3 期。

④ 田瑞向：《幼儿情绪能力的发展及其与同伴关系的关系研究》，硕士学位论文，苏州大学，2016 年。

⑤ 王异芳、何曲枝、苏彦捷：《2—5 岁幼儿情绪理解能力发展及其与语言能力的关系》，《幼儿教育》2010 年第 1 期。

⑥ Weimer, A. A., Sallquist, J., and Bolnick, R. R., "Young Children's Emotion Comprehension and Theory of Mind Understanding", *Early Education & Development*, Vol. 23, No. 3, 2012.

归因方式是什么？

3. 教师言语评价对幼儿自豪情绪理解影响的研究，具有怎样的教育启示？

（二）研究假设

假设1：在教师不同性质的言语评价下，幼儿理解的自豪情绪可能会有差异，即在肯定性言语评价条件下，幼儿理解的自豪水平高于否定性言语评价和无言语评价条件。

假设2：在不同性质言语评价条件下，幼儿对自豪情绪的归因方式可能会存在年龄、性别差异。

三　研究过程

（一）研究对象

从某市两所幼儿园随机选取小班、中班和大班各4个班，共12个班。被试共238名，其中有效被试192名，无效被试46名。无效被试是指在实验过程中，不能理解故事中的情境，不回答主试问题或听不懂故事的小朋友。

（二）研究工具

实验材料包括：测量教师言语评价对幼儿自豪情绪理解影响的故事图片3份（图片所有角色均无面部表情）。正式测量中情境故事的编制依据回收幼儿自豪情绪事件观察记录表中，家长及幼儿教师记录的幼儿产生自豪情绪的事件进行编制，结合专家意见和预实验进行改编，以确定故事符合3—6岁幼儿的理解范围。故事分为3种情境：肯定性言语评价情境、否定性言语评价情境、无言语评价情境。

（三）实验过程设计

1. 预实验

在长春市某幼儿园随机选取3—6岁的被试6名，其中每个年龄阶段各选择两名幼儿。在环境安静的教室，对每个预实验被试进行个别施测。

主要目的是检验实验流程设计是否合理，幼儿理解的程度如何，明确幼儿能否听懂实验材料中的故事，以及实验过程中给被试呈现的故事是否可以使幼儿理解自豪情绪。把在预实验操作过程中的不足的地方记下来，加以修改，使实验过程更加合理完善。预实验包括三个情境故事，分别是肯定性言语评价情境故事、否定性言语评价情境故事和无言语评价情境故事。预实验发现 3—6 岁的幼儿可以很好地理解实验材料中的情境故事，实验过程中给幼儿呈现情境故事可以使幼儿理解画中小朋友的情绪。为了确保实验过程中的指导语易于幼儿理解，请两名幼儿专家和两名幼儿教师对实验的指导语进行校正，修改为最终版本，在正式实验中使用。

2. 正式实验

基于本研究的目的和已有的相关研究，设计正式实验。

实验材料的设计基于以下四篇论文：

（1）Smith 在研究幼儿的“快乐损人者”这一现象时，通过给幼儿讲述道德越轨的故事，对比幼儿在不同故事中对于情绪归因的不同。

（2）杨丽珠等（2012）采用创设成功情境的实验方法诱发幼儿产生自豪，编写幼儿自豪非言语行为表达编码。①

（3）张晓贤等（2010）采用临床交谈法，研究人际因素对幼儿内疚情绪的影响，主试向被试逐个讲述故事并记录问答内容；通过设计情境故事，逐个向每个被试讲述故事。②

（4）胥兴春等（2019）使用故事—图片法对幼儿逐个施测的实验流程，研究道德情绪与儿童公平行为的关系。③

借鉴以往的实验相关设计，确定本次研究的实验设计。本次实验流程采用情境故事法，主试逐个向被试讲述情境故事并记录幼儿回答内

① 杨丽珠、姜月、张丽华：《幼儿自豪的非言语行为表达编码系统编制》，《心理发展与教育》2012 年第 3 期。

② 张晓贤、桑标、洪芳：《9—11 岁儿童对社会性害怕和内疚情绪的理解》，《应用心理学》2010 年第 4 期。

③ 胥兴春、陈丽娜：《道德情绪与儿童公平行为的关系研究》，《教育研究与实验》2019 年第 2 期。

容，由于本次实验包含否定性言语评价，所以将被试设置在旁观者的角度感受情境故事里的小朋友的心情。

第一部分：

在正式开始实验前，实验者与幼儿互动。目的是先和幼儿建立熟悉的关系，并确保在实验前幼儿的情绪状态是正常的。

"小朋友你好，你叫什么名字呀？今年几岁了？"等小朋友自我介绍后，主试接着说："我这里有几张图片，一会儿我们一起看图片讲故事好吗？在讲故事之前，可以先告诉我，你现在心情是什么样的吗？"

图1　情绪图片

请小朋友选一张符合他现在心情的图片，然后开始正式实验。

第二部分：

情境故事1（肯定性言语评价情境）：明明画了一幅画，他觉得自己这幅画画得非常好，你觉得他现在是什么心情呢？那他会有什么样的表情或者做出什么样的动作呢？（研究设计目的：实验被试是否理解到情境故事中的小朋友的自豪情绪）

老师走了过来，看着明明的画，对明明说："明明这幅画画得真好，颜色搭配很漂亮！"你觉得明明现在是什么心情呢？那他会有什么样的表情或者做出什么样的动作呢？（研究设计目的：教师言语评价下，实验被试对故事中小朋友情绪的理解）

为什么会有这样的心情？（探究幼儿对理解到的情绪进行的归因）

情境故事2（否定性言语评价情境）：壮壮画了一幅画，他觉得自己这幅画画得非常好，你觉得他现在是什么心情呢？那他会有什么样的表情或者做出什么样的动作呢？

老师走了过来，看着壮壮的画，对壮壮说："壮壮这幅画画得乱七八糟的，一点也看不出来画的是什么！"你觉得壮壮现在是什么心情呢？那他会有什么样的表情或者做出什么样的动作呢？

为什么会有这样的心情？

情境故事3（无言语评价情境）：俊俊画了一幅画，他觉得自己这幅画画得非常好，你觉得他现在是什么心情呢？那他会有什么样的表情或者做出什么样的动作呢？

老师走了过来，看着俊俊的画，什么也没有对俊俊说。你觉得俊俊现在是什么心情呢？那他会有什么样的表情或者做出什么样的动作呢？

为什么会有这样的心情？

结束语：今天的故事就讲到这里，谢谢你。

（附录九　教师言语评价对幼儿自豪情绪理解样例图）

（四）施测及数据处理

实验采用一对一交谈，单独进行。主试逐个向每个被试讲述三个故事，每个故事讲完后向被试提问相关问题，并记录被试的回答与动作。将观察记录表中的文本编码后，数据使用 SPSS 25.0 进行统计分析。用到的统计方法主要是描述统计、单因素方差分析、独立样本 T 检验、配对样本 T 检验和多重比较。

编码主要对幼儿在三种情境故事中回答的言语和动作进行编码，根据幼儿回答的言语与做出的动作进行整理分类，得出如下编码。

1. 情绪编码

通过对幼儿回答的文本进行整理，将幼儿回答中出现的情绪作出如下编码：自豪、高兴、快乐、笑和开心归为积极情绪，编码为1；不高兴、不开心、难过、生气、哭、内疚、尴尬和孤单归为消极情绪，编码为2；平静、一般和没什么心情归为中性情绪，编码为3。

2. 理解自豪情绪编码

本研究是幼儿对故事中主人公自豪情绪的理解，参考 Tracy 和 Robins（2007）[①]、Geppert（1986）[②]、杨丽珠等（2012）[③]、张妍（2012）[④]四篇论文中自豪非言语行为表达编码，结合幼儿回答内容，评定幼儿是否理解自豪的标准如下：

（1）对情境的积极反应；

（2）面部编码（微笑或大笑）；

（3）上肢编码（一只手或双手举起，一只手或双手握拳，双手叉腰，双手抱在胸前）；

（4）躯干编码（胸部舒展，肩膀向后，抬头）；

（5）想与他人分享成果。

以上五点编码，幼儿说出或者做出其中三项即可认定幼儿理解了自豪情绪。理解了自豪情绪编码为 1，没有理解自豪情绪编码为 2。

3. 归因编码

通过对幼儿回答的文本进行整理，将幼儿对所出现的情绪归因作出如下编码：

老师表扬，老师说画得好，老师批评，老师说画得乱七八糟，老师没说话，老师没表扬，老师没批评归为归因于教师（他人），编码为 1；自己画的画好，画的画好看，自己画的画不好，画得乱七八糟归为归因于自己，编码为 2。由三名经过培训的心理学专业研究生进行编码。

四 研究数据分析

本研究通过对 4 个小班，4 个中班和 4 个大班的幼儿进行数据收集，

---

① Tracy, J. L. and Robins, R. W., "The psychological structure of pride: A tale of two facets", *Journal of Personality and Social Psychology*, Vol. 92, No. 3, 2007.

② Geppert, U., "A coding system for analyzing behavioral expressions of self-evaluative emotions", *Munich: Max Planck Institute for Psychological Research*, 1986.

③ 杨丽珠、姜月、张丽华：《幼儿自豪的非言语行为表达编码系统编制》，《心理发展与教育》2012 年第 3 期。

④ 张妍：《婴儿自豪情绪的发生研究》，硕士学位论文，辽宁师范大学，2012 年。

一共收集有效被试 192 人，无效被试 46 人。其中 3—4 岁幼儿共 51 人，4—5 岁幼儿共 60 人，5—6 岁幼儿共 81 人，被试基本信息见表 5－1。

表 5－1　　幼儿月龄基本信息

年龄	n	Min	Max	M ± SD
3—4 岁	51	36	47	42.04 ± 2.87
4—5 岁	60	48	59	54.80 ± 3.30
5—6 岁	81	60	71	65.23 ± 3.40

由表 5－1 幼儿月龄基本信息可见，3—4 岁幼儿的月龄范围在 36—47 个月，最小的为 36 个月，最大的为 47 个月，平均月龄在 42 个月左右；4—5 岁幼儿的月龄范围在 48—59 个月，最小的为 48 个月，最大的为 59 个月，平均月龄在 55 个月左右；5—6 岁幼儿的月龄范围在 60—71 个月，最小的为 60 个月，最大的为 71 个月，平均月龄在 65 个月左右。

（一）3—6 岁幼儿在不同性质言语评价前后情绪特征分析

1. 不同性质言语评价前幼儿情绪理解的年龄差异

在情境故事中，教师使用不同性质的言语评价前，3—6 岁幼儿对画中幼儿情绪的理解产生的年龄差异，见表 5－2。

表 5－2　　不同性质言语评价前幼儿情绪理解的年龄差异

分类	情绪	3—4 岁		4—5 岁		5—6 岁	
		n	%	n	%	n	%
肯定性言语评价	积极情绪	51	100	60	100	81	100
否定性言语评价	积极情绪	51	100	60	100	81	100
无言语评价	积极情绪	51	100	60	100	81	100

由表 5－2 不同性质言语评价前幼儿情绪理解的年龄差异可见，3—6 岁幼儿在不同性质言语评价前，情绪的理解不存在年龄差异，均能体验到积极情绪。

2. 不同性质言语评价后幼儿情绪理解的年龄差异

在情境故事中，教师用三种不同性质的言语对幼儿画的画进行评价，3—6岁幼儿对画中幼儿的情绪理解产生的年龄差异，见表5－3。

表5－3　　不同性质言语评价后幼儿情绪理解的年龄差异

分类	情绪	3—4岁		4—5岁		5—6岁		F	p	多重比较
		n	%	n	%	n	%			
肯定性言语评价	积极情绪	51	100	59	98.3	79	97.5	0.618	0.540	
	消极情绪	0	0	1	1.7	2	2.5			
否定性言语评价	积极情绪	4	7.8	1	1.7	3	3.7	0.354	0.702	
	消极情绪	45	88.2	58	96.6	77	95.1			
	中性情绪	2	4	1	1.7	1	1.2			
无言语评价	积极情绪	34	66.7	10	16.7	13	16.0	31.641	0.000	2>1 3>1
	消极情绪	17	33.3	36	60.0	40	49.4			
	中性情绪	0	0	14	23.3	28	34.6			

注：1代表3—4岁；2代表4—5岁；3代表5—6岁。下同。

从表5－3可见，不同性质言语评价后幼儿情绪理解的年龄差异，在肯定性言语评价后和否定性言语评价后，幼儿情绪的理解不存在年龄差异（$p>0.05$）；在无言语评价后，幼儿情绪的理解存在着十分显著的年龄差异（$p<0.001$），即在无言语评价后，3—6岁的幼儿理解的情绪不同。通过多重比较结果显示；4—5岁幼儿理解的消极情绪多于3—4岁幼儿理解的消极情绪，5—6岁幼儿理解的消极情绪多于3—4岁幼儿理解的消极情绪。

（二）3—6岁幼儿在不同性质言语评价前后自豪情绪理解特征分析

1. 不同性质言语评价前幼儿自豪情绪理解的年龄差异

在情境故事中，教师使用不同性质的言语评价前，3—6岁幼儿对画中幼儿画了一幅非常漂亮的画这种自豪情绪的理解产生年龄差异，见表5－4。

表 5－4 **不同性质言语评价前幼儿自豪情绪理解的年龄差异**

分类	自豪	3—4 岁		4—5 岁		5—6 岁		F	p
		n	%	n	%	n	%		
肯定性言语评价	是	47	92.2	55	91.7	76	93.8	0.133	0.876
	否	4	7.8	5	8.3	5	6.2		
否定性言语评价	是	45	88.2	52	86.7	74	91.4	0.409	0.665
	否	6	11.8	8	13.3	7	8.6		
无言语评价	是	47	92.2	54	90.0	73	90.1	0.095	0.910
	否	4	7.8	6	10.0	8	9.9		

从表 5－4 可见，不同性质言语评价前幼儿自豪情绪理解的年龄差异，在肯定性言语评价介入前，3—4 岁的幼儿有 47 人理解了自豪情绪，占总人数的 92.2%；4—5 岁有 55 人理解了自豪情绪，占总人数的 91.7%；5—6 岁有 76 人理解了自豪情绪，占总人数的 93.8%。在否定性言语评价介入前，3—4 岁的幼儿有 45 人理解了自豪情绪，占总人数的 88.2%；4—5 岁有 52 人理解了自豪情绪，占总人数的 86.7%；5—6 岁有 74 人理解了自豪情绪，占总人数的 91.4%。在无言语评价介入前，3—4 岁的幼儿有 47 人理解了自豪情绪，占总人数的 92.2%；4—5 岁有 54 人理解了自豪情绪，占总人数的 90.0%；5—6 岁有 73 人理解了自豪情绪，占总人数的 90.1%。3—6 岁幼儿在不同性质言语评价前自豪情绪的理解不存在年龄差异（$p > 0.05$）。

2. 不同性质言语评价后幼儿自豪情绪理解的年龄差异

在情境故事中，教师用三种不同性质的言语评价幼儿所画的画，3—6 岁幼儿对画中幼儿自豪情绪理解产生的年龄差异，见表 5－5。

表 5－5 **不同性质言语评价后幼儿自豪情绪理解的年龄差异**

分类	自豪	3—4 岁		4—5 岁		5—6 岁		F	p	多重比较
		n	%	n	%	n	%			
肯定性言语评价	是	48	94.1	52	86.7	73	90.1	0.852	0.428	
	否	3	5.9	8	13.3	8	9.9			

续表

分类	自豪	3—4 岁		4—5 岁		5—6 岁		F	p	多重比较
		n	%	n	%	n	%			
否定性言语评价	是	3	5.9	1	1.7	7	8.6	1.555	0.214	
	否	48	94.1	59	98.3	74	91.4			
无言语评价	是	27	52.9	8	13.3	11	13.6	18.915	0.000	2 > 1
	否	24	47.1	52	86.7	70	86.4			3 > 1

从表 5 - 5 可见，不同性质言语评价后幼儿自豪情绪理解的年龄差异：在肯定性言语评价后和否定性言语评价后，幼儿自豪情绪的理解不存在年龄差异（$p > 0.05$），在无言语评价后，幼儿自豪情绪的理解存在着十分显著的年龄差异（$p < 0.001$），即在无言语评价后，3—6 岁的幼儿在是否理解自豪情绪上存在不同。通过多重比较结果显示，在无言语评价后 3—4 岁幼儿自豪情绪的理解多于 4—5 岁幼儿自豪情绪理解，3—4 岁幼儿自豪情绪的理解多于 5—6 岁幼儿自豪情绪的理解。

3. 不同性质言语评价前后幼儿自豪情绪理解的差异

在情境故事中，教师用三种不同性质的言语对幼儿所画的画进行评价，在教师不同性质言语评价前后，3—6 岁幼儿对画中幼儿自豪情绪的理解产生的差异，见表 5 - 6。

表 5 - 6　**不同性质言语评价前后幼儿自豪情绪理解的差异**

分类	年龄	自豪情绪（评价前）		自豪情绪（评价后）		t	p
		n	%	n	%		
肯定性言语评价	3—4 岁	47	92.2	48	94.1	-1.214	0.226
	4—5 岁	55	91.7	53	88.3		
	5—6 岁	76	93.8	74	91.4		
否定性言语评价	3—4 岁	45	88.2	3	5.9	-30.903	0.000
	4—5 岁	53	88.3	1	1.7		
	5—6 岁	74	91.4	7	8.6		
无言语评价	3—4 岁	47	92.2	27	52.9	-19.102	0.000
	4—5 岁	54	90.0	8	13.3		
	5—6 岁	73	90.1	10	12.3		

从表 5 - 6 可见，不同性质言语评价前后幼儿自豪情绪理解的差异，在肯定性言语评价前后，3—6 岁幼儿自豪情绪的理解不存在差异（$p > 0.05$），在否定性言语评价前后和无言语评价前后，3—6 岁幼儿自豪情绪的理解存在着十分显著的差异（$p < 0.001$），即在否定性言语评价前后和无言语评价前后，3—6 岁的幼儿在评价前后是否理解到自豪情绪存在不同。

4. 3—6 岁幼儿在不同年龄阶段言语评价前后自豪情绪理解的差异

在情境故事中，教师用三种不同性质的言语评价对幼儿所画的画进行评价，在教师不同性质言语评价前后，3—6 岁幼儿对画中幼儿自豪情绪的理解在不同年龄阶段产生的差异，见表 5 - 7。

表 5 - 7 3—6 岁幼儿在不同年龄阶段言语评价前后自豪情绪理解的差异

年龄	分类	自豪情绪（评价前）		自豪情绪（评价后）		t	p
		n	%	n	%		
3—4 岁	肯定性言语评价	47	92.2	48	94.1	0.444	0.659
	否定性言语评价	45	88.2	3	5.9	-15.275	0.000
	无言语评价	47	92.2	27	52.9	-5.263	0.000
4—5 岁	肯定性言语评价	55	91.7	53	88.3	-1.000	0.321
	否定性言语评价	53	88.3	1	1.7	-19.583	0.000
	无言语评价	54	90.0	8	13.3	-13.923	0.000
5—6 岁	肯定性言语评价	76	93.8	74	91.4	-0.815	0.418
	否定性言语评价	74	91.4	7	8.6	-19.567	0.000
	无言语评价	73	90.1	10	12.3	-16.733	0.000

从表 5 - 7 可见，3—6 岁幼儿在不同年龄阶段言语评价前后自豪情绪理解的差异，3—4 岁幼儿在肯定性言语评价前后，自豪情绪的理解不存在差异（$p > 0.05$），在否定性言语评价前后和无言语评价前后，自豪情绪的理解存在着十分显著的差异（$p < 0.001$），即在否定性言语评价前后和无言语评价前后，3—4 岁幼儿在评价前后是否理解自豪情绪上存在不同；4—5 岁幼儿在肯定性言语评价前后，幼儿自豪情绪的理解不存在差异（$p > 0.05$），在否定性言语评价前后和无言语评价前

后，幼儿自豪情绪的理解存在着十分显著的差异（$p<0.001$）。即在否定性言语评价前后和无言语评价前后，4—5 岁的幼儿在评价前后是否理解自豪情绪存在不同；5—6 岁幼儿在肯定性言语评价前后，幼儿自豪情绪的理解不存在差异（$p>0.05$），在否定性言语评价前后和无言语评价前后，幼儿自豪情绪的理解存在着十分显著的差异（$p<0.001$），即在否定性言语评价前后和无言语评价前后，5—6 岁的幼儿在评价前后理解自豪情绪是否存在不同。

（三）3—6 岁幼儿情绪归因方式特征分析

1. 不同性质言语评价下幼儿情绪归因方式的年龄差异

在情境故事中，3—6 岁幼儿对画中幼儿理解到的情绪进行归因，归因方式因不同年龄产生了差异，见表 5－8。

表 5－8　　**不同性质言语评价下幼儿情绪归因方式的年龄差异**

分类	归因	3—4 岁		4—5 岁		5—6 岁		F	p	多重比较
		n	%	n	%	n	%			
肯定性言语评价	教师	26	51.0	38	63.3	62	76.5	5.644	0.004	1＞2
	自己	25	49.0	22	36.7	19	23.5			1＞3
否定性言语评价	教师	22	43.1	37	61.7	63	77.8	10.400	0.000	1＞2＞3
	自己	29	56.9	23	38.3	18	22.2			
无言语评价	教师	20	39.2	50	83.3	67	82.7	21.140	0.000	1＞2
	自己	31	60.8	10	16.7	14	17.3			1＞3

从表 5－8 可见，不同性质言语评价下幼儿情绪归因方式的年龄差异，在肯定性言语评价下，幼儿情绪的归因方式存在显著的年龄差异（$p<0.01$），即在肯定性言语评价下，3—6 岁的幼儿在情绪归因方式上存在不同。通过多重比较结果显示，在肯定性言语评价下 3—4 岁幼儿比 4—5 岁幼儿将理解到的情绪更多地归因到自己身上，3—4 岁幼儿比 5—6 岁幼儿将理解到的情绪更多地归因到自己身上。在否定性言语评价下，幼儿情绪的归因方式存在显著的年龄差异（$p<0.001$），即在否定性言语评价下，3—6 岁的幼儿在情绪归因方式上存在不同。通过多

重比较结果显示，在否定性言语评价下3—4岁幼儿比4—5岁幼儿更多地将理解到的情绪归因到自己身上，4—5岁幼儿比5—6岁幼儿更多地将理解到的情绪归因到自己身上，3—4岁幼儿比5—6岁幼儿更多地将理解到的情绪归因到自己身上。在无言语评价下，幼儿情绪的归因方式存在显著的年龄差异（$p < 0.001$），即在无言语评价下，3—6岁的幼儿在情绪归因方式上存在不同。通过多重比较结果显示，在无言语评价下3—4岁幼儿比4—5岁幼儿将理解到的情绪更多地归因到自己身上，3—4岁幼儿比5—6岁幼儿将理解到的情绪更多地归因到自己身上。

2. 不同性质言语评价下幼儿情绪归因方式的性别差异

3—6岁幼儿对情境故事中理解到的情绪进行归因，归因方式因不同性别产生差异，见表5－9。

表5－9　不同性质言语评价下幼儿情绪归因方式的性别差异

年龄	分类	归因	男		女		t	p
			n	%	n	%		
3—4岁	肯定性言语评价	教师	13	46.4	13	56.5	－0.009	0.993
		自己	15	53.6	10	43.5		
	否定性言语评价	教师	11	39.3	11	47.8	－0.010	0.992
		自己	17	60.7	12	52.2		
	无言语评价	教师	13	46.4	7	30.4	－1.156	0.253
		自己	15	53.6	16	69.6		
4—5岁	肯定性言语评价	教师	15	55.6	23	69.7	0.587	0.559
		自己	12	44.4	10	30.3		
	否定性言语评价	教师	17	63.0	10	30.3	－0.184	0.855
		自己	10	37.0	23	69.7		
	无言语评价	教师	22	81.5	28	84.8	0.343	0.733
		自己	5	18.5	5	15.2		
5—6岁	肯定性言语评价	教师	30	68.2	32	86.5	0.662	0.510
		自己	14	31.8	5	13.5		
	否定性言语评价	教师	31	70.5	32	86.5	1.740	0.086
		自己	13	29.5	5	13.5		
	无言语评价	教师	34	77.3	33	89.2	1.413	0.162
		自己	10	22.7	4	10.8		

从表 5 - 9 可见，不同性质言语评价下幼儿情绪归因方式的性别差异，在不同性质言语评价下，幼儿情绪的归因方式不存在性别差异（$p>0.05$）。在不同性质言语评价下，幼儿对理解的情绪进行归因，男生和女生不管是归因于教师（他人），还是归因于自己都不存在性别差异。

3. 不同性质言语评价下幼儿自豪情绪归因方式的年龄差异

对 3—6 岁幼儿情境故事中理解到的自豪情绪进行归因，归因方式因不同年龄产生差异，见表 5 - 10。

表 5 - 10　**不同性质言语评价下幼儿自豪情绪归因方式的年龄差异**

分类	归因	3—4 岁		4—5 岁		5—6 岁		F	p	多重比较
		n	%	n	%	n	%			
肯定性言语评价	教师	24	50.0	34	65.4	56	76.7	4.776	0.010	1 > 2 > 3
	自己	24	50.0	18	34.6	17	23.3			
否定性言语评价	教师	0	0	0	0	3	42.9	1.091	0.381	
	自己	3	100.0	1	100.0	4	57.1			
无言语评价	教师	7	25.9	4	50.0	6	54.5	1.746	0.187	
	自己	20	74.1	4	50.0	5	45.5			

从表 5 - 10 可见，不同性质言语评价下幼儿自豪情绪归因方式的年龄差异：在肯定性言语评价下，幼儿自豪情绪的归因方式存在显著的年龄差异（$p<0.05$），即在肯定性言语评价下，3—6 岁的幼儿在自豪情绪的归因方式上存在不同。通过多重比较结果显示，在肯定性言语评价下，3—4 岁的幼儿比 4—5 岁的幼儿将理解到的自豪情绪更多地归因到自己身上，4—5 岁的幼儿比 5—6 岁的幼儿将理解到的自豪情绪更多地归因到自己身上。在否定性言语评价下和无言语评价下，3—6 岁幼儿自豪情绪的归因方式不存在显著的年龄差异（$p>0.05$）。

4. 不同性质言语评价下幼儿自豪情绪归因方式的性别差异

在情境故事中，3—6 岁幼儿对画中理解到的自豪情绪进行归因，归因方式因不同性别产生差异，见表 5 - 11。

表5-11　不同性质言语评价下幼儿自豪情绪归因方式的性别差异

分类	年龄	归因	男		女		F	p
			n	%	n	%		
肯定性言语评价	3—4岁	教师	12	44.4	12	57.1	16.918	0.000
		自己	15	55.6	9	42.9		
	4—5岁	教师	12	57.1	22	71.0		
		自己	9	42.9	9	29.0		
	5—6岁	教师	28	68.3	28	87.5		
		自己	13	31.7	4	12.5		
否定性言语评价	3—4岁	教师	0	0	0	0	2.399	0.156
		自己	1	100.0	2	100.0		
	4—5岁	教师	0	0	0	0		
		自己	1	100.0	0	0		
	5—6岁	教师	1	25.0	2	66.7		
		自己	3	75.0	1	33.3		
无言语评价	3—4岁	教师	6	35.3	1	10.0	9.172	0.004
		自己	11	64.7	9	90.0		
	4—5岁	教师	1	33.3	3	60.0		
		自己	2	66.6	2	40.0		
	5—6岁	教师	6	66.7	0	0		
		自己	3	33.3	2	100		

从表5-11可见，不同性质言语评价下幼儿自豪情绪归因方式的性别差异，在肯定性言语评价下，幼儿自豪情绪的归因方式存在显著的性别差异（$p<0.001$），即在肯定性言语评价下，不同性别的3—6岁幼儿在归因方式上存在不同。女孩更多地将理解到的自豪情绪归因于教师（他人），而男孩更多地将理解到的自豪情绪归因于自己。在否定性言语评价下，幼儿自豪情绪的归因方式不存在显著的性别差异（$p>0.05$）。在无言语评价下，幼儿自豪情绪的归因方式存在显著的性别差异（$p<0.01$），即在无言语评价下，不同性别的3—6岁幼儿在归因方式上存在不同。女孩更多地将理解到的自豪情绪归因于自己，而男孩更多地将理解到的自豪情绪归因于教师（他人）。

五　讨论

（一）3—6 岁幼儿在不同性质言语评价前后情绪特征讨论

本研究采用情境故事法，对同一情境给予三种不同性质的言语评价，探究教师言语评价对幼儿自豪情绪理解的影响。选择被试时，每个年龄阶段选取的幼儿数量相差不大，分布较均匀。

1. 不同性质言语评价前幼儿情绪理解的年龄差异讨论

在三个情境故事中，三个小朋友明明、壮壮和俊俊分别画了一幅非常漂亮的画，探究幼儿此时理解到的画中小朋友的情绪。结果显示，3—6 岁幼儿在理解到的情绪上不存在年龄差异，均可以理解到积极的情绪。这与我们的假设一致，当幼儿完成一项具有挑战性的任务时，会理解到积极的情绪，如笑、开心、自豪、高兴。此时，幼儿的情绪主要来源于他们的自我评价，幼儿对于画了一幅非常漂亮的画这样的事件表现出肯定性的自我评价，所以理解到画中小朋友的积极情绪。

2. 不同性质言语评价后幼儿情绪理解的年龄差异讨论

在三个情境故事中，对同一刺激情境（画中主人公画了一幅非常漂亮的画）施加不同性质言语评价，分别是肯定性言语评价："明明这幅画画得真好，颜色搭配很漂亮！"否定性言语评价："壮壮这幅画画得乱七八糟的，一点也看不出来画的是什么！"和无言语评价："老师看着俊俊的画，什么也没有对俊俊说。"探究幼儿情绪理解是否有年龄差异，结果显示，在无言语评价后，幼儿情绪的理解存在着十分显著的年龄差异：4—6 岁幼儿理解到的消极情绪多于 3—4 岁幼儿理解到的消极情绪。这验证了前人的研究结论，小班幼儿主要处于初级情绪理解阶段，中班幼儿主要处于心智情绪理解阶段。熊贇慧（2016）的研究结果也表明 3—6 岁幼儿情绪理解能力的发展差异显著。[①] 因为 3—4 岁的幼儿处于前道德阶段，儿童只能接受直接行为的结果，且这个年龄阶段

---

① 熊贇慧：《3—6 岁幼儿情绪理解的发展及其与气质的关系》，《武汉交通职业学院学报》2016 年第 3 期。

的幼儿心理理论没有发展起来，所以当教师看着俊俊的画但是什么都没有对俊俊说时，其实在幼儿的理解中教师并没有对幼儿施加新的刺激，也不会对幼儿的情绪理解产生影响。由于3—4岁的幼儿对于情绪的理解还处于初级阶段，年龄渐长4—6岁幼儿的心理理论也在逐渐发展，情绪理解能力也在逐步增强，所以3—4岁的幼儿比4—6岁的幼儿会更多地理解积极情绪，这种积极情绪的来源就是俊俊小朋友画了一幅漂亮的画。

（二）3—6岁幼儿在不同性质言语评价前后自豪情绪特征讨论

1. 不同性质言语评价前幼儿自豪情绪理解的年龄差异讨论

在三种情境故事中，三个小朋友明明、壮壮和俊俊分别画了一幅非常漂亮的画，幼儿均能理解到其中的积极情绪，我们通过对幼儿回答的言语和幼儿所做的动作进行编码，以判断幼儿是否在这种情境下产生了自豪情绪。结果显示3—6岁幼儿在理解到的自豪情绪上不存在年龄差异，均可以理解到自豪情绪，这验证了前人的研究结论，也与Lewis（1992）的研究结论一致。说明3岁幼儿可以在任务中获得自豪情绪体验并表现出来。[①]而Tracy和Robins（2005）的研究结果也说明幼儿对于自豪情绪的识别稍晚于自豪情绪的切身体验，幼儿只有在自身产生过自豪情绪之后，才会识别自豪情绪或是理解他人的自豪情绪。随着幼儿年龄的不断增长，其对于自豪情绪的理解能力与识别能力也不断提高。[①]

2. 不同性质言语评价后幼儿自豪情绪理解的年龄差异讨论

在三种情境故事中，教师在同一情境下使用不同性质的言语评价会使幼儿理解到不同的情绪。结果显示，在无言语评价时，幼儿对自豪情绪的理解也存在着十分显著的年龄差异。3—4岁幼儿理解的自豪情绪多于4—6岁幼儿理解的自豪情绪，因为自豪的产生多来自个体目标的成功实现和自己与他人对事件的积极评价。3—4岁的幼儿处于前道德

① Lewis, M., Alessandri, S. M., and Sullivan, M. W., "Differences in Shame and Pride as a Function of Children's Gender and Task Difficulty", *Child Development*, Vol. 63, No. 3, 1992.

② Tracy, J. L., Robins, R. W., and Lagattuta, K. H., "Can children recognize pride?", *Emotion*, Vol. 5, No. 3, 2005.

阶段，儿童只能直接接受行为的结果，且这个年龄阶段的幼儿心理理论没有发展起来，更多是以自我为中心，所以在教师没有施加言语刺激的情况下，幼儿更多地延续评价前的自豪情绪。研究结果也显示，肯定性言语评价能使3—6岁幼儿理解画中小朋友的自豪情绪，否定性言语评价能使3—6岁幼儿理解画中小朋友的消极情绪。这个研究结果也验证了前人的研究结论。幼儿情绪化严重，易受影响，且自我评价普遍较高。本研究中在教师使用言语评价之前幼儿大多数能体验到自豪情绪，但是在否定性言语评价和无言语评价时，大多数幼儿又会产生消极情绪，这是因为幼儿的情绪受他人评价影响，当他人评价幼儿为失败时，幼儿就会接受这种评价，并内化为自己的评价。幼儿早期的自我评价主要来源于他人评价，而他人的评价也会影响自豪情绪的产生，这与俞国良等（2009）认为的自豪情绪的产生一致。① 自豪情绪是道德情绪的一种，与基本情绪不同，道德情绪的发展略晚于基本情绪。3—6岁是幼儿道德情绪发展的关键期，自豪情绪在幼儿3—6岁是不断发展的。

3. 不同性质言语评价前后幼儿自豪情绪理解的差异讨论

在三种情境故事中，对比不同性质言语评价前后幼儿自豪情绪理解的差异，结果显示：肯定性言语评价前后3—6岁幼儿自豪情绪的理解不存在差异；否定性言语评价前后和无言语评价前后，3—6岁幼儿自豪情绪的理解存在着十分显著的差异。这说明肯定性言语评价，如“你这幅画画得真好看，颜色搭配得很漂亮!”能激发或延续3—6岁幼儿的自豪情绪。Kornilaki和Chlouverakis（2004）也认为积极的评价可以激发自豪情绪。肯定性言语评价，使幼儿能更积极地对自我的行为进行评价，②这与郭小艳和王振宏（2007）认为的自豪产生的标准一致。③这证明幼儿对自豪情绪的理解离不开他人的评价与自我评价，由于幼儿

① 俞国良、赵军燕：《自我意识情绪：聚焦于自我的道德情绪研究》，《心理发展与教育》2009年第2期。

② Kornilaki, E. N., and Chlouverakis, G., “The situational antecedents of pride and happiness: Developmental and domain differences”, *British Journal of Developmental Psychology*, Vol. 22, No. 4, 2004.

③ 郭小艳、王振宏：《积极情绪的概念、功能与意义》，《心理科学进展》2007年第5期。

处于情绪化严重，易受他人影响的特殊年龄阶段，所以教师言语评价对幼儿来说十分重要，使用何种教师言语评价更是会影响幼儿的自我评价。在否定性言语评价和无言语评价下，3—6 岁幼儿对自豪情绪的理解受到教师言语评价的影响。这验证了阿诺德的“评定—兴奋”说：在相同的情境故事下，教师对刺激情境进行不同性质的言语评价，就会产生不同的情绪反应，这也验证了教师使用不同性质的评价言语会对幼儿的情绪产生影响。

4. 3—6 岁幼儿在不同年龄阶段言语评价前后自豪情绪理解的差异讨论

在三种情境故事中，对比 3—6 岁幼儿在不同年龄阶段言语评价前后自豪情绪的理解差异。结果显示，3—4 岁幼儿在肯定性言语评价前后，幼儿自豪情绪的理解不存在差异，在否定性言语评价前后和无言语评价前后，幼儿自豪情绪的理解存在着十分显著的差异；4—5 岁幼儿在肯定性言语评价前后，幼儿自豪情绪的理解不存在差异，在否定性言语评价前后和无言语评价前后，幼儿自豪情绪的理解存在着十分显著的差异；5—6 岁幼儿在肯定性言语评价前后，幼儿自豪情绪的理解不存在差异，在否定性言语评价前后和无言语评价前后，幼儿自豪情绪的理解存在着十分显著的差异。这显示出在 3—6 岁不同的年龄阶段，肯定性言语评价能促进或帮助幼儿对自豪情绪的理解，否定性言语评价和无言语评价都能影响或改变幼儿对自豪情绪的理解。这个研究结果说明，大多数 3—6 岁的幼儿能明确理解教师言语评价所表达的意思，他们能很清楚地理解他人的情绪状态，这也说明了幼儿的自豪情绪的产生与自我评价和他人评价有关。

（三）3—6 岁幼儿情绪归因方式特征讨论

1. 不同性质言语评价下幼儿情绪归因方式的年龄差异讨论

探讨不同性质言语评价下幼儿情绪归因方式的年龄差异，结果显示在肯定性言语评价下，幼儿情绪的归因方式存在显著的年龄差异。3—4 岁幼儿比 4—6 岁幼儿更多地将理解到的情绪归因到自己身上。这是因为 3—4 岁幼儿处于前道德阶段，以结果定向为主，并且以自我为中心，所以 3—4 岁幼儿理解的积极情绪最开始来源于画中小朋友画了一幅非常漂亮的画，并更多地将这种情绪归因到自己身上。这种情绪会加强幼儿在此类行为中的动机，使幼儿在下次再遇到相同或相似的情境时，更有信心将事情做好，这种归因有利于幼儿自信心的建立。

在否定性言语评价下，幼儿情绪的归因方式存在显著的年龄差异。3—4 岁幼儿比 4—5 岁幼儿更多地将理解到的情绪归因到自己身上，4—5 岁幼儿比 5—6 岁幼儿更多地将理解到的情绪归因到自己身上。这是因为随着幼儿年龄的不断增长，他们从前道德阶段逐渐过渡到他律道德阶段，儿童认为规则、规范是由权威人物制定，不能改变，必须严格遵守。当故事中的教师对幼儿的画作出评价，幼儿就会遵守权威人物的规则，听从教师的评价并将其内化成自我评价。Koenig 等人（2019）的研究结果显示，在得分低于均值的儿童中，以及在存在负性语气的情况下，负性内容可以显著预示更多地内部归因。[①] 这说明消极言语在一定情况下使儿童将结果内部归因。

在无言语评价下，幼儿情绪的归因方式存在显著的年龄差异。3—4 岁幼儿比 4—6 岁幼儿更多地将理解到的情绪归因到自己身上，这是因为 3—4 岁幼儿处于前道德阶段，且以结果定向为主，并以自我为中心。3—4 岁幼儿理解的情绪最开始是源于画中小朋友画了一幅非常漂亮的画，所以更多地将这种情绪归因到自己身上。在无言语评价下，4—6 岁幼儿多理解到消极情绪，4—6 岁的幼儿更多地理解到的是意图定向，因为他们希望得到权威人物的评价来判断自己的行为是否满足了他人的期望，当教师没有及时给予幼儿言语评价时，他们就会将这种消极情绪归因到教师身上，这就会减弱幼儿在相同或相似情境中的行为动机。这也验证了前人的研究结果，年幼儿童以结果定向为主，年长儿童以意图定向为主。Hilton 等人（2019）也总结出儿童对行为的评价依赖于情境

---

① Koenig, M. A., Tiberius, V., and Hamlin, J. K., "Children's Judgments of Epistemic and Moral Agents: From Situations to Intentions", *Perspectives on Psychological Science*, Vol. 14, No. 3, 2019.

的特征，这些特征决定了行为的动机在道德上是善还是恶。[①]因此，与认知判断不同，儿童的社会评价包括对某一行为是否源于施动者的意图的评估。Koenig 等人（2019）认为虽然在各种道德评估任务中，儿童越来越依赖意向信息，幼儿对他人的评估可以是基于意向的，甚至在发展的早期也是如此。[②] 幼儿在早期的社会评估决策不仅仅依赖于观察到的行动结果，意图在道德评估中被考虑的频率和程度既取决于孩子在第一时间构建准确意图的表达能力，也取决于意图与结果信息的显著性。

幼儿在三种情境故事下，可以对产生的不同情绪进行归因，这与前人的研究结果一致，即 3—4 岁儿童已能对情绪进行归因，伴随着年龄的发展对情绪原因的理解更具有逻辑性。

2. 不同性质言语评价下幼儿情绪归因方式的性别差异讨论

对比不同性质言语评价下幼儿情绪归因方式的性别差异，结果显示 3—6 岁幼儿情绪的归因不存在性别差异。这验证了前人相关的研究。前人有关初中生归因方式的研究结果也与本研究的研究结果相似，这说明 3—6 岁幼儿情绪的归因方式不受性别影响。

3. 不同性质言语评价下幼儿自豪情绪归因方式的年龄差异讨论

探讨不同性质言语评价下幼儿自豪情绪归因方式的年龄差异，结果显示：在肯定性言语评价下，幼儿自豪情绪理解的归因方式存在显著的年龄差异，即在肯定性言语评价下，3—6 岁幼儿在自豪情绪的归因方式上存在不同。3—4 岁的幼儿比 4—5 岁的幼儿将理解到的自豪情绪更多地归因到自己身上，4—5 岁的幼儿比 5—6 岁的幼儿将理解到的自豪情绪更多地归因到自己身上。在否定性言语评价下和无言语评价下，3—6 岁幼儿自豪情绪理解的归因方式不存在显著的年龄差异。这与前人的研究结果略有差异，主要原因可能是在否定性言语评价下和无言语

---

① Hilton, B. C., and Kuhlmeier, V. A., "Intention Attribution and the Development of Moral Evaluation", *Frontiers in Psychology*, 2019.

② Koenig, M. A., Tiberius, V., and Hamlin, J. K., "Children's Judgments of Epistemic and Moral Agents: From Situations to Intentions", *Perspectives on Psychological Science*, Vol. 14, No. 3, 2019.

评价下幼儿较少理解到自豪情绪，所分析出的结果也与其他人的研究结果有所差异。

4. 不同性质言语评价下幼儿自豪情绪归因方式的性别差异

对比不同性质言语评价下幼儿自豪情绪归因方式的性别差异，结果显示：在肯定性言语评价下，幼儿自豪情绪的归因方式存在显著的性别差异，女孩更多地归因于教师（他人），而男孩更多地归因于自己。在否定性言语评价下，幼儿自豪情绪的归因方式不存在显著的性别差异。在无言语评价下，幼儿自豪情绪的归因方式存在显著的性别差异，女孩更多地归因于自己，而男孩更多地归因于教师（他人）。在否定性言语评价下，幼儿自豪情绪的归因方式不存在显著的性别差异，可能是因为幼儿在否定性言语评价下较少理解到自豪情绪，数据较少所以差异不显著。在无言语评价下，幼儿自豪情绪的归因方式存在显著的性别差异，但是由于在无言语评价下较少理解到自豪情绪，数据较少所以虽然差异显著但不具备代表性。这与前人的研究结果不一致，可能与幼儿的自身有关，女孩可能更注重他人对自己的评价，而男孩更注重自身的情绪。刘国雄等研究者(2006) 认为，幼儿的情绪归因与情绪的性质以及具体的情境有关。①

六　研究结论

本研究通过实验法探究教师言语评价对 3—6 岁幼儿自豪情绪理解的影响，最终得出以下结论。

1. 通过对 3—6 岁幼儿在不同性质言语评价前后情绪特征分析及进一步差异检验，研究结果如下。

（1）3—6 岁幼儿在不同性质言语评价前情绪的理解年龄差异不显著。

（2）在肯定性言语评价后和否定性言语评价后，幼儿情绪的理解

① 刘国雄、方富熹、赵佳：《幼儿对不同情境中的情绪认知及其归因》，《心理学报》2006 年第 2 期。

年龄差异不显著；在无言语评价后，幼儿情绪的理解年龄差异十分显著，4—6 岁幼儿理解到的消极情绪多于 3—4 岁幼儿理解到的消极情绪。

2. 通过对 3—6 岁幼儿在不同性质言语评价前后自豪情绪特征分析及进一步差异检验，研究结果如下。

3—6 岁幼儿在不同性质言语评价前自豪情绪的理解年龄差异不显著。

在肯定性言语评价后和否定性言语评价后，幼儿自豪情绪的理解年龄差异不显著；在无言语评价后，幼儿自豪情绪的理解年龄差异十分显著，3—4 岁幼儿理解的自豪情绪多于 4—6 岁幼儿。

在肯定性言语评价前后，幼儿自豪情绪的理解差异不显著；在否定性言语评价前后和无言语评价前后，幼儿自豪情绪的理解差异显著。

3. 通过对 3—6 岁幼儿情绪归因方式特征分析及进一步差异检验，研究结果如下。

在肯定性言语评价下，幼儿情绪的归因方式年龄差异显著，3—4 岁幼儿比 4—6 岁幼儿更多地将理解到的情绪归因到自己身上；在否定性言语评价下，幼儿情绪的归因方式年龄差异显著，3—4 岁幼儿比 4—5 岁幼儿更多地将理解到的情绪归因到自己身上，4—5 岁幼儿比 5—6 岁幼儿更多地将理解到的情绪归因到自己身上；在无言语评价下，幼儿情绪的归因方式年龄差异显著，3—4 岁幼儿比 4—6 岁幼儿更多地将理解到的情绪归因到自己身上。

在不同性质言语评价下，幼儿情绪的归因方式性别差异不显著。

4. 通过对 3—6 岁幼儿自豪情绪归因方式特征分析及进一步差异检验，得出研究结果如下。

（1）在肯定性言语评价下，幼儿自豪情绪理解的归因方式年龄差异显著，3—4 岁的幼儿比 4—5 岁的幼儿更多地将理解到的自豪情绪归因到自己身上，4—5 岁的幼儿比 5—6 岁的幼儿更多地将理解到的自豪情绪归因到自己身上。在否定性言语评价下和无言语评价下，3—6 岁幼儿自豪情绪理解的归因方式年龄差异不显著。

（2）在肯定性言语评价下，幼儿自豪情绪理解的归因方式性别差异显著，女孩更多地将理解到的自豪情绪归因于教师（他人），而男孩更多地将理解到的自豪情绪归因于自己；在否定性言语评价下，幼儿自豪情绪理解的归因方式性别差异不显著；在无言语评价下，幼儿自豪情绪的归因方式性别差异显著，女孩更多地将理解到的自豪情绪归因于自己，而男孩更多地将理解到的自豪情绪归因于教师（他人）。

第二节　教师言语评价促进幼儿自豪情绪的教育策略

一　教师在评价幼儿时应多使用肯定性言语评价

3—6 岁的幼儿正处于道德情绪发展的时期，而自豪情绪作为积极的道德情绪，使幼儿产生更多的积极体验。在实验过程中可以清楚地观察到，在同一情境下教师使用肯定性言语评价可以激发或维持幼儿的积极情绪。当幼儿对一件事情产生积极情绪时，就会影响他们对这件事情的动机，那么以后幼儿再面对同类型的事件时就更愿意认真去做，也会有更强的信心相信自己可以做好。与之相反，如果在同一情境下教师使用否定性言语评价，多数会影响幼儿的积极情绪，使之转换为消极情绪。对于这种消极情绪，幼儿虽然归因各不相同，但都在一定程度上影响幼儿做这件事情的动机，这样就会打消幼儿在同类型事件上的积极性，以后在面对与之相同或相似类型的事件时多会产生退缩情绪行为，这是很不利于幼儿的发展的。而且如果长时间对幼儿使用否定性言语评价会改变大脑的结构，幼儿的大脑处于发育阶段，如果长时间处于批评的环境中会改变他们大脑的结构，形成懦弱自卑型人格。这种否定和打击还会给幼儿消极的心理暗示，这种暗示会内化成为幼儿对自己的评价，他们会习惯性地自我否定和自我批评，觉得自己一无是处，即使成年后也很难改变。所以对幼儿要有更多的耐心，对幼儿做得好的事情多使用肯定性言语评价，对幼儿做得不好的事情要耐心教导，不能随意使用否定性言语评价。

二　教师应给幼儿及时的言语评价

当幼儿完成了一项工作或者做完一件事情时，作为教师要及时给予幼儿回应，这种回应对于幼儿来说是一种反馈，幼儿可以根据教师的回应塑造自己的行为。幼儿在 3—6 岁的年龄段，多会依赖成人的评价来评定自己这项工作或者这件事情完成情况如何，当幼儿向身边成人寻求评价时，教师作为幼儿在幼儿园内的重要他人，应该给予幼儿及时的评价。这有利于幼儿从教师的评价中完成自评，也有助于幼儿自信心的建立。在实验过程中，无言语评价下教师只是看了画中小朋友的画，但是什么都没有说，大多数幼儿对教师这样的行为会产生消极情绪，有的幼儿觉得教师很奇怪，还有的幼儿觉得教师是因为觉得画中的小朋友画得不好才没有对他说什么。在这种情况下，教师能否在幼儿寻求评价时及时给予恰当的言语评价显得尤为重要，教师的言语评价不够及时往往会使幼儿觉得困惑，甚至产生消极情绪。当幼儿产生了消极情绪时，即使是事后再对幼儿进行言语评价，这种效果也根本不能和及时的言语评价相比。及时的言语评价会强化或消除幼儿的行为，当教师对幼儿的行为进行了评价，幼儿会将行为与教师的言语评价结合起来，觉得每当做出这种行为就会得到教师相应的言语评价。为了使得幼儿能经常做出符合成人要求的行为，教师应及时对幼儿好的行为给予积极的言语评价，不好的行为出现时也要耐心指导做到及时制止。这样幼儿就会为了体验这种自豪情绪的愉悦感而更多地做出好的行为，这有利于幼儿亲社会行为的发展，也有利于幼儿良好人际关系的建立。教师的评价还能培养幼儿的兴趣，使幼儿在教师的评价和自己的行为中发现自己的兴趣，从而更加强化自己的行为动机。

三　教师应给幼儿创设足够的成功情境

成功情境有利于幼儿产生自豪感，增强他们的自信心。在实验过程中，虽然使用的是情境故事法，参与实验的幼儿并没有直接参与到故事中的成功情境中，但是幼儿依然可以在这种别人的成功情境中体验到自豪情绪，这就表明了 3—6 岁的幼儿可以理解他人情绪。那么在幼儿园中，作为教师除了可以给幼儿观看他人成功的视频外，更多地可以从给幼儿创设成功情境入手，让幼儿更直观地体验到自豪情绪。

教师可以在活动中设置一些幼儿通过努力就可以完成的任务；或者在学习时表扬回答问题又快又好的幼儿；还可以让幼儿自己的事情自己动手，帮助教师做一些力所能及的事情；再者可以对学习认真的小朋友给予“小红花”的奖励，总之，通过身边榜样的力量来促进小朋友自己动手动脑。这样幼儿不仅会有很好的动手动脑的能力，还会养成幼儿自立的性格，也能使幼儿体会到帮助他人的自豪情绪，从而增加幼儿的助人行为。

四　教师的言语评价应客观、具体化

肯定性言语评价使用的是具体的肯定性言语评价：“明明这幅画画得真好，颜色搭配很漂亮”，否定性言语评价使用的是笼统的否定性言语评价：“壮壮这幅画画得乱七八糟的，一点也看不出来画的是什么”。实验过程中，在肯定性言语评价下询问幼儿为什么画中的小朋友会有这样的心情时，幼儿在归因时多半都会说因为他颜色搭配得很漂亮；而在否定性言语评价时，有少数几个幼儿会质疑这幅画画得并没有乱七八糟，为什么老师会觉得乱七八糟呢？或者说这幅画和前面一幅画是一样的。还有的幼儿说我能看出来画的是什么。这除了是因为在设计情境故事时，对消极言语评价使用的语言考虑不周，还说明其实幼儿对一件事情有了自己的判断。

教师在言语评价幼儿时要使用客观、具体的言语去评价幼儿，使幼儿更能了解自己做得好的地方好在哪里，做得不好的地方不好在哪里，这样会使幼儿更容易理解，根据教师的言语评价去改正。当教师使用客观、具体的言语评价时，还会增强幼儿对教师的信任感，反之则会影响幼儿对教师的信任感，使师幼关系向着不良的方向发展。

五　教师应引导幼儿正确情绪归因

幼儿在3—4岁时比4—6岁时将情绪产生的原因更多归因于自己，但是4—6岁的幼儿更多地将产生的情绪归因于教师（他人）。当幼儿将自己的成功归因于自己时，幼儿会觉得自己有能力将这件事情做好，并且在以后遇到同样的事情时会更积极地去完成；当幼儿将自己的失败归因于自己时，幼儿会觉得自己没有能力将这件事情做好，并且在以后遇到同样的事情时也会消极对待。当幼儿将自己的成功归因于教师（他人）时，幼儿会更在意教师的表扬，而忽略了自己的努力，觉得自己只要得到教师的表扬就好，自己不需要更努力去完成这件事，并且在以后遇到同样的事情时也不会积极去完成；当幼儿将自己的失败归因于教师（他人）时，幼儿会觉得自己这件事情已经做得足够好，但是依然没有得到教师的表扬，自己的努力没有得到教师的肯定，会产生生气的情绪，并且在以后遇到同样的事情时也不会努力去完成。不同的归因方式会对幼儿的认知产生影响，继而会影响幼儿的行为。马军伟（2017）的矫正儿童攻击性行为，提出要帮助儿童全面认识自身攻击性行为，并帮助儿童抵制敌意性归因，减少流动儿童的攻击性行为。[①] 这就要求教师在使用言语评价的时候要更多地表扬幼儿的努力而不是聪明，帮助幼儿正确归因。因为一旦幼儿被表扬聪明就会想避免自己犯错误，久而久之对困难就会产生回避心理，变得不能接受挫折与失败。但是被表扬努力的幼儿就会更具有探索精神，觉得只要自己努力就一定可以做好这件事情，当产生挫折与失败时也能更好地应对。这不是说教师不允许使用批评言语，正确使用批评言语一样可以使幼儿改正自己的行为。教师在使用批评言语时，要依据事实，从事实出发，针对具体事情具体使用批评言语，如：幼儿在学习知识时不认真，总是和其他小朋友讲话，教师就可以批评小朋友上课没有好好听老师讲的知识，还和其他

① 马军伟：《理性情绪疗法介入流动儿童攻击性行为的实务研究——以某个案辅导为例》，硕士学位论文，华中科技大学，2017年。

小朋友讲话，希望小朋友可以改正这个错误的行为并且下次不要再犯相同的错误。批评言语虽然会在当时带给幼儿不好的情绪体验，但是正确使用批评言语不仅不会打击幼儿的自尊心和自信心，而且对幼儿不正确的行为具有良好的矫正作用。教师可以帮助幼儿将消极情绪进行归因，使幼儿觉得只要通过努力就可以改变这种消极情绪的出现，使教师的批评也能有助于幼儿行为向着良好的方向发展。

第六章　教师与幼儿情绪理解

第一节　幼儿情绪理解能力发展现状

一　3—6岁幼儿情绪理解能力的发展

幼儿时期是儿童社会性获得发展的基础时期，情绪理解能力的发展在一定程度上能够预示幼儿在未来一段时间内社会性的发展。了解幼儿情绪理解能力的发展特点，以及主要影响因素可以为有效的策略研究奠定基础。

（一）3—6岁幼儿情绪理解能力的发展现状

（1）表情识别能力的发展

卓美红（2008）的研究发现，幼儿的表情识别能力发展主要集中在2—4岁，4岁以上的幼儿可以准确识别基本情绪的表情。[①]这一结果较早于西方研究者庞斯（Pons）和哈里斯（Harris）（2004），他们的研究结果发现，55%的3岁幼儿和75%的5岁幼儿可以正确识别面部表情。3—4岁幼儿对四种基本情绪（高兴、愤怒、伤心、害怕）的表情识别能力均有所发展。特别是对高兴表情识别，儿童在3—4岁时期就已经具备了基础的表情识别能力。4—5岁时期是幼儿对生气表情识别能力发展的关键时期，这一时期的表情识别能力比3—4岁有所提高。5—6岁幼儿已经基本掌握了四种基本情绪的表情识别和辨别能力。[②]

---

① 卓美红：《2—9岁儿童情绪理解能力的发展研究》，硕士学位论文，浙江大学，2008年。

② Pons, F., Harris, P. L., and Rosnay, M. de., "Emotion comprehension between 3 and 11 years: Development periods and hierarchical organization", *European Journal Developmental Psychology*, Vol. 1, No. 2, 2004.

（2）情绪线索识别能力的发展

情绪线索识别是情绪理解的重要组成部分，主要研究范式就是德纳姆（Denham）的“布偶实验”。研究结果表明，大约从 3 岁开始，幼儿开始能够识别引发情绪的情境。而卓美红（2008）的研究显示，不同类型的情绪线索的发展有不同的趋势。各种情绪中最早发展的是高兴情绪线索的理解，4 岁以上的幼儿可以识别和理解，而对于悲伤、愤怒和恐惧情绪线索的理解主要在 2—5 岁时发展起来的，相比之下，对恐惧情绪线索的认识比悲伤和愤怒略早。

（3）3—6 岁幼儿愿望、信念情绪理解能力的发展

3—6 岁幼儿已经可以正确理解情绪与愿望的关系，而且这一能力随年龄的增长而不断提高。4—5 岁以前的幼儿对信念与情绪之间关系的理解处于一种较为不稳定的随机水平，并且没有养成信念情绪理解能力；5—6 岁幼儿的得分显著高于 3—5 岁幼儿，这就表明到了 5—6 岁，幼儿基于信念的情绪理解能力才开始逐渐发展起来。但国内学者杨小东、方格（2005）经过研究学龄前儿童的信仰、愿望和情感之间的关系发现，在推测他人的意愿时，一些 3 岁和 4 岁的孩子可以正确地指出他人的信仰，但不能正确地指出他人的意愿，由此可见愿望的认知发展是具有复杂性的。①

（4）幼儿情绪调节能力的发展

幼儿的情绪调节能力与他们对刺激的社会认知、他们理解或推测自己的精神状态以及情绪反应的能力有关。Vinden（1999）的一项研究发现，年幼的幼儿难以理解他人的负面情绪，比如悲伤和不幸，因此幼儿不能正确调节自己的情绪反应，当别人正在承受消极情绪时可能还会做出积极的情绪反应。②拉古泰塔（Lagattuta）（2001）和其他研究者研究表明，随着年龄的增长，幼儿可以使用更多的认知策略来有效地调节自

① 杨小冬、方格：《学前儿童对事实、信念、愿望和情绪间关系的认知》，《心理学报》2005 年第 5 期。

② Vinden, P. G., “Children's understanding of mind and emotion: a multi-culure study”, *Cognition and Emotion*, Vol. 13, 1999, pp. 19 – 48.

己的情绪，例如；对于愤怒情绪，2—3 岁的幼儿倾向于使用避免愤怒情绪的方法，而年龄较大的幼儿倾向于使用两全的方法来处理情感冲突。①

（二）影响3—6 岁幼儿情绪理解能力的主要因素

（1）家庭环境因素

家庭环境因素包括亲子关系以及父母对幼儿的教养方式。

家庭教育是人类社会中一种永恒的教育现象。父母有意或无意地都在对幼儿进行着影响。3—6 岁是幼儿情绪理解能力发展的关键时期，在这一阶段中，父母发挥着重要作用。幼儿最早的情绪体验发生在与家庭成员的交往之中，积极的亲子关系是促进幼儿社会发展的重要途径。在与父母的日常生活交流中，幼儿学习和练习情感的理解和表达。

有研究发现，儿童的依恋类型与情绪理解发展有着很大的关联性，安全型依恋儿童的情绪理解能力明显高于非安全型依恋的儿童。这表明家庭中的情感交流，特别是积极的亲子互动，与幼儿情绪能力的发展有关。安全依恋的幼儿可以获得更加和谐的亲子关系，父母与孩子之间的情感交流和互动更加丰富。这对幼儿的情感理解的发展产生了积极的影响（马伟娜、姚雨佳、曹亮，2015）。②

父母教养方式有时候又叫作“养育方式”，它通常指父母在教育和抚养幼儿时使用的方式和方法。琼斯（Jones）研究了 55 名 5 岁幼儿父母的教养方式与儿童情绪理解能力发现，特别是积极型的教养方式可以提高幼儿情绪理解能力的发展；消极型的养育方式阻碍了幼儿的情绪理解能力的发展，当前教养方式与幼儿情绪理解能力呈显著相关。③研究表明，幼儿情绪理解能力与幼儿焦虑程度之间存在着显著的正相关关

---

① Lagattuta, K. H., Wellman, H. M., “Thinking anbout the past: Early knowledge about links between prior experience, thingking and emotion”, *Child Development*, Vol. 72, 2001, pp. 82 – 102.

② 马伟娜、姚雨佳、曹亮：《学龄儿童不同层次情绪理解的发展及其与同伴接纳的关系》，《心理科学》2011 年第 6 期。

③ Jones D. J., Abbey B., “The development of display rule knowledge: linkage with family expressive and social competence”, *Child Development*, Vol. 69, 1994, pp. 1209 – 1222.

系。通过调整幼儿基于信仰目的了解情绪的能力，可以改变父母家庭表达对儿童焦虑的影响。另外，民主型的父母教养方式也是教育界所倡导的一种教育模式，它对幼儿情绪的理解与表达有很好的效果，帮助幼儿很好地理解他人，并善于控制自己的情绪（张亦欣，2017）。[①]

（2）同伴关系

同伴关系是指幼儿在与其年龄相差不多或心理发展水平相接近的幼儿进行互动交往的过程中建立和发展起来的一种人际关系，它是幼儿社会化进程中的重要组成部分，它与亲子关系、师幼关系都不同。幼儿在与同伴的交往过程中，幼儿可以更自由、更轻松地去表达自己的情感，这可以帮助幼儿了解自己和他人情绪的异同之处，观察和理解情绪的情境线索，能够有机会体验情绪产生的原因。李幼穗和赵莹（2009）发现，在幼儿群体中受欢迎的小朋友一般都有比较高的情绪理解能力，受欢迎的小朋友可以更好地认识和理解他人的情绪状态，并能够在心里很好地预测自己的行为将会给别人带来什么样的情绪体验。幼儿情绪理解与同伴群体中的受欢迎程度呈正比。她们的研究显示，幼儿对四种情绪（高兴、愤怒、伤心、害怕）的理解水平与社会交往中的受欢迎程度呈显著正相关，受欢迎程度代表了幼儿受同伴接纳的程度，这一研究结果与 Villanneva 等人的研究相一致。[②]研究表明儿童的情绪理解能力与儿童的同伴关系之间存在显著的相关性。在学校里，具有高情感理解力的儿童更受欢迎，而情绪理解能力低的儿童在学校里容易被忽视或不受欢迎，也同样证实了这一联系，并得到同伴接纳程度可以预测幼儿情绪理解能力的发展（田瑞向，2016）。[③]

同伴关系在幼儿的社会性发展中起着非常重要的作用，在 3—6 岁这一年龄阶段，大部分幼儿进入幼儿园学习和生活，而幼儿园的环境与

---

① 张亦欣：《父母家庭表露与幼儿情绪理解能力及其焦虑关系的研究》，硕士学位论文，湖南科技大学，2017 年。

② Villanneva L.，Clemente R.，Garcia F.，“Theory of mind and peer rejection at school”，*Social development*，Vol. 9，2009，pp. 271 – 283.

③ 田瑞向：《幼儿情绪能力的发展及其与同伴关系的关系研究》，硕士学位论文，苏州大学，2016 年。

家庭环境相比更为复杂，在幼儿园与其他幼儿的交往中，幼儿不仅会体验到积极的情绪体验，也会有消极的情绪体验。

（3）教师因素

幼儿园是幼儿学习和生活的最重要场所，幼儿园里教师就是儿童的榜样，由于幼儿教师对幼儿有着示范作用，教师对情绪的表达和调节影响着幼儿的发展。首先，幼儿的情绪表达和情绪认知能力的发展将受到教师个人情感素养的影响，根据前面学者研究结果表明，教师的情绪智力越高，幼儿的情绪智力也会越高；其次教师对情绪的反应影响着幼儿情绪表达和理解能力，尤其是对消极情绪的反应，但菲等人（2014）的研究显示，幼儿对于情绪的表达和调节受教师对其表露情绪的反应和态度影响极大。教师用积极的态度反馈给幼儿，帮助幼儿调节消极情绪，在这一过程中又能够加深幼儿对情绪的认识和理解，同时也能提高幼儿对自身情绪调节的能力。教师的情绪智力与幼儿情绪理解之间呈显著正相关，且教师的情绪智力越高，幼儿情绪理解能力越高，这对提高幼儿的社会性有很重要的意义。①

（4）幼儿自身认知水平

幼儿在情绪理解能力方面存在显著的年龄差异。研究幼儿气质与情绪理解能力之间的关系，发现二者之间存在着显著的正相关。言语发展水平与理解情绪的能力之间也存在显著相关（熊贇慧，2016），②愿望—信念情绪理解与幼儿的语言发展也存在明显的相关联系（张少丽，2009）。③

综上所述，影响幼儿情绪理解能力的因素包括家庭因素、同伴关系、教师因素以及幼儿自身的认知能力，这就启示我们在对幼儿进行情绪理解能力的培养过程中，要注重融入这些影响因素。

---

① 但菲、梁美玉、薛瞧瞧：《教师对幼儿情绪表达事件的态度及其意义》，《学前教育研究》2014 年第 12 期。

② 熊贇慧：《3—6 岁幼儿情绪理解的发展及其与气质的关系》，《武汉交通职业学院学报》2016 年第 3 期。

③ 张少丽：《3—4 岁幼儿情绪理解与母亲情绪表露的相关研究及教育启示》，硕士学位论文，华东师范大学，2009 年。

（三）培养幼儿情绪理解能力的理论基础

幼儿情绪理解能力的培养发展至今，逐步变成了一门教育艺术，这门艺术的理论基础主要包括以下几种。

（1）布卢姆的教育目标分类理论

美国著名教育学家心理学家本杰明·布卢姆（Benjanmin S. Bloom），有着丰富的教育理念，比如教学的目标分类、形成性评价和掌握学习等。布卢姆并不是唯一研究教学目标分类理论的人，但布卢姆的教学目标分类理论是相对系统的。根据实现目标所需的心理发展水平，将逻辑和心理教学目标系统地组织成一个具有逻辑性的教学目标体系。对教学目标的分类就是采用分类理论对各种具体的教学目标进行排序和组合，从简单到复杂，从低级到高级的连续分类系统，使其系列化。布卢姆在《教育目标分类学》一书中以儿童身心发展的整体结构为体系，把教育的目标分为认知、情感、动作技能三大类[①]：

认知：专注于记忆或复制可能已经学到东西的目标，以及解决某些智力任务的目标，这项明智的任务要求个人确定有实质性问题，然后重新安排具体材料。或者将它与过去学到的想法、方法或程序结合起来，它主要包括对知识的把握，理解或重现，认知以及认知能力的形成和发展。

情感：一个关注情绪、情感、接受和拒绝水平的目标。它主要包括益处、立场、习惯和价值观的形成和发展。

动作技能：它主要包括神经与肌肉之间的协调操作以及一系列的操作和运动，侧重于某些肌肉或运动技能，某些材料和物体操作的目标。

布卢姆等人对教学目标的分类改变了以前仅限于一般教学目的和任务的情况，提出了具体详细的教学目标可以帮助教学取得最佳成果。

（2）皮亚杰的认知发展理论

瑞士著名认知发展心理学家皮亚杰（Jean Piaget）的理论表明了他对人类思维和认知形成过程的基本观点，解释了人类思维从发生到逐渐

① 罗平：《简述布卢姆教学论主要观点》，《西藏大学学报》1996 年。

成熟的发展过程。有关认知发展划分的想法，以一些新概念，比如图式同化、适应与平衡等都极具创造性。他曾指出，情感构成人类行为的动力状态，也强调认知和情感之间的交互作用，情绪状态会刺激认知的激活，而认知的激活也同样作用于情绪状态。

（3）认知行为疗法理论

美国心理学家阿伦特姆金·贝克（A. T. Beck）的认知行为疗法表明，人们的感受行为取决于他们如何构建自己的经历。认知是指一个人对一件事或某对象的看法、对自己的看法、对人的想法、对环境的认识和对事的见解等。认知行为治疗理论认为：人们的情感来自人对所遭遇事情的信念、评价、解释或哲学观点，而不是来自事情本身。“适应的行为和情绪都归因于适应不良的看法。”认知疗法是一种异质的心理疗法，其主要目的是纠正功能失调的认知或功能失调模式。理论假设是：人类认知在情绪和行为中起着决定性的作用。[①]例如一个人一直在思考，认为他表现得不佳，甚至他的父母也不喜欢他，因此，做什么事都没有信心很自卑。治疗策略是帮助他重新构建认知结构，重新评价自己，重建对自己的信心，更改对于自己错的认知。认知行为治疗认为治疗的目标不仅仅是要处理行为和情绪的外在表现，还要分析患者的思维活动（认知）和处理现实的策略，找出错误的认知并纠正它。

另外贝克（Beck）极为推崇艾里斯（Ellis）的观点：“认知因素是改变感情和行为的一种方式。”[②]认知结构越复杂，对人和物的分析越好，对多种属性的分析和评价越全面，情绪反应就越温和；相反认知结构越简单，评估事物就越简单，情绪体验就越强烈。

（4）康布斯的学习理论

人本主义心理学家康布斯（Combs）认为：个人行为很大程度上取决于他对自己和周围世界的看法。认知心理学家看到的是一种理性的基

① 冯锐：《心理应激系统模式指导下认知—行为疗法在心理咨询与治疗中的运用》，硕士学位论文，浙江大学，2007 年。

② 马裘丽、韦夏：《认知治疗学派创始人》，学林出版社 2007 年版，第 5 页。

本认知过程，而人文主义心理学家将感知解释为一种个体感受到他所感知的对象的感觉。对事物的感知会影响个人行为，因此改变一个人的行为不仅仅可以从行为中纠正，而且必须尝试改变他们的观念或信念。也就是改变他的情感和认知，才可以在根本上改变行为。同时他还提倡教育的目的不限于教师教授知识或生活技能，更重要的是满足学生的情感需求，这使学生能够在认知和情感发展方面培养平衡的个性。

综合上述理论观点可以看出，认知、情感和行为这三者的发展可以代表人一生的发展目标，而认知、情感和行为这三个维度也从根本上影响着幼儿情绪理解能力的发展。

二 3—6岁幼儿情绪理解能力存在的主要问题

当前幼儿教师以及家长逐渐意识到幼儿情绪教育的必要性与重要性，但是如何有效展开对幼儿的情绪教育，对许多教师和家长来说仍然是一个较为困难的问题。

（一）教师对幼儿情绪理解能力缺乏认识与系统的培养方法

幼儿时期是一个人情绪智力、情绪能力形成的关键时期，幼儿的主要生活场景由家庭环境转变为学校环境，平时生活中照顾自己的父母转变了幼儿园学校的幼儿教师。在这个时期，幼儿最需要一种有效指导与帮助。在2010年我国颁布的《幼儿园教师专业标准（试行）》成为我国幼儿教师发展的标准，但目前我国幼儿教师的实际素质以及在幼儿园的保教工作中的现状和问题，表明提高幼儿教师的专业素质和实践能力还有很长的路要走。很多幼儿教师已经意识到幼儿的社会性和情绪能力在幼儿成长中起着至关重要的作用。但是，有的幼儿教师不知道该如何提高幼儿的情绪能力，在现实操作中经常感到力不从心，缺乏相应的情绪教育理念以及正确的指导，这是培养幼儿情绪理解能力时一个不容小觑的问题。

熊莲君和谢莉莉（2017）的研究结果发现，教师通过自身影响幼儿情绪理解能力的发展。情绪表达和理解、教师对幼儿的情绪反应、教师调整情绪的方式以及教师与幼儿之间的四种互动方式影响着幼儿情绪理解的发展。[①]

由此可见，一旦幼儿教师缺乏对培养幼儿情绪理解能力的意识和系统的方法，将会影响到教师对于幼儿的情绪理解能力的培养。提高幼儿教师对幼儿情绪理解能力的系统认识和培养，是培养幼儿情绪理解能力的有效途径之一。

（二）家庭教育中忽视对幼儿情绪理解能力的培养

斯金纳（Skinner）和维尔伯恩（Wellborn）在研究中发现[②]：当幼儿经历负面情绪时，如果父母积极支持幼儿，帮助幼儿管理自己的情绪，将有利于儿童的社交能力的发展，降低社会互动对幼儿带来的消极体验。而在现实生活中，并不是所有的父母都能做到这一点，有的幼儿父母对幼儿高要求、低反应，时常会以自己的标准去要求幼儿，有些父母可能没有注意到幼儿的消极情绪，不能够及时地给予幼儿温暖的支持，使幼儿在情绪理解能力的发展上缺少兴趣与积极反应，不利于幼儿情绪理解能力的发展。

根据研究发现，完整家庭、离异家庭和孤儿这三种类型的幼儿在识别“高兴”表情上没有差异，但“悲伤”“愤怒”和“恐惧”三种表达方式存在显著差异。也就是说不同家庭类型的幼儿在积极情绪认知方面没有显著差异，但是对消极情绪的认知却相反，存在显著差异。导致这一结果的原因可能是父母离婚会对幼儿的心理产生很强的负作用，父母双方在离婚前的争吵、冷战以及暴力事件，使幼儿长时间处于一种消极冰冷环境中，致使幼儿心理的敏感程度上升，特别是对外界的消极情绪会更加敏感。

从促进幼儿情绪能力发展的角度来看，结合幼儿情绪能力的发展特点和个体差异，所有的幼儿都能在情绪表达、情绪理解和情绪控制调节上表现出发展性的进步，还需要幼儿教师和家长在这方面进行深入的学

---

① 熊莲君、谢莉莉：《幼儿教师对幼儿情绪理解能力发展的影响》，《现代中小学教育》2017 年第 33 期。

② 马春红：《父母对幼儿消极情绪反应方式与幼儿情绪理解能力关系的研究》，硕士学位论文，上海师范大学，2010 年。

习和探索。

第二节　教师对 3—6 岁幼儿情绪理解能力的培养策略研究

一　问题提出

幼儿情绪理解能力在幼儿成长过程中具有重要作用，不论是家庭教育，还是幼儿园的教育，以及幼儿自身认知等能力都会影响幼儿的情绪理解能力。如何培养幼儿的良好情绪理解能力，是当前幼儿教育中需要重点关注的，也是幼儿教师和家长共同面临的问题。

基于前文的论述，教师和家长是对幼儿开展情绪理解教育培养的重要对象。在现实生活中，幼儿在幼儿园的生活，与幼儿教师的交流与互动居于主体地位，幼儿教师对幼儿情绪理解能力的培养具有重要的作用。因此，本节将主要探讨幼儿教师对幼儿的情绪理解能力的培养具有怎样的作用。

幼儿教师在日常的活动中，会采取怎样的具体的情绪理解能力培养方法？幼儿教师针对 3—6 岁幼儿情绪理解能力的培养策略使用上具有怎样的特征？是否存在幼儿的年级差异？在 3—6 岁不同的年龄阶段，幼儿教师采取的幼儿情绪理解能力培养策略是否存在不同？

二　研究意义

（一）理论意义

心理理论能力在很大程度上制约着儿童的社会关系及社会行为的发展，因而在儿童的社会性发展中具有十分重要的意义。作为儿童心理理论的组成部分，情绪理解是社会性发展的重要基础，提升幼儿的情绪理解能力是促进幼儿心理健康发展的重要一步。对于幼儿情绪理解能力的培养策略的研究，将有助于丰富幼儿情绪的培养体系，细化幼儿心理理论的研究内容。

（二）现实意义

情绪理解能力的发展不仅有利于儿童认知能力的发展，还影响儿童的人际交往能力、亲社会行为、同伴关系等社会能力的发展。对儿童情绪理解能力培养策略的研究可以了解哪种方法更有利于儿童情绪理解能力的发展，促使幼儿教师重视幼儿的情绪理解的发展，还能促使教师采用适当合理的教养方式来教导幼儿。

目前国内部分幼儿园已经开始实行幼儿情绪课程，希望通过本节研究为幼儿园的情绪教育提供一些参考。为促进幼儿的情绪理解能力，有效地提高幼儿教师培养3—6岁幼儿情绪理解能力提供一点有价值的参考。

三　研究设计

（一）研究问题

1. 研究问题一：为培养3—6岁幼儿情绪理解能力，当前幼儿教师常用的策略有哪些？分别是什么？

2. 研究问题二：幼儿教师对3—6岁幼儿情绪理解能力的培养策略具有怎样的特征？是否存在着年级差异？不同年级的教师可能采用的幼儿情绪理解能力培养策略有哪些不同点？

（二）研究内容

根据研究目的，确定研究内容如下：

研究内容一：幼儿教师在日常教学中，针对3—6岁幼儿情绪理解常用的策略有哪些，分别是什么？

研究内容二：幼儿教师在对3—6岁幼儿进行情绪理解能力培养时，具有怎样的特点？教师针对幼儿情绪理解的培养策略是否存在年级差异？例如针对小班的幼儿情绪理解培养，教师可能更多地采取哪一种策略，而对于大班幼儿，教师可能又会更多地采取哪种策略？

（三）研究方法

根据本节研究的内容和目的，特采用以下两种主要研究方法。

1. 内容分析法

内容分析法是一种分析文本信息在多个文本或多个文本集中是否多次出现、含义是否相同及其相互之间的联系为主的方法。具体步骤为：确定研究的目标并且确定研究的总体和分析数据，根据一定的量化原则，将数据分为不同类别，进而归类和总结。

内容分析法主要针对开放式问卷，在问卷中幼儿教师提交的文本材料“在日常的教学中，您通常采用怎样的方式来培养幼儿对情绪的理解能力？请举例说明”，对文本资料进行内容分析，通过培训编码员，对文本资料进行编码，最终得出幼儿教师常用的幼儿情绪理解能力培养方法。

2. 问卷调查法

问卷调查是一种以书面形式收集信息的研究方法。研究人员将要研究的问题汇编成问题表格，通过参与者的作答了解参与者对某一现象或问题的意见和看法。

问卷调查主要有两种方式，分别是开放式问卷和封闭式问卷。封闭式问卷主要包含两个方面，一方面是用来搜集幼儿教师的基本信息；另一方面为自编问卷《幼儿情绪理解能力培养策略调查问卷》。该问卷是基于开放式的问卷，结合相关教育理论和相关研究，对幼儿教师关于培养 3—6 岁幼儿情绪理解能力的策略使用特征研究。

四　研究过程

（一）研究一：幼儿教师常用的幼儿情绪理解能力培养策略研究

1. 被试

通过开放式问卷调查，随机抽取 C 市和 F 市的公立幼儿园和私立幼儿园的 210 名教师为调查对象，填写幼儿情绪理解能力培养方法的开放式调查表。回收有效问卷 160 份，调查对象的基本信息特征，见表6－1。

表6－1　　被试基本信息特征

变量	类别	人数	百分比（%）
年级	小小班	34	21
	小班	38	24
	中班	49	31
	大班	39	24

本研究的主要内容是幼儿园教师对3—6岁幼儿情绪理解能力的培养策略，结合幼儿园的实际教学情况，具体研究对象有：年龄为5—6岁的大班幼儿、年龄为4—5岁的中班幼儿、年龄为3—4岁的小班幼儿、年龄为2—3岁的小小班幼儿。为保证本研究被试的整体性以及分析数据时的区别性，特将幼儿园的小小班也列为本次研究的被试。

2. 研究过程

请幼儿教师填写问卷并回收问卷，对问卷进行分析。

将开放式问卷中问题的答案进行分类和统计分析，采用内容分析法，将问卷中回收的教师培养幼儿情绪理解能力常用方法事件作为文本资料，对文本数据进行分析和编码。三名经过专业培训的心理学研究生分别对于数据进行分类，并且计算评分者一致性和评分者信度，其中评分者一致性为$K=3M/(N_1+N_2+N_3)$，其中M为三名编码员完全同意的项目，N_1为第一编码员所分析的项目数，N_2为第二编码员所分析的项目数，N_3为第三编码员所分析的项目数，评分者信度公式：$R=n\times K/[1+(n-1)\times K]$，其中$R$为信度，$n$是评判员人数，$K$是评分者一致性。最后，对开放式问卷教师报告的和方法进行归纳，得出幼儿教师常用的幼儿情绪理解培养的方法主要有七种，分别是绘本阅读、师幼互动、观看视频、艺术行为、游戏活动、戏剧表演和情绪识别，此次三位编码员的评分者一致性为0.90，评分者信度为0.89。

3. 分析与结果

通过对幼儿教师报告的文本资料进行分析，得出幼儿教师在日常教学中，常用的培养幼儿情绪理解能力的方法，具体包括绘本阅读、师幼互动、观看视频、艺术行为指导、游戏活动、戏剧表演和情绪识别七种方法。以下对每种方法进行举例及说明，幼儿教师常用的幼儿情绪理解能力培养方法，见表6－2。

绘本阅读：有一天离园时，所有小朋友都被爸爸妈妈接走了，只剩下某一位小朋友一个人还在幼儿园，他焦虑地哭了起来，然后第二天教师给他讲了一个有关父母上班辛苦的绘本故事，从此妈妈晚接他的时候他再也没有哭过。

师幼互动：在游戏时，有小朋友发生了矛盾，这时作为教师首先对孩子出现的情绪表情表示理解，然后尝试让孩子假设自己是对方，站在他人的角度去处理该事件（换位思考），让孩子去理解并接受自己的情绪，进而去理解他人的情绪。

观看视频：在与幼儿观看动画或者人物视频时，结合故事中的情绪线索，与幼儿一起讨论故事中的主人公为什么会有这种情绪?

艺术行为指导：通过音乐活动，帮助幼儿发泄他们的情绪，比如利用一些欢快的歌曲，让幼儿来表达自己。

游戏活动：通过各种游戏活动，让幼儿来体验不同的情绪，引导幼儿理解并接纳别人的情绪。

戏剧表演：在班级经常举办各项分享交流活动，让幼儿分享自己的所见所想，鼓励他们自己将这种情绪表演给其他小朋友看。

情绪识别：在班级内准备一些表情卡片，如快乐、悲伤、内疚等，并利用这些情绪表情卡片跟孩子们做游戏。

表6－2　**幼儿教师常用的幼儿情绪理解能力培养方法**

方法分类	具体操作
1. 绘本阅读	指导幼儿进行阅读情绪故事书
	指导幼儿阅读情绪绘本
2. 师幼互动	当幼儿情绪事件发生时，教师会与幼儿平等地沟通
	当幼儿情绪体验事件发生时，教师能够耐心地与幼儿谈话
	教师会主动地引导幼儿反思自己的行为，进而调整情绪
3. 观看视频	指导幼儿观看动画片，通过这种方式，间接进行情绪教育指导
	观看与现实生活相关的影视资料，结合当前的情绪有效地进行指导

续表

方法分类	具体操作
4. 艺术行为指导	音乐可以调节幼儿的情绪，通过播放节奏欢快的音乐改善幼儿的情绪状态
	通过绘画，表达幼儿的心情，鼓励幼儿进行绘画创作
	运动，尤其是有节奏的律动，如舞蹈，可以引导幼儿表现自我
5. 游戏活动	主题区域活动，如“情绪角”
	集体活动，集体情绪游戏
6. 戏剧表演	教师指定某一情境进行表演
	根据故事书或绘本进行角色扮演
7. 情绪识别	教师使用表情卡片，指导幼儿识别不同的情绪
	教师有目的地引导幼儿观察彼此不同的情绪表情

通过对幼儿教师报告的“在日常的教学工作中，您通常会采用怎样的方式来培养幼儿对情绪的理解能力？请您举例说明。”的文本资料的内容进行分析，得出上述主要七种幼儿情绪理解能力的方法。依据现有的教育心理学理论，如前文中提到的布卢姆的教育目标分类理论，皮亚杰的认知发展理论、认知行为疗法理论以及康布斯的学习理论，对七种方法进行二次分类，提炼得出幼儿情绪理解能力的培养策略主要可以分为认知策略、情感策略和行为策略。见表 6 – 3。

表 6 – 3 **维度与理论的关系及方法归类**

维度	解释角度	具体定义	方法
认知	对知识的把握	引导幼儿对情绪的有关知识进行加工和整理	绘本阅读 观看视频 游戏活动
情感	关注情绪和情感	营造情绪氛围，利用情感因素的积极影响	师幼互动 情绪识别
行为	操作、运动	创造情绪学习和表现情绪的机会，发展幼儿的人际能力	艺术行为指导 戏剧表演

（1）认知策略

认知策略是指引导幼儿对情绪的有关知识进行加工和整理，通过一定的方式方法，深化幼儿对情绪以及情绪相关概念的理解，包括情绪产生的原因、不同情绪的不同感受以及正确的情绪表达等。

认知能力也称“认识能力”，指学习、理解和分析的能力，从信息加工的角度来看，即接受、加工、存储和应用信息的能力。不仅老师、父母或监护人需要了解和掌握有利于发展他们的情绪理解能力，幼儿自己也需要获得与情绪相关的知识。根据幼儿在学龄前认知能力发展水平，教育者可以通过儿童文学作品，比如图片、绘本、动画片或是音乐游戏传递给幼儿相关的情绪知识。

比如在认识情绪方面，首先，教师可以在看动画片或讲绘本故事的过程中，暂停下来，提问幼儿故事中人物的情绪情感特征、心理活动或者具体的面部表情，也可以让幼儿模仿其中的情绪表情和语调语气，让幼儿体会故事中的情感起伏。其次，教师可以将幼儿分组进行情绪识别类的比赛，或者通过某些固定的描述情绪的句子来使幼儿习得正确的情绪表达方式，比如“这首歌听起来很欢快……小青蛙肯定很开心……”“他嘟着嘴巴，看起来很难过……”“我感觉明明生气了，你看他的眉毛都立起来了!”通过这种描述来让幼儿认识各项情绪并归类。

在情绪表达方面，教师可以在故事讲完之后，让幼儿复述故事，并在这个过程中允许幼儿自由表达自己的情绪感受，或者给定幼儿一个情境，询问他/她们在这个情境下会有什么样的情绪或者是反应，并解释一下为什么会这样做，在这个表达的过程中，加深了幼儿对情绪的理解。教师应当注意尊重幼儿，鼓励他/她们的表达，不要轻易判断或者是批评幼儿。

基于认知策略的定义，在培养幼儿情绪理解能力的七种方法中，方法一绘本阅读，教师报告的具体事例如：有一天离园时，所有小朋友都被爸爸妈妈接走了，只剩下某一位小朋友一个人还在幼儿园，他焦虑地哭了起来，然后第二天教师给他讲了一个有关父母上班辛苦的绘本故事，从此妈妈晚接他的时候他再也没有哭过。和方法三观看视频，如：在与幼儿观看动画或者人物视频时，结合故事中的情绪线索，与幼儿一起讨论故事中的主人公为什么会有这种情绪？以及方法五游戏活动，如：通过各种游戏活动，让幼儿来体验不同的情绪，引导幼儿理解并接纳别人的情绪。符合认知策略的定义，因此将方法一绘本阅读、方法三观看视频和方法五游戏活动归类为认知策略。

（2）情感策略

情感策略是指通过营造出一种安全、温馨、和平以及完全被接纳的心理情境氛围，充分利用情感因素的积极影响，通过情感交流增强幼儿的情感体验，让幼儿能够对同伴及成人的情感世界有一个简单的了解，理解自己情绪感受的起因和结果。

情绪情感是人们在满足客观事物需求时产生的主观体验，是人对客观事物的一种特殊反应形式。3—6 岁这一时期的幼儿情感的丰富性、深刻性、稳定性和自控性还是较差的，总体来说是单一而且不稳定的。幼儿有时是冲动的，有时带有积极或消极的情绪，这是他/她们在这个年龄段独特的情感表现。这需要教师在培养幼儿的时候考虑幼儿的情感特征，坚持以人为本的教育理念，将幼儿视为一个主体，尊重其所有的想法，理解其所有的情绪。情绪的沟通方式有很多种，幼儿往往会使用非语言的方式或者是并不准确的词语来表达自己的情绪状况。比如在幼儿园中，有的幼儿会告诉老师自己“难受”，“难受”这一词既有生理上的意义，也有心理上的意义，这就需要教师耐心地询问清楚，究竟是身体不舒服，还是情绪低落。当幼儿在面对发生情绪事件时，老师要始终以平和的态度，鼓励或者是安抚幼儿的情绪反应，这种情感和情感之间的交流对于提高他/她们的情感理解非常重要。当幼儿发现自己是被成人或者是同伴接受的、其他人确实能理解一些他/她们内心的情绪状态时，他/她们就可以从中得到安慰，相应的安全感也会得到提升。

同伴对幼儿至关重要，是儿童社会发展的重要支柱。幼儿与成人的交往，往往是服从成人的指挥或主张，而幼儿之间的交往更能使幼儿发展出归属感、集体感。在幼儿园举办游戏活动，能够促进幼儿之间的情感交流，幼儿只有在与别人的互动交流中，才有机会去体验表达和观察情绪，才能体会理解情绪。幼儿的情绪理解能力越高，他/她们在同龄群体中越受欢迎，他/她们的同伴接纳度就越高。

基于情感策略的定义，在培养七种幼儿情绪理解能力的方法中，方法二师幼互动，教师报告的具体事例，如：当游戏时，有小朋友发生了矛盾，这时作为教师首先对孩子出现的情绪表示理解，然后尝试让孩子假设自己是对方，站在他人的角度去处理该事件（换位思考），让孩子去理解并接受自己的情绪，进而去理解他人的情绪。和方法七情绪识别，如：我会在班级内准备一些表情的卡片，如快乐、悲伤、内疚等，利用这些情绪表情卡片跟孩子们做游戏，符合情感策略的定义，因此将方法二师幼互动和方法七情绪识别归类为情感策略。

（3）行为策略

行为策略是指通过创造情绪学习和表现情绪的机会，指导幼儿学会认识并理解自己及他人的情绪、表达自己的情绪，提高情绪表达的适当性，发展幼儿的人际能力，以教师行为培养幼儿的行为。

“帮助幼儿学会恰当表达和调控情绪”是《3—6 岁儿童学习与发展指南》中提出的幼儿教育的重要目标之一。处理与他人关系的能力，尤其是与他人互动的能力，如理解他人的感受、倾听他人说话、尊重他人意见以及在同伴之间建立维持友爱关系的能力，是情绪社会化的重要内容之一。具有较好情绪调节能力的幼儿具有较好的伴侣关系和社会适应能力，情绪调节能发展较好的幼儿，其同伴的关系、社会适应性也较好。教师在日常教育中注重使用行为策略，如当幼儿产生不良情绪时，首先接纳幼儿的情绪，告诉幼儿产生不良情绪产生的危害，帮助幼儿将不良情绪宣泄出来，引导幼儿对自己的情绪表现进行反思：“我为什么会有这种感觉？是什么事情让我难过？我接下来怎么样做能好一点呢？”幼儿在学会这样反思之后，情绪理解能力将会得到提升，对自己情绪的起因以及调节方式都会有一定的了解，这样对他人的情绪也会有一个正确的理解。

在幼儿园中，幼儿们经常会遇到一些情绪事件，比如打预防针幼儿会怕疼，年龄稍大一些的幼儿能够控制自己害怕的情绪，而年龄较小的幼儿则往往会使用哭的方式来宣泄自己的情绪，而这正是一个帮助幼儿了解自己情绪、调节自己情绪的好时机：“谁能说说，打针的时候你有什么感觉？你们会害怕吗?”遇到这样的事件时，教师应当把握好机会，创造一个轻松的氛围，引导小朋友们交流自己当时的情绪，帮助幼儿进行经验分享，以及情感情绪的传递，或者在回家以后，鼓励小朋友向父母讲述自己今天在幼儿园的所见所闻、所感所想，通过这种情感交流，培养幼儿的情绪表达能力。幼儿的情绪教育既可以是单独进行的活动，也可以融入到幼儿园的日常生活之中，整合于五大领域的教育活动之中。比如在户外活动或者律动活动的时候，带领幼儿做一些能够表达自己情绪感受的行为：在高兴时拥抱身边的小朋友、在生气时双手叉腰来表示自己的气愤等。

基于行为策略的定义，七种培养方法中的方法四如：通过音乐活动，帮助幼儿发泄他们的情绪，比如利用一些欢快的歌曲，让幼儿来表达自己。和方法六戏剧表演如：在班级经常分享交流各项活动，让幼儿分享自己的所见所想，鼓励他们将这种情绪表演或者变现给其他小朋友看。符合行为策略的定义，因此将方法四艺术行为指导和方法六戏剧表演归为行为策略。

因此，认知策略、情感策略和行为策略是幼儿教师在培养幼儿情绪理解能力时常用的策略，每一种策略又有相应的具体方法，其中认知策略包含的具体方法有绘本阅读、观看视频和游戏活动；情感策略包含的具体方法有师幼互动和情绪识别；行为策略包含的具体方法有艺术行为指导、戏剧表演。

（二）研究二：幼儿教师常用的幼儿情绪理解能力培养策略特征研究

1.《幼儿情绪理解能力培养策略调查问卷》的编制

本节在梳理文献的基础上，结合有关教育心理学研究，以及研究一中的开放式问卷，在此基础上，编制《幼儿情绪理解能力培养策略调查问卷》（教师版）。采用匿名的方式进行调查。

问卷分为两部分：第一部分是教师的基本信息部分，包括教龄、学历等基本情况，第二部分为教师对幼儿情绪理解能力培养策略调查。问卷的设计从认知、情感和行为这三个方面出发。根据开放式问卷中收集到的幼儿教师常用的情绪理解能力培养方法，在初始问卷中设计了23

个具体的问题题目，使用5点评分法让教师依据自己的实际情况来做出选择。

2. 问卷编制过程

（1）预测问卷

问卷中的题目来源于研究者根据研究一中开放式问卷教师报告的具体时间进行编制的，共有23个题目，并请有教学经验的3位幼儿教师对23个题目进行校对和修正，23个题目根据上文中所述的三种维度进行设计，其中维度一情感策略所包含的题项为：3、5、7、10、11、16、18、20；维度二认知策略所包含的题项为：1、2、4、8、13、17、19、21；维度三行为策略所包含的题项为：6、9、12、14、15、22、23。

预测阶段：通过纸质版和互联网分发了139份问卷，回收139份。剔除无效问卷40份，实际有效问卷99份，因此将99份有效问卷进行问卷修订分析。

①量表的分析——项目分析

为检验《幼儿情绪理解能力培养调查量表》（教师版）的可行性与适应性，首先将数据进行描述性统计，无缺失值也无错误值，因此可以进行项目分析。将每个项目的区分度作为项目鉴别力的指标，先进行量表题项加总（便于进行观察值高低分组），找到高和低数据的临界分数，最后进行高低分组。分数界限在70—111之间，最低分是70分，最高分是111分。前27%为高分组，后27%为低分组，对高低分组两组的被试在每个项目的分数进行独立样本检验。

通过独立样本 T 检验，第3题的 $t=1.551$，第13题的 $t=1.679$，因为 $t<3.000$（量表项目分析中，如果使用极端值的临界比，通常将临界值比值的 t 统计量的标准值设为3.000），没有达到显著，鉴别力不高，所以删除第3、13题。

②量表的分析——量表题项与总分的相关

采用同质性检验将其余题项进行选择，某一题项与总分相关越高，它表明项目的同质性和整体规模较高，对每个项目与总分进行相关分析。如果项目与总分的相关系数低于0.3，证明它的区分作用不好，应予以删除。根据幼儿情绪理解能力培养预测量表题项与总分相关结果可以得出，剩余项目的相关系数均大于0.3，区分作用明显，且 $p=0.000<0.05$，均达到显著，所以剩余项目保留。

③探索性因素分析——样本适应性检验

根据99份《幼儿情绪理解能力培养调查量表》（教师版）预测数据得分对删除第3题和第13题后的剩余的项目进行探索性因子分析，以验证量表结构。通过主成分分析法提取共同因子，用Bartlett球形检验来分析变量间的相关特点。

根据表KMO和Bartlett球形检验结果可以得出，量表的KMO值为0.736，表示样本适合进行因素分析，从Bartlett球形检验的卡方值为679.656，（$df=210$，$p=0.000<0.05$），表明均达到显著，两者都很重要，代表相关矩阵之间有共同因素，适用于因子分析。

采用因素分析对剩余22个项目进行探索性因子分析，采用主成分分析法抽取3个限定因子，并对其结果进行最大方差法旋转，删除载荷量小于0.3的项目。根据幼儿情绪理解能力培养量表题项与总分相关结果得出，第5题的载荷量为0.158，第7题的载荷量为0.269，均小于0.3，所以应当剔除。根据幼儿情绪理解能力培养量表因素分析因子负荷得出，第9题的因子一值为0.439，因子三值为0.436，因此因子一和因子三表现接近，应删除。第23题因子值为0.371，归类不当应删除。

确定维度：不合格项目删除后，根据主成分分析方法提取因子，提取的公因子数限制3，对结果进行最大方差旋转。这三个共同因素与用户编制的构念及项目一致，共同因素一的名为“认知策略”，共同因素二的名为“行为策略”，共同因素三的名为“情感策略”。

（2）正式问卷的确定

经过项目分析和探索性因素分析，删除预测问卷中的第3题、第5题、第7题、第9题、第13题、第23题不恰当项目后，确定《幼儿情绪理解能力培养量表》正式量表共17个项目，其中“认知策略”为预测问卷中的第1、2、4、8、17、19、21题；“行为策略”为预测问卷中的第6、12、14、15、22题；“情感策略”为预测问卷中的第10、11、16、18、20题。经过对预测问卷中题项的删除和重新排列，正式问卷的培养策略量表结构，见表6-4。

表6-4　**幼儿情绪理解能力培养策略量表（正式）结构**

维度	项目个数	题号
认知策略	7	1、2、3、5、12、17、16
行为策略	5	4、8、9、10、14
情感策略	5	6、7、11、13、15

在进行因子分析之后，为了进一步明确修订后量表的一致性，使用内部一致性系数（Cronbach's α）对其进行了信度检验，结果分析表明，总量表的Cronbach's α系数为0.837，认知策略的Cronbach's α系数为0.729，行为策略的Cronbach's α系数为0.717，情感策略的Cronbach's α系数为0.659，表明量表和各维度之间有较好的信度。见表6-5。

表6-5　**幼儿情绪理解能力培养量表各层面信度**

项目	项数	*Alpha*
总项目	17	0.837
认知策略	7	0.729
行为策略	5	0.717
情感策略	5	0.659

本量表具有良好的信度，信度以内容效度和结构效度作为检验量表的效度标准：

①内容效度：在修订量表的过程中，参考了许多已有的研究成果和参考文献，并且邀请了心理专业老师和心理专业学生对问卷的表达准确性和维度的划分进行评估。结合各方面的意见进行修改，以保证问卷语言表达准确性，减少在测试过程中的误差。

②结构效度：量表总分与分维度之间均呈现显著正相关，相关系数

均在 0.695 以上，存在显著相关，研究结果表明问卷具有良好的结构效度。见表 6－6。

表 6－6　　**幼儿情绪理解能力培养量表与分维度的相关**

	总量表	认知策略	行为策略	情感策略
总量表	1			
认知策略		0.763		
行为策略			0.695	
情感策略				0.843

综上所述，本研究中所使用的《幼儿情绪理解能力培养策略量表》有着良好的信效度，可以用作教师对幼儿情绪理解能力培养策略的调查。［见附录十《幼儿情绪理解能力培养调查问卷》（教师版）］

3. 正式问卷的分析与结果

（1）基本信息统计结果及分析

共发放问卷 170 份，回收有效问卷 158 份。根据正式问卷中第二题："在日常的教学工作中，您是否会帮助幼儿去理解其他人的情绪呢？"教师的回答，分析结果，见表 6－7。

表 6－7　　**日常教学中帮助幼儿理解他人情绪统计**

	次数	百分比（%）
经常	82	51.9
有时	61	38.6
偶尔	12	7.6
很少	3	1.9
几乎不	0	0

由表 6－7 日常教学中帮助幼儿理解他人情绪统计可知，在日常教学工作中，51.9% 的教师会经常帮助幼儿理解其他人的情绪，38.6% 的教师有时帮助幼儿理解其他人的情绪，偶尔帮助和很少帮助幼儿去理解其他人的情绪的教师分别占 7.6% 和 1.9%。

表6－8　　幼儿开始理解他人情绪始于何年龄

	次数	百分比（%）
2岁以前	12	7.6
2—3岁	35	29.7
3—4岁	66	41.8
4—5岁	30	19.0
5—6岁	15	9.5
6岁以后	0	0

由表6－8可知，41.8%的教师认为幼儿在3—4岁开始理解他人的情绪；29.7%的教师认为幼儿在2—3岁开始理解他人的情绪；19.0%的教师认为幼儿在4—5岁的时候开始理解他人的情绪；其中少数教师认为幼儿在2岁以前或者5—6岁的时候开始理解他人的情绪。

表6－9　　男孩与女孩之间情绪理解能力的差异统计

	次数	百分比（%）
不存在差异	48	30.4
男孩高于女孩	30	19.0
女孩高于男孩	80	50.6

由表6－9可知，在此次调查中，有超过一半的教师（50.6%）认为男孩与女孩之间的情绪理解能力存在差异，且女孩的情绪理解能力高于男孩，19.0%的教师认为男孩的情绪理解能力高于女孩，而30.4%的教师认为男孩与女孩之间不存在情绪理解能力的差异。

（2）教师常用的幼儿情绪理解能力培养策略统计结果及分析

针对幼儿情绪理解能力培养策略在年级上使用的差异，本研究对量表各维度进行平均数和标准差的统计，以及对三种情绪策略所得数据分别进行差异检验和进行事后多重比较，研究三种不同策略在不同年级使用上的差异。见表6－10。

表 6 - 10　**幼儿情绪理解能力培养量表总分和各维度均分在年级上的差异比较（$M \pm SD$）**

	小小班（n = 39）	小班（n = 41）	中班（n = 39）	大班（n = 39）	F	p
认知策略	23.87 ± 3.21	26.05 ± 3.60	28.38 ± 3.50	18.72 ± 11.16	16.79	0
行为策略	17.44 ± 2.62	19.61 ± 3.24	18.08 ± 6.49	19.69 ± 2.55	2.13	0.031
情感策略	8.92 ± 5.33	18.63 ± 6.40	20.77 ± 2.99	20.46 ± 2.17	58.10	0

由表 6 - 10“幼儿情绪理解能力培养量表总分和各维度均分在年级上的差异比较（$M \pm SD$）”可以看出，不同年级的教师在幼儿情绪理解能力培养策略的使用上具有差异，具体差异表现为：

从分数上来看，中班教师较多使用认知策略来培养幼儿情绪理解能力，其次是小班、小小班和大班；大班教师较多使用行为策略来培养幼儿的情绪理解能力；其次是小班、中班和小小班；在情感策略的使用上，中班、大班和小班的教师均使用得较多，而小小班的教师较少使用情感策略。认知策略的 $p = 0.000 < 0.05$，行为策略的 $p = 0.031 < 0.05$，情感策略的 $p = 0.000 < 0.05$，表明三种不同的幼儿情绪理解能力培养策略在年级上具有显著差异，事后检验结果见表 6 - 11。

表 6 - 11　**幼儿情绪理解能力培养量表各维度在年级上的 LSD 检验**

	认知策略	行为策略	情感策略
LSD	小小班 > 大班	小班 > 小小班	小班 > 小小班
	小班 > 大班	大班 > 小小班	中班 > 小小班
	中班 > 大班		大班 > 小小班

从表 6 - 11 可见，幼儿教师在针对 3—6 岁幼儿情绪理解能力培养策略的使用上有显著差异，主要表现在认知策略和情感策略的使用上：小小班、小班和中班认知策略的使用上显著高于大班；小班、大班和中班教师在情感策略的使用上显著高于小小班；而四个年级在行为策略的使用上无明显差异。

五 研究结论

通过本节研究一和研究二，得到主要结论如下：

由研究一得出：幼儿教师在日常教学中，教师常用的幼儿情绪理解能力的培养策略主要有三个方面，分别是认知策略、情感策略和行为策略。具体包括绘本阅读、师幼互动、观看视频、艺术行为指导、游戏活动、戏剧表演和情绪识别七种方法，其中认知策略包含的具体方法为绘本阅读、观看视频和游戏活动；情感策略包含的具体方法为师幼互动和情绪识别；行为策略包含的具体方法为艺术行为指导和戏剧表演。

由研究二得出 3—6 岁幼儿情绪理解能力的培养策略特征主要如下：

1. 在此次调查中有 82 名教师会经常帮助幼儿理解其他人的情绪，占到了总人数的 51. 9%。

2. 41. 8% 的教师认为幼儿在 3—4 岁可以开始理解他人的情绪。

3. 有超过一半的教师（50. 6%）认为男孩与女孩之间的情绪理解能力存在差异。

4. 幼儿情绪理解能力的培养策略在情感策略、认知策略、行动策略中，存在不同年龄阶段差异。

中班教师较多地使用认知策略来培养幼儿的情绪理解能力；大班教师较多地使用行为策略来培养幼儿的情绪理解能力；在情感策略的使用上，中班、大班和小班的教师均使用得较多，而小小班的教师较少使用情感策略。三种不同的幼儿情绪理解能力培养策略在年级上差异显著。

①小小班、小班和中班的幼儿教师，在培养幼儿情绪理解能力时，较多地采用认知策略，例如：指导幼儿阅读情绪故事书或者是与情绪有关的绘本；与幼儿一起观看动画片或者是与现实生活相关的影视资料，有效结合当前的情绪进行指导；也可以在主题区域活动、集体活动的时候，抓住合适的机会对幼儿进行与情绪有关的教育。

②在情感策略的使用上，小班、大班和中班的幼儿教师经常会使用这个方法，小小班的幼儿教师则较少使用该策略。比如当幼儿的情绪事件发生时，教师会与幼儿平等地沟通，细致了解幼儿内心活动以及情绪

体验，在不良情绪发生时，教师也会主动引导幼儿对自己的情绪以及行为进行反思；在教学过程中，三个年级的教师会较多地使用情绪表情卡片，通过游戏或者教学行为，有目的地引导幼儿观察不同的情绪表情。

③在行为策略的使用上，四个年级的幼儿教师并没有明显差异，艺术行为指导这一方法在四个年级的使用频率相近，因为幼儿园中的绘画、舞蹈、律动等活动都可以在老师的指导下帮助幼儿培养对情绪的理解能力；在教学活动中，教师指定某一情境进行表演以及根据故事书及绘本进行角色扮演，需要教师的耐心指导，而在这一过程中，幼儿对情绪的理解也会得到加强。

六　讨论

幼儿时期是情感教育的重要时期，培养幼儿的情绪理解能力是情感教育中的重要部分。

在对幼儿情绪理解能力调查问卷及典型事例进行分析后，结合相关的理论可知，幼儿的情绪教育可以从情感、认知和行为这三个方面出发，有意识地进行。

首先，在认知方面通过提升幼儿对情绪的认识以及理解，引导幼儿建立关于情绪的较为全面的认知结构，一旦幼儿头脑中的认知发生改变，那么幼儿对于事物的理解以及所产生的情感态度也会随之改变。幼儿教师应在日常的教学中有目的、有计划地对幼儿进行相应的情绪教育，在这个过程中应当结合幼儿的年龄差异与情绪发展特征，比如在小班幼儿的情绪教育中，重点应放在培养幼儿了解和掌握基本情绪知识，如快乐、生气、害怕等，并且指引幼儿来正确地表达出自己的情绪，“妈妈来接我放学了，我很高兴”等；对年龄较大的中班或大班幼儿，情绪教育的重点应当放在使幼儿明白情绪产生的原因、会有什么样的表现以及这种情绪会有什么样的结果，有针对性地培养幼儿的情绪理解能力。另外教师也可以通过选择合理的情绪绘本，组织幼儿开展表演游戏等方法来培养幼儿的情绪理解能力。使用情绪类主题的绘本，需要教师清楚地了解其中的情绪线索和节点，及时指导幼儿注意观察情绪的产生和变化。

其次，在情感方面无论是积极的情绪还是消极的情绪，对幼儿的发展都有特殊的价值。积极情绪能够激发幼儿的学习动机，提高学习效率；而消极情绪的存在可以为幼儿提供学习管理和调节、控制自己情绪的机会，这也是他/她们成长过程中非常重要的一课。幼儿在情感态度上的转变会引起幼儿在行为和行动上的变化，不仅在幼儿园中需要创建一个优良的环境，在家庭中父母也需要对幼儿有正确健康的情绪示范。教师和家长适当的情绪表达，恰当的化解消极情绪的过程，都会在无形中影响幼儿处理情绪的方式。人与人之间的沟通是教育孩子的重要途径，同成人的情绪一样，幼儿的情绪也需要表达和发泄，寻找倾诉对象。建立良好的师幼关系，成为幼儿的倾诉对象，加强教师与幼儿之间的沟通，通过成人的分析和帮助，幼儿能够对情绪有更深层次的理解。

利用幼儿同伴之间交往的机会，引导幼儿对自己的情绪进行反思以及艺术创作与欣赏等手段，都可以在行为方面来提高幼儿的情绪理解能力。幼儿之间的交往是幼儿表达自己、理解他人的重要途径，在与同伴的交往中，特别是冲突情境，更能促进幼儿对各类情绪的认识，为幼儿提供了换位思考的机会，在处理与同伴之间冲突的过程中，幼儿可以表达自己的情绪和感受，并且会思考已有情绪知识与现实情境之间的联系。教师应当鼓励幼儿相互之间讨论自己的情绪感受，帮助幼儿有意识地主动观察其他小朋友的言行举止、情绪表达、表情，并通过换位思考的方式来培养幼儿的同情心，处理幼儿之间的小矛盾。另外艺术创作与欣赏也可以在一定程度上培养幼儿的情绪理解能力，如带领幼儿欣赏音乐剧、参观美术展览等，引导幼儿仔细体会艺术作品中的情感基调，明白作者想要表达的情感。或者教师可以给出特定的情境与情绪词语，让幼儿根据自己对情境的理解和感受，通过绘画或者歌唱等形式表现出来，进而建立相应的情绪理解基础。

第四部分

幼儿道德情绪的教育探索

第七章　道德情绪与幼儿积极心理品质发展

第一节　学前儿童道德情绪教育策略

道德品质的养成不是一蹴而就的，需要一个长期、科学培育的过程。2019年中共中央国务院印发《中国教育现代化2035》，明确提出“发展中国特色世界先进水平的优质教育，全面落实立德树人根本任务”。立德树人，作为教育的根本任务，要从娃娃抓起。近年来道德情绪越来越引起研究者的关注，将道德情绪作为儿童早期德育的出发点，制定相应的儿童德育策略，从小培养儿童形成良好的道德意识，为道德行为的形成打下坚实基础，帮助幼儿认同符合社会规范的道德行为标准，逐步内化为自身道德行为的准则。如何开展学前儿童的道德情绪教育，从而帮助儿童有效形成良好的道德行为，具有重要现实教育意义。

道德品质的养成要从小抓起，3—6岁是儿童心理发展的关键阶段。在儿童早期教育中，认识道德情绪如自豪、羞耻、内疚、尴尬等可以帮助儿童面对真实的情绪事件和自身感受，以此为基础进一步理解并掌握道德原则。因此，早期的儿童德育可以从培养良好的道德情绪入手，不仅能促使儿童朝着“人性本善”的方向发展，更能够引导儿童心理健康的成长。根据道德情绪的定义与功能，从以下三个方面开展学前儿童道德情绪教育，助力学前儿童道德行为的养成。

一　认知策略

认识自我，学会自我评价，是道德情绪发生的前提。3—6 岁学前儿童处于对自我的认识启蒙阶段，道德情绪是在自我的不断发展与成熟基础上而产生的高级情绪。自我，也称自我意识，是儿童社会化的重要组成部分，儿童社会化的目标就是形成完整的自我，它是衡量个性成熟水平的标准，是整合统一个性的核心力量，是推动个性发展的内部动力。在早期儿童教育过程中，教育者要引导儿童认识自我，学会恰当地评价自我。心理学家阿姆斯特丹的“一点红”实验证明 24 个月的幼儿已经具有了自我意识，这时幼儿能明确意识到自己鼻子上的红点并立刻用手去摸，这是个体意识到自我存在的表现。自豪、羞耻、内疚、尴尬等道德情绪需要有自我意识，是个体对自我认识的一种情绪反应。帮助幼儿认识自我，如幼儿能够进行自我介绍，知道自己的喜好与愿望，并能够对此做出一定的自我评价，这为道德情绪发展奠定基础。

二　行为策略

行为规则意识与责任意识的教育是塑造良好道德行为的基础。不以规矩，不成方圆，3—6 岁学前儿童处于学习和掌握规则，逐步形成规则意识的阶段。早期儿童在道德情绪体验过程中，遵守规则会受到他人的尊重和积极评价反馈，违反规则会受到外界的负面评价与批评。前者相应会产生积极的自豪情绪，后者则会产生内疚、羞耻、尴尬的消极情绪。不论何种情绪，对于儿童道德行为建立都具有一定的积极意义。自豪有助于儿童建立自信与自尊，而适当的内疚、羞耻、尴尬也是儿童在成长过程中必不可少的情绪体验，这些看似消极的道德情绪可以有助于儿童对自身行为进行反思，进行补偿行为，以弥补自身的过失。如内疚是一种有益的负性情绪，会在许多方面对个体的动机或行为产生有益影响。内疚不仅能够促进道德品格和行为的发展，还能阻止不道德行为的产生，提升人际关系，增加亲社会行为。可见，学前儿童对规则和责任意识的理解是产生道德情绪的主要来源，是个体建立道德行为的基础。

三　情感策略

学会体验与表达情感，是道德情绪发展与完善的必要条件。《3—6岁儿童学习与发展指南》中提出幼儿教育的重要目标之一是“帮助幼儿学会恰当表达和调控情绪”。学前儿童的情绪体验随着年龄而增长不断丰富，儿童能够感受到自豪、羞愧、内疚等道德情绪，是个体情绪水平良好发展的一种表现。随着儿童情绪社会化的发展，学会合理表达自身情绪感受，如快乐、悲伤、自豪、羞愧等，是个体有效进行社会交往的一种方式，它可以促进人际互动与交流，有助于儿童认识自我，调节自身的情绪状态。通过体验道德情绪，学会处理与他人的关系，尤其是与他人互动的能力，理解他人的感受，倾听他人说话，尊重他人意见，以及与同伴之间建立、维持友爱关系的能力，是学前儿童早期道德情绪应该关注的主要方面。

通过营造一种安全、温馨、和平以及完全被接纳的心理情境氛围，充分利用情感因素的积极影响，情感交流增强幼儿的情感体验，让幼儿不仅对自身的情绪状态有所认识，同时也能够对同伴及成人的情感世界具有初步了解，在成人的帮助下，理解自豪、羞愧、内疚、尴尬等情绪感受的起因和结果。情绪情感是个体在满足客观事物需求时产生的主观体验，是人对客观事物的一种特殊反应。3—6 岁这一时期的幼儿情感具有丰富性、深刻性、稳定性和自控性有限的特点，总体来说是单一而且不稳定的。幼儿有时是冲动的，有时带有积极或消极的情绪，需要教育者在培养幼儿时充分考虑幼儿的情感特征，坚持以人为本的教育理念，将幼儿视为主体，在尊重其所有的想法、理解其情绪的基础上，开展道德情绪教育。

总之，新时代呼唤具有中国特色的道德教育，德育要从娃娃抓起。根据学前儿童心理发展特点，从认知策略、行为策略和情感策略三个方面开展学前儿童道德情绪教育，在儿童初步建立合理的自我认识与自我评价基础上，正确理解行为规则，形成责任意识，准确感知自身的情绪情感并会合理表达，促进儿童道德情绪不断发展与成熟，最终将道德准则内化为自身的行为标准，在道德情绪的驱动下产生良好道德行为，将有益于儿童成长为新时代合格的社会主义接班人。

第二节　道德情绪教育促进幼儿积极心理品质发展

掌握幼儿道德情绪的发展特点，可以帮助教育者，尤其是帮助幼儿教师有的放矢地进行教育活动，从而促进幼儿积极心理品质的养成。综合已有研究，发现自豪、羞愧、内疚和尴尬等道德情绪对幼儿心理品质有着积极的促进作用。

一　自豪对幼儿积极心理品质的促进

自豪，这一积极的道德情绪的体验，能够让儿童找到自我，感受到自尊。刚刚入幼儿园的小朋友通过“学会端餐盘”这一看似很简单、普通的动作，却可以帮助幼儿建立一种自信，相信自己有能力完成任务，并感到自己对事件具有很好的掌控，找到自我价值感，正如心理研究者 Tracy 和 Robins 指出当个体将注意力指向自我，对事件的结果产生积极的自我表征时就会获得自豪感。而建立自豪感，是培养自信和克服自卑的重要途径。[①]

为了能够让儿童建立积极的自我表征，在幼儿园教育或者家庭生活中，不论是教师还是家长，都要适度地创设机会和条件，让儿童做一些力所能及的事情，而不要过多干涉。如果幼儿自己能完成事情，并且知道如何做，那么就要适当放手，让幼儿有时间发现自己的能力，尝试着完成任务，在这个过程中会锻炼幼儿的耐力，建立信心和做事情的勇气。幼儿自己的事情尽量放手让他自己做，即使做得不够好，也应鼓励

① Tracy J. L., Robins R. W., “Emerging insights into the nature and function of pride”, *Current Directions in Psychology Science*, 2007, 16, pp. 147 – 150.

并给予一定的指导，让他在做事中树立自尊和自信。鼓励幼儿尝试有一定难度的任务，并注意调整难度，让他感受经过努力获得的成就感和自豪感。

二 羞愧对幼儿积极心理品质的促进

羞愧，看似一种消极的道德情绪，但是现实生活中体验一定的羞愧也会对个体发展起到积极的促进作用。中国人常说“知耻，而后勇”就是这个道理。

幼儿期正是儿童自我概念和自我意识萌芽发展的阶段，判断事物的对与错、好与坏，对社会规则的认知刚刚开始建立，通过体验一些羞愧事件，如前文所述，3 岁男孩洋洋不排队，还把水洒到了小朋友身上，遭到老师的批评，感到羞愧，这对儿童的成长来说是一件好事，关键就怕幼儿体会不到羞愧。可以想象一个没有羞耻之心的儿童，那将会成长为一种什么样的人呢？因此，从这个意义上来讲，羞愧是一种驱动人类社会行为的有意义情绪。[①] 但是，儿童体验到羞愧的同时，也要注意不要伤害儿童的自尊，要做到恰到好处的批评，针对幼儿所犯的错误或者存在的缺点，向儿童指明什么是正确的行为，而不要过多地指责，避免儿童产生更多消极的自我评价。在体验羞愧的过程中，幼儿逐渐知道了哪些行为是社会认可的，哪些行为是有悖社会规则的，当事情的发展与自己的意愿相违背时，能够学会控制自己的行为，学会遵守社会的规则和秩序，这是成为一名有道德的人的前提。

三 内疚对幼儿积极心理品质的促进

内疚，更多的是自己对自己内心世界的认知、反省和审视，是一种高级的情绪体验，常常发生于不道德的或自私的行为之中。幼儿阶段随着儿童社会认知能力的发展，自我评价能力也随之发展，幼儿体验内疚

---

① 竭婧、杨丽珠：《10—12 岁儿童羞愧感理解的特点》，《辽宁师范大学学报》（社会科学版）2006 年第 29 期。

情绪也开始发生。如在幼儿园活动中，幼儿铮铮因为抢了其他小朋友的小汽车，老师批评了他，通过对老师的批评的反思，感到自己行为的不当——给别人带来的伤害。因此，心理学家霍夫曼认为内疚是个体危害了别人的行为，或者违反了道德准则，而产生良心上的反省。[①]

幼儿内疚情感的体验会因人而异。自我意识发展不同程度的儿童，对内疚的体验也存在差异。生活中往往是那些自我意识发展较好的儿童更具明显的内疚体验，因此，内疚也被看作是一种高级的社会性情绪。儿童在体验内疚情绪后，往往会产生更多的补偿行为。所以，可以预想铮铮小朋友在感到内疚后，在未来的行为中，可能会与瑶瑶小朋友，以及其他的孩子都能友好相处，甚至能主动谦让自己的玩具给小朋友玩。所以，通过内疚的体验可以让儿童学会遵守规则，学会合作与谦让，学会坚持与自制，控制自己的欲望，这些美德，对于成长中的幼儿都是至关重要的，它将惠及儿童毕生的成长。

四　尴尬对幼儿积极心理品质的促进

个体违背了社会约定的习俗，或者因为事件、超出了自己的控制时，就会体验到尴尬的情绪。羞愧、内疚是来自较为严重的失败或者对道德规范和标准的侵犯；而尴尬则是对社会常规轻微侵犯。相比较而言，羞愧、内疚有着更多的道德暗示，个体认为自己是不道德的，行为是不可以原谅的，感觉对自己有更多的失望；而尴尬的个体认为他们并没有犯严重的道德错误，这种错误可能会发生在每个人身上，使自己的行为显得非常的笨拙可笑。

如在幼儿园时，往往会发生有时小朋友因为玩的投入，耽误上洗手间了，尿了裤子，而产生尴尬的情绪，其中一位小朋友歪着头，笑眯眯地望着老师（她的表情似乎在说，哦，对不起，我尿裤子了）。因此，相比羞愧、内疚，尴尬与道德的联系相对少一些，通常感到尴尬的个体，尤其是儿童更会倾向于服从和支持他人（如老师、家长等权威人

---

① 张琨、方平、姜媛等：《道德视野下的内疚》，《心理科学进展》2014年第10期。

士），在服从的过程中，儿童知道了规则和道理，并能够控制自己的行为，有助于个体以更适合的方式待人处世，以赢得他人，尤其是重要他人的赞成和认可。

总之，关注幼儿道德情绪的健康发展，将为其积极心理品质的养成奠定坚实基础。作为幼儿教师和家长，甚至每一位社会公民，要尊重每一颗童心，用心呵护和解读每一种细小的情绪表达，因为在每一种道德情绪表达的背后才是儿童真正的内心世界。

附录一　幼儿内疚故事情境实验材料

一　实验流程

1. 指导语：

来来来，到姐姐这里来！（热情活泼）哇，你今天穿的小裙子（衬衫）可真漂亮（帅气）（热情真诚地夸奖她的衣着或者长相），你能告诉姐姐你叫什么名字吗？你的名字可真好听！我们来握个手（简单的肢体接触）吧，谢谢宝贝儿愿意来帮姐姐的忙，听姐姐讲故事，你可真是太棒了！（时刻夸奖）

姐姐这里有两个小故事，还有两张好看的图片，姐姐给你讲故事，然后你来回答姐姐的问题，好不好呀？你看姐姐这里有两排小图片（让被试知道心情小图片和表情小图片有区别）。姐姐要开始讲故事了，你准备好了吗？

（拿出故事图片男孩版或女孩版，并按照故事的顺序进行提问。每次只呈现一张故事图片，呈现图片的同时讲故事，主试利用被试回答间隙记录幼儿的答案后继续进行计分）

2. 故事情境与提问：

（1）违反规则

活动的时候，老师给小朋友们分发了好玩的玩具，明明/妞妞也得到了一辆小汽车/一个小兔子，结果他一不小心把小汽车/小兔子掉在了地上，小汽车/小兔子摔坏了。

提问：

1）明明/妞妞现在的心情是什么样的呢？是开心呢还是难过呢？

步骤一：被试从给定选项作答

A. 开心（高兴、笑等类似词语）；B. 难过（伤心、哭、不开心等类似词语）

步骤二：主试呈现内部情绪 5 等级情绪图，让被试选择

这里有五张心情小图片，请宝贝儿选择一张心情图片，放在明明/妞妞的心上。

2）明明/妞妞为什么会有这样的心情呢？

明明/妞妞把小汽车/小兔子摔坏了的时候，他/她旁边的小朋友和老师也看见了。那么现在明明/妞妞的脸上会是什么表情呢？这里有五张表情小图片，请宝贝儿选择一张表情图片，放在“明明/妞妞”的脸上。（呈现外部表情 5 等级情绪图）

3）明明（妞妞）接下来应该怎么做呢？

（2）伤害他人

游戏的时候，亮亮/红红一不小心把月月/磊磊撞倒了，月月/磊磊坐在地上哇哇地哭了起来。

提问：

1）亮亮（红红）现在的心情是什么样的呢？是开心呢还是难过呢？

步骤一：被试从给定选项中选择作答

A. 开心（高兴、笑等类似词语）

B. 难过（伤心、哭、不开心等类似词语）

步骤二：主试呈现内部情绪 5 等级情绪图，让被试选择

这里有五张心情小图片，请宝贝儿选择一张心情图片，放在亮亮/红红的心上。

2）亮亮（红红）为什么会有这样的心情呢？

亮亮/红红把月月/磊磊撞倒了的时候，他/她旁边的小朋友和老师也看见了。现在亮亮/红红的脸上会是什么表情呢？这里有五张表情小图片，请宝贝儿选择一张表情图片，放在亮亮/红红的脸上。（呈现外部表情 5 等级情绪图）

3）亮亮（红红）接下来应该怎么做呢？

3. 结束语：

姐姐的故事讲完了，宝贝回答得真棒，我们来击个掌吧！谢谢

宝贝！

注意事项：

1. 每次故事呈现的顺序不同于上一幼儿，按照给出的呈现顺序进行。

2. 实验过程进行摄影记录。

3. 主试必须严格按照实验设计进行实验，不得临场发挥。

4. 注意摄像的隐蔽性。

5. 注意实验环境安静、无干扰。

二 实验相关材料

故事图片：

伤害他人内疚故事情境

违反规则内疚故事情境

附录二　情境故事图片实验材料

1. 实验预备阶段：

为了让被试放松心情，进入实验状态，在实验前让被试给没有颜色的小猪佩奇图片涂上颜色，进行热身。左图即为没有颜色的小猪佩奇。

2. 正式实验：

实验图片分为女孩版和男孩版，图片大小为21cm×29.7cm。

女孩版图片

1）“伤心”情绪

2）“自豪”情绪

3）“羞愧”情绪

4）“生气”情绪

5）“高兴”情绪

6）“一般”情绪

7）“内疚”情绪

8）“尴尬”情绪

男孩版图片

1）“伤心”情绪

2）“自豪”情绪

3）“羞愧”情绪

4）“生气”情绪

5）“高兴”情绪

6）“一般”情绪

7）“内疚”情绪

8）“尴尬”情绪

附录三　幼儿情绪问卷（家长版）

尊敬的家长，您好！我们正在进行一项关于幼儿情绪方面的研究，敬请您在百忙之中抽出时间完成下面的几个问题，该调查无须实名，匿名作答即可。感谢您的合作！

幼儿出生日期：____年____月 ____日

性别：____年龄（周岁）

幼儿班级：____小小班（托班）____小班____中班____大班

问题1：您的宝宝常见的情绪有哪些？（可以多选）直接在题号上画对号。

1. 快乐（高兴、愉快、兴奋）；2. 悲伤（伤心）；3. 情绪低落（不开心）；4. 愤怒（生气）；5. 骄傲自大；6. 恐惧（害怕）；7. 内疚；8. 羞耻（羞愧）；9. 担心；10. 焦虑；11. 烦躁不安；12. 尴尬（困窘）；13. 自豪等

如果您观察到的情绪，上面没有列出，请写出您观察到情绪的名称：________

问题2：请仔细回忆一下并详细描述幼儿体验到快乐的一件事情：

（请详细写出幼儿在什么时间、地点发生了什么事，情绪发生时有哪些相关的人或物，并详细记录和描述幼儿在情绪发生时的动作、言语、表情等。）

问题3：请仔细回忆一下并详细描述幼儿体验到悲伤的一件事情：

（请详细写出幼儿在什么时间、地点发生了什么事，情绪发生时有哪些相关的人或物，并详细记录和描述幼儿在情绪发生时的动作、言语、表情等。）

问题4：请仔细回忆一下并详细描述幼儿体验到害怕的一件事情：

（请详细写出幼儿在什么时间、地点发生了什么事，情绪发生时有哪些相关的人或物，并详细记录和描述幼儿在情绪发生时的动作、言语、表情等。）

问题5：请仔细回忆一下并详细描述幼儿体验到生气的一件事情：

（请详细写出幼儿在什么时间、地点发生了什么事，情绪发生时有哪些相关的人或物，并详细记录和描述幼儿在情绪发生时的动作、言语、表情等。）

附录四　家庭情绪表露问卷

尊敬的家长：

您好！

这是一份关于家庭情感表达的问卷，我们想深入了解不同家庭的情感表达程度。所有的选项都没有好坏之分，请凭您的第一反应真实作答。您的回答是保密的，请您放心填写，谢谢您的配合！

一　基本信息

1. 幼儿姓名：

2. 幼儿年龄：

① 2—3（含 3 岁）　② 3—4（含 4 岁）　③ 4—5（含 5 岁）

④ 5—6（含 6 岁）　⑤ 6 岁以上

3. 性别：男　　女

4. 幼儿班级：小班　　中班　　大班

5. 您是幼儿的：父亲　　母亲　　其他家人

二　家庭情绪表露问卷

请您想一下这些情境在您家中发生的情况，认真考虑每一个题目，然后在相应的数字上打钩，从 1（在我的家里从来没有发生过）到 9（在我的家里总是发生），这些数字代表这种情况在您的家庭中发生的频次。

以下一共有 40 个题目，每一个题目都很重要，您可以试着快速反应，但请尽量认真填写，感谢您的配合！

问题	从来没有	几乎不	很少	偶尔	有时	大多数	常常	通常	总是这样
1. 家人弄坏了一个你心爱的东西，你会向他表示原谅。	1	2	3	4	5	6	7	8	9
2. 如果家人为你做了事情，你会向他表示感谢。	1	2	3	4	5	6	7	8	9
3. 表达出自己的心情，好美的一天啊！	1	2	3	4	5	6	7	8	9
4. 对家人的行为表现出不尊重。	1	2	3	4	5	6	7	8	9
5. 对家人的行为表示不满。	1	2	3	4	5	6	7	8	9
6. 因家人做得好而表扬他。	1	2	3	4	5	6	7	8	9
7. 对家人的不细心表示生气。	1	2	3	4	5	6	7	8	9
8. 因为受到了家人不公正的对待表现出生气。	1	2	3	4	5	6	7	8	9
9. 因家里的麻烦事而责备家人。	1	2	3	4	5	6	7	8	9
10. 在一场不愉快的争吵后哭泣。	1	2	3	4	5	6	7	8	9
11. 贬低他人的兴趣。	1	2	3	4	5	6	7	8	9
12. 表现出不喜欢某人。	1	2	3	4	5	6	7	8	9
13. 自己想做某件事需寻求家人的支持。	1	2	3	4	5	6	7	8	9
14. 因自己犯了一个愚蠢的错误而感到尴尬。	1	2	3	4	5	6	7	8	9
15. 因越来越多的压力而心烦意乱崩溃。	1	2	3	4	5	6	7	8	9
16. 当一件意想不到的事情成功时，会表现出兴奋。	1	2	3	4	5	6	7	8	9
17. 对家人的一个计划（旅行或其他）会表现出开心满意。	1	2	3	4	5	6	7	8	9
18. 对家人表现出赞赏（赞美）。	1	2	3	4	5	6	7	8	9
19. 当一个宠物死时会表现出难过。	1	2	3	4	5	6	7	8	9
20. 当某事没有成功而表现出失望。	1	2	3	4	5	6	7	8	9
21. 会当面夸别人“你今天真漂亮 ”或者“你今天看起来很不错”。	1	2	3	4	5	6	7	8	9
22. 当他人有麻烦时表现出同情。	1	2	3	4	5	6	7	8	9
23. 对别人的深深的喜欢和爱意能够表达出来。	1	2	3	4	5	6	7	8	9
24. 与家人争吵。	1	2	3	4	5	6	7	8	9
25. 某个家人去世时痛哭失声。	1	2	3	4	5	6	7	8	9

续表

问题	从来没有	几乎不	很少	偶尔	有时	大多数	常常	通常	总是这样
26. 随时随地会主动拥抱家人。	1	2	3	4	5	6	7	8	9
27. 因一件烦恼的小事而表现出顿时的生气。	1	2	3	4	5	6	7	8	9
28. 对某位家人的成功表示关心。	1	2	3	4	5	6	7	8	9
29. 因为自己的迟到表示歉意。	1	2	3	4	5	6	7	8	9
30. 表现出对别人的友善和支持。	1	2	3	4	5	6	7	8	9
31. 依偎在家人身边。	1	2	3	4	5	6	7	8	9
32. 因为责备或惩罚而哭泣。	1	2	3	4	5	6	7	8	9
33. 试图使难过的人高兴起来。	1	2	3	4	5	6	7	8	9
34. 告诉某位家人你有多么受伤多么难过。	1	2	3	4	5	6	7	8	9
35. 告诉家人你有多么开心和幸福。	1	2	3	4	5	6	7	8	9
36. 吓唬（威胁）某人。	1	2	3	4	5	6	7	8	9
37. 因别人的迟到而责怪批评他。	1	2	3	4	5	6	7	8	9
38. 对别人的帮助表示感激。	1	2	3	4	5	6	7	8	9
39. 用礼物或者其他的支持给别人带来惊喜。	1	2	3	4	5	6	7	8	9
40. 当意识到自己错了的时候能够说“对不起”。	1	2	3	4	5	6	7	8	9

附录五　幼儿情绪理解能力培养调查问卷（家长版）

尊敬的家长，您好！

我们是长春师范大学幼儿情绪心理研究工作者，感谢您在百忙中参加我们的研究。该项研究主要是想了解在日常的生活中，您是如何培养孩子的情绪理解能力的。匿名作答，不用写名字，所有数据只用于统计分析，题目选项无对错之分，请您按自己的实际情况填写。

谢谢您！

一　基本信息（在方框内画“√”）

孩子的出生：年______　月______

您是孩子的：□ 父亲　□ 母亲　□ 爷爷

□ 奶奶　□ 姥爷　□ 姥姥　□ 其他

您的学历：□ 初中以下　□ 初中　□ 高中　□ 大专　□ 本科

□ 硕士及以上

您孩子所在的班级：小小班______　小班______　中班______　大班______

您孩子的性别：______① 男孩　② 女孩

您孩子的年龄（周岁）：（填写序号）________

① 2 岁以下（包括 2 岁）

② 2—3 岁（包括 3 岁）

③ 3—4 岁（包括 4 岁）

④ 3—4 岁（包括 4 岁 ）

⑤ 4—5 岁（包括 5 岁）

⑥ 5—6 岁（包括 6 岁）

⑦ 6 岁以上

您的孩子是否是独生子女：______ ① 是 ② 否

您的文化水平是：______

① 初中及以下 ② 高中/中专/技校 ③ 大专/高职 ④ 本科 ⑤ 研究生及以上

二 在日常的生活中，您是否会帮助孩子去理解其他人的情绪呢？

☐ 经常 ☐ 有时 ☐ 偶尔 ☐ 很少 ☐ 几乎不

三 您认为您的孩子可以开始理解弄清别人的情绪感受，始于何年龄？

☐ 2 岁以前 ☐ 2—3 岁 ☐ 3—4 岁

☐ 4—5 岁 ☐ 5—6 岁 ☐ 6 岁以后

四 您认为男孩与女孩之间的情绪理解能力存在差异吗？

☐ 不存在，都是一样的

☐ 存在，男孩的情绪理解能力高于女孩

☐ 存在，女孩的情绪理解能力高于男孩

五 请列出您的孩子目前能够表达出的情绪语言词汇：（此题为多选题，写出序号即可）

（参考词汇如：1. 快乐；2. 高兴；3. 愉快；4. 兴奋；5. 悲伤；6. 伤心；7. 不开心；8. 愤怒；9. 生气；10. 骄傲；11. 自豪；12. 恐惧；13. 内疚；14. 羞耻；15. 羞愧；16. 担心；17. 焦虑；18. 烦躁不安；19. 尴尬；20. 激动 ）

____

如您的孩子还能表达出其他情绪方面的词语，上述中没有提到，请写出：

____

六　在日常的生活中，您通常会采用怎样的方式来培养孩子对情绪的理解能力？请您举例说明

____

七　在日常生活中，对于培养孩子的情绪理解能力，请您选择与您实际情况相符合的选项。在5个等级选项中，用“√”表示出您的答案。

	总是这样	经常这样	有时这样	偶尔这样	从来没有
1. 当不良情绪发生时，帮助孩子分析情绪产生的原因。	5	4	3	2	1
2. 通过与孩子一起做游戏，让孩子感受不同的情绪。	5	4	3	2	1
3. 通过绘画，增强孩子对情绪的理解。	5	4	3	2	1
4. 引导孩子对自己的情绪表现进行反思。	5	4	3	2	1
5. 鼓励孩子将不良情绪发泄出来。	5	4	3	2	1
6. 当孩子情绪发生时，启发孩子换位思考。	5	4	3	2	1
7. 在家庭创设温馨、愉快的环境。	5	4	3	2	1
8. 接纳孩子的情绪反应。	5	4	3	2	1
9. 在父亲节或母亲节时，鼓励孩子向父母表达自己的情感。	5	4	3	2	1
10. 通过音乐欣赏，增强孩子对情绪的理解。	5	4	3	2	1
11. 在过中国传统节日时，让幼儿学会表达自己的情绪。	5	4	3	2	1
12. 使用表情情绪卡片，和幼儿进行面部表情识别游戏。	5	4	3	2	1
13. 通过有关情绪的绘本，帮助孩子认识、了解各种情绪。	5	4	3	2	1
14. 当孩子产生不良情绪时，引导孩子体会自身的反应。	5	4	3	2	1
15. 在生活中给予孩子足够的关爱。	5	4	3	2	1
16. 通过看适当的动画片，提高孩子的情绪理解能力。	5	4	3	2	1
17. 当孩子产生不良情绪时，告诉他不良情绪产生的危害。	5	4	3	2	1

附录六　父母教养方式问卷

亲爱的家长：

您好！在回答问卷之前，请您认真阅读下列的指导语：

下面是一些关于教育孩子方面的问题，回答本身并没有正确与错误之分，我们只是想了解您教育孩子的一些做法。匿名做答，不用写名字。请您真实、准确地回答。

父母教养方式问卷

回答的方法是：

如果下面句子所描述的情况在您的生活中从不发生，您就在“1”上打钩；

如果这种情况很少发生，您就在“2”上打钩；

如果这种情况有时发生，您就在“3”上打钩；

如果这种情况经常发生，您就在“4”上打钩；

如果这种情况总是发生，您就在“5”上打钩。请不要对某一题目多选或是漏选。

题号	父母教养方式具体行为表现	从不	很少	有时	经常	总是
1	怕孩子不高兴，犯了错误，也不批评	1	2	3	4	5
2	不切实际地表扬孩子	1	2	3	4	5
3	孩子想怎么样就怎么样	1	2	3	4	5
4	只要孩子高兴，可以不惜一切代价	1	2	3	4	5

续表

题号	父母教养方式具体行为表现	从不	很少	有时	经常	总是
5	对孩子不讲是非	1	2	3	4	5
6	孩子要什么就给买什么	1	2	3	4	5
7	对孩子一点点异常过分敏感	1	2	3	4	5
8	鼓励孩子做他会做的事	1	2	3	4	5
9	在孩子学习或做其他事遇到困难时帮助他解决	1	2	3	4	5
10	根据孩子本人的兴趣培养他的特长	1	2	3	4	5
11	通过说理使孩子服从	1	2	3	4	5
12	在和孩子说话时允许孩子插话提问	1	2	3	4	5
13	同孩子一起消遣、游戏	1	2	3	4	5
14	当孩子做错事时问明原因再批评	1	2	3	4	5
15	对孩子提出的问题给予认真回答	1	2	3	4	5
16	以适当的方式表扬或鼓励孩子	1	2	3	4	5
17	吩咐孩子做事时让孩子明白为什么做或怎么做	1	2	3	4	5
18	不关心孩子的生活小事	1	2	3	4	5
19	不注意孩子在做什么或怎么做	1	2	3	4	5
20	自己忙的时候不理睬孩子的提问	1	2	3	4	5
21	孩子是否服从自己无所谓	1	2	3	4	5
22	对孩子犯了错误并不在乎	1	2	3	4	5
23	不了解孩子不和父母在一起的具体时间	1	2	3	4	5
24	不向孩子做任何承诺	1	2	3	4	5
25	孩子在家里可以随便做自己的事，家长没有具体要求	1	2	3	4	5
26	对孩子没有惩罚或奖励	1	2	3	4	5
27	孩子做不好的事情替他做	1	2	3	4	5
28	看着孩子做事情并随时指点	1	2	3	4	5
29	对于孩子问这问那感到不耐烦	1	2	3	4	5
30	由家长决定培养孩子哪方面特长	1	2	3	4	5
31	孩子不服从自己时打骂孩子	1	2	3	4	5
32	孩子和谁在一起要经过家长决定	1	2	3	4	5
33	要求孩子做什么事情都必须报告家长	1	2	3	4	5
34	要求孩子做什么事，不讲明原因或怎么做	1	2	3	4	5
35	孩子做错了事，有时批评，有时无所谓	1	2	3	4	5
36	对孩子的学习、生活有时关心也有时不关心	1	2	3	4	5
37	对孩子的哭闹有时查明原因有时强制孩子	1	2	3	4	5
38	孩子在做某些事情时，有时说服孩子，有时强制孩子	1	2	3	4	5
39	对孩子无理要求，有时满足有时拒绝	1	2	3	4	5
40	同一件事，有时允许有时拒绝	1	2	3	4	5

附录七　父亲教养投入问卷

本问卷用于评估父亲教养投入的状况，请父亲根据自身的实际情况填答。若您的家中拥有多个孩子，请您选定其中某个孩子，根据您对该孩子的教养行为进行填答。在此过程中，我们将对您提供的所有个人信息严格保密，所收集的数据只用于研究，请您如实填写，不要漏答，也不要多选。感谢您的合作！

幼儿姓名：________________________

幼儿____班 级：（A. 小班　B. 中班　C. 大班）

幼儿年龄：____岁____月　　幼儿出生日期：

性　　别：（男____女____ ）

父亲年龄：（A. 25 岁及以下　　B. 26—30 岁　C. 31—35 岁　D. 36 岁及以上）

父亲学历：（A. 初中及以下　B. 高中　　C. 大学　　D. 研究生及以上）

	从不	偶尔	有时	经常	总是
1. 我督促孩子完成老师布置的任务。	0	1	2	3	4
2. 我抽出时间跟孩子聊天。	0	1	2	3	4
3. 我纠正孩子的错误行为。	0	1	2	3	4
4. 我和孩子外出旅行。	0	1	2	3	4
5. 我跟孩子一起锻炼身体。	0	1	2	3	4

续表

	从不	偶尔	有时	经常	总是
6. 在家里，即便在做自己的事情，我也会注意到孩子的需要。	0	1	2	3	4
7. 我以身作则，为孩子树立榜样。	0	1	2	3	4
8. 为了教育好孩子，我看相关的书籍、报纸或者杂志。	0	1	2	3	4
9. 我会就“如何做一个好爸爸/妈妈”寻求爱人的建议。	0	1	2	3	4
10. 我为孩子的发展提供经济支持。	0	1	2	3	4
11. 我协助孩子发展自身特长。	0	1	2	3	4
12. 我支持老师对孩子的教育。	0	1	2	3	4
13. 我协助孩子选择课外班。	0	1	2	3	4
14. 我知道孩子经常去的地方。	0	1	2	3	4
15. 我反思自己教养孩子的方法。	0	1	2	3	4
16. 在孩子面前，我注意自己的举止。	0	1	2	3	4
17. 没和孩子在一起时，我会主动联系他/她（给老师、爱人打电话、发短信等）。	0	1	2	3	4
18. 在家里，即便不在孩子眼前，我也会留意到孩子的需要。	0	1	2	3	4
19. 我跟孩子一起做他/她想做的事情。	0	1	2	3	4
20. 我和孩子在家附近游玩。	0	1	2	3	4
21. 我和孩子一起去参观校外教育场所（如：科技馆、图书馆、动物园等）。	0	1	2	3	4
22. 我和孩子谈论他/她生活中发生的事情。	0	1	2	3	4
23. 我用语言向孩子表达感情。	0	1	2	3	4
24. 孩子学习遇到问题时，我为他/她解答。	0	1	2	3	4
25. 我和孩子谈论他/她感兴趣的事物。	0	1	2	3	4
26. 孩子需要看医生时，我带他/她去。	0	1	2	3	4
27. 我教给孩子学习方法。	0	1	2	3	4
28. 我用肢体语言向孩子表达情感（如拥抱、拍肩膀、摸摸头等）。	0	1	2	3	4
29. 我在家和孩子一起玩耍。	0	1	2	3	4
30. 孩子需要时，我陪着他/她外出。	0	1	2	3	4
31. 没和孩子在一起时，他/她有事，爱人、老师也可以联系到我。	0	1	2	3	4
32. 在孩子面前，我注意自己的言谈。	0	1	2	3	4
33. 在孩子面前，我注意自己对社会现象的评论。	0	1	2	3	4
34. 我知道孩子经常和谁在一起。	0	1	2	3	4
35. 我会去了解哪种课外读物对孩子的发展有帮助。	0	1	2	3	4

续表

	从不	偶尔	有时	经常	总是
36. 我协助孩子确定生活目标和未来的发展方向。	0	1	2	3	4
37. 我向其他人（家人、保姆等）询问孩子的情况。	0	1	2	3	4
38. 为了教育好孩子，我上网了解相关的信息。	0	1	2	3	4
39. 即便出差时，我也确保孩子可以联系到我。	0	1	2	3	4
40. 孩子需要时，我放下手中的事情帮助他/她。	0	1	2	3	4
41. 我向孩子强调为人处世的道理（如：对人有礼貌等）。	0	1	2	3	4
42. 我照顾孩子的起居。	0	1	2	3	4
43. 我接送孩子。	0	1	2	3	4
44. 孩子身体不舒服时，我照顾他/她。	0	1	2	3	4
45. 我跟孩子讨论他在学习中遇到的困难。	0	1	2	3	4
46. 我教育孩子要对自己的事情负责。	0	1	2	3	4
47. 即使不在孩子身边，我也会想办法满足他/她的需要。	0	1	2	3	4
48. 在孩子面前，我注意自己对工作的态度。	0	1	2	3	4
49. 为了教育好孩子，我观看相关的电视节目。	0	1	2	3	4
50. 在孩子面前，我注意自己对家人的态度。	0	1	2	3	4
51. 我意识到自己的言谈举止会对孩子有影响。	0	1	2	3	4
52. 我关注孩子经常参加哪些活动。	0	1	2	3	4
53. 我配合爱人对孩子的教养。	0	1	2	3	4
54. 我帮助孩子安排假期生活。	0	1	2	3	4
55. 我配合祖辈对孩子的教养。	0	1	2	3	4
56. 我留意孩子的身体发育及健康状况。	0	1	2	3	4

附录八　幼儿道德情绪理解实验材料

1. **道德情绪识别**

这是幼儿学习情绪识别的过程，主试向幼儿呈现自豪、尴尬、内疚、羞耻四种情绪图片，主试随机提问一种情绪，让幼儿指出表示该情绪的图片。幼儿指认正确进行下面的道德情绪理解实验，如果指认不正确，立即将正确答案告知幼儿，使幼儿知道四种图片所代表的都是哪一种情绪。

指导语：小朋友，这里有四张图片，请你把我所说的心情的图片指给我看好吗？（随机呈现自豪、尴尬、内疚、羞耻四种情绪图片，让幼儿进行指认）。

自豪　　尴尬　　内疚　　羞耻

2. **道德情绪理解实验**

指导语：下面这里有几个小故事，你来看看故事里的小朋友会是什么心情？（用情境故事图片辅助讲故事，并在讲故事的时候使用儿童说话的语气，以加深幼儿的理解和投入）通过四种道德情绪图片进行指认。

<table>
<tr><td rowspan="2">自豪
情绪</td><td></td><td>刚刚游戏的时候，丽丽得了最多的小红花，老师表扬了她！丽丽现在是什么心情？这四张图片哪一张能代表丽丽心情？</td></tr>
<tr><td></td><td>去医院打针的时候，一个正在扎针的小哥哥哭着说不要打针，不要打针，明明对妈妈说我不怕打针，并在打针的时候真的没有哭，医生夸奖了他，明明现在是什么心情？这四张图片哪一张能代表明明的心情？</td></tr>
<tr><td rowspan="2">尴尬
情绪</td><td></td><td>妈妈不许彤彤吃糖，彤彤偷偷吃糖的时候被妈妈发现了，妈妈正在看着她，彤彤现在是什么心情？这四张图片哪一张能代表彤彤的心情？</td></tr>
<tr><td></td><td>帅帅在吃饼干的时候，掉在地上一块，正要捡起来吃的时候被妈妈制止了，妈妈说掉在地上的饼干不能再吃了，帅帅现在是什么心情？这四张图片哪一张能代表帅帅的心情？</td></tr>
<tr><td rowspan="2">内疚
情绪</td><td></td><td>姐姐把弟弟的冰淇淋不小心弄掉地上了，弟弟哭了起来，姐姐现在是什么心情？这四张图片哪一张能代表姐姐的心情？</td></tr>
<tr><td></td><td>辉辉在画画的时候，不小心把妈妈刚洗干净的床单弄脏了，辉辉低头偷偷看着妈妈，辉辉现在是什么心情？这四张图片哪一张能代表辉辉的心情？</td></tr>
</table>

羞耻情绪		在游戏时，果果尿裤子了，所有小朋友都在笑话她，果果现在是什么心情？这四张图片哪一张能代表果果的心情？
		豆豆刚刚洗完澡还没有穿衣服，突然家里来了客人，看到没穿衣服的豆豆，豆豆发现有人看他，赶紧往卧室跑藏起来，豆豆现在是什么心情？这四张图片哪一张能代表豆豆的心情？

附录九　教师言语评价对幼儿自豪情绪理解样例图

明明/壮壮/俊俊画了一幅画，他觉得自己这幅画画得非常好，你觉得他现在是什么心情呢？那他会有什么样的表情或者做出什么样的动作呢？（研究设计目的：实验被试是否理解到故事情境中的小朋友的自豪情绪。）

故事情境 1（肯定性言语评价情境）：

老师走了过来，看着明明的画，对明明说："明明这幅画画得真好，颜色搭配很漂亮！"你觉得明明现在是什么心情呢？那他会有什么样的表情或者做出什么样的动作呢？（研究设计目的：教师言语评价下，实验被试对故事中小朋友自豪情绪的理解）为什么会有这样的心情？

故事情境2（否定性言语评价情境）：

老师走了过来，看着壮壮的画，对壮壮说："壮壮这幅画画得乱七八糟的，一点也看不出来画的是什么！"你觉得壮壮现在是什么心情呢？那他会有什么样的表情或者做出什么样的动作呢？为什么会有这样的心情？

故事情境3（无言语评价情境）：

老师走了过来，看着俊俊的画，什么也没有对俊俊说。你觉得俊俊现在是什么心情呢？那他会有什么样的表情或者做出什么样的动作呢？为什么会有这样的心情？

附录十　幼儿情绪理解能力培养策略调查问卷（教师版）

尊敬的老师，您好！我们是长春师范大学心理专业的研究者，感谢您在百忙中参加我们的研究。该项研究主要是想了解在日常的教学工作中，您是如何培养幼儿的情绪理解能力的。您可以匿名作答，对于回收的数据我们只用于科研统计和分析，题目的选项并不存在对错之分，如实填写即可。谢谢您的帮助。

一　基本信息（在方框内画"√"）

您所在的幼儿园名称：

幼儿园的性质：□ 公办　　□ 民办　　□ 其他

您目前任教的班级：□ 小小班　　□ 小班　　□ 中班　　□ 大班

您的教龄：______年

您的学历：□ 初中以下　　□ 初中　　□ 高中　　□ 大专

□ 本科　　□ 硕士及以上

二　在日常的教学工作中，您是否会帮助幼儿去理解其他人的情绪呢？

□ 经常　　□ 有时　　□ 偶尔　　□ 很少　　□ 几乎不

三　您认为幼儿可以开始理解弄清别人的情绪感受，始于何年龄？

□ 2 岁以前　□ 2—3 岁　□ 3—4 岁　□ 4—5 岁

□ 5—6 岁　□ 6 岁以后

四　您认为男孩与女孩之间的情绪理解能力存在差异吗？

□ 不存在，都是一样的

□ 存在，男孩的情绪理解能力高于女孩

□ 存在，女孩的情绪理解能力高于男孩

五　在日常教学工作中，对于培养幼儿情绪理解能力，请您选择与您实际教学情况相符合的选项。在 5 个等级选项中，用“√”表示出您的答案。

	总是这样	经常这样	有时这样	偶尔这样	从来没有
1. 当不良情绪发生时，帮助幼儿分析情绪产生的原因。	5	4	3	2	1
2. 通过游戏活动，让幼儿体验不同的情绪。	5	4	3	2	1
3. 通过幼儿的绘画，增强幼儿对情绪的理解。	5	4	3	2	1
4. 引导幼儿对自己的情绪表现进行反思。	5	4	3	2	1
5. 鼓励幼儿将不良情绪发泄出来。	5	4	3	2	1
6. 当幼儿不良情绪发生时，启发幼儿换位思考。	5	4	3	2	1
7. 在班级创设温馨、愉快的环境。	5	4	3	2	1
8. 接纳幼儿的情绪反应。	5	4	3	2	1
9. 鼓励幼儿向老师（或父母）表达自己的情感。	5	4	3	2	1
10. 通过音乐欣赏，增强幼儿对情绪的理解。	5	4	3	2	1
11. 在幼儿园举办活动游戏，增进幼儿之间的情感交流。	5	4	3	2	1
12. 使用表情情绪卡片，培养幼儿面部表情识别的能力。	5	4	3	2	1

续表

	总是这样	经常这样	有时这样	偶尔这样	从来没有
13. 通过有关情绪故事的绘本，帮助幼儿认识了解情绪。	5	4	3	2	1
14. 当产生不良情绪，如伤心，引导幼儿体会自身的感受。	5	4	3	2	1
15. 在生活中给予幼儿足够关爱，建立良好的师幼关系。	5	4	3	2	1
16. 通过看适当的动画片，提高幼儿的情绪理解能力。	5	4	3	2	1
17. 当幼儿产生不良情绪时，告诉他不良情绪产生的危害。	5	4	3	2	1

参考文献

陈英和、白柳、李龙凤：《道德情绪的特点、发展及其对行为的影响》，《心理与行为研究》2015 年第 5 期。

但菲、梁美玉、薛瞧瞧：《教师对幼儿情绪表达事件的态度及其意义》，《学前教育研究》2014 年第 12 期。

邓珂文、尹霞云、姜圣秋：《幼儿情绪行为问题与父亲参与教养的关系》，《当代教育理论与实践》2016 年第 3 期。

董傲然：《幼儿内疚发展及其与气质、父母教养方式的相关研究》，硕士学位论文，辽宁师范大学，2014 年。

董会芹、张文新：《童年中晚期同伴侵害与情绪适应：归因的中介作用》，《心理与行为研究》2017 年第 5 期。

杜巧新、胡艳丽、王娜等：《听力障碍儿童情绪理解能力研究》，《中国听力语言康复科学杂志》2014 年第 5 期。

范文翼、杨丽珠：《尴尬与羞耻的差异比较述评》，《中国临床心理学杂志》2015 年第 2 期。

冯锐：《心理应激系统模式指导下认知—行为疗法在心理咨询与治疗中的运用》，硕士学位论文，浙江大学，2007 年。

冯晓杭：《文化与自我意识情绪》，东北师范大学出版社 2012 年版。

郭文斌、陈佳丹、张梁：《表情强度对自闭症儿童面部表情识别影响的实验研究》，《心理与行为研究》2018 年第 2 期。

郭小艳、王振宏：《积极情绪的概念、功能与意义》，《心理科学进展》2007 年第 5 期。

韩春红：《教师评价行为影响幼儿自我概念的形成》，《幼儿教育·教育科学》2007 年第 3 期。
何华容、丁道群、《内疚：一种有益的负性情绪》，《心理研究》2016 年第 1 期。
何洁、徐琴美：《幼儿生气和伤心情绪情景理解》，《心理学报》2009 年第 1 期。
何洁、徐琴美、王旭玲：《幼儿的情绪表现规则知识发展及其与家庭情绪表露、社会行为的相关研究》，《心理发展与教育》2005 年第 3 期。
竭婧、杨丽珠：《10—12 岁儿童羞愧感理解的特点》，《辽宁师范大学学报》（社会科学版）2006 年第 29 期。
康丹、张学林：《幼儿园教学活动中的教师言语行为透视》，《当代教育论坛》（管理研究）2010 年第 12 期。
康荔：《中职教师管教言语对学生认知、情绪和行为的影响——以厦门中等职业学校为研究对象》，《福建广播电视大学学报》2008 年第 2 期。
兰继军、刘悦、赵骁骁：《3—6 岁自闭症儿童面部表情识别的眼动实验》，《中国健康心理学杂志》2017 年第 6 期。
冷冰冰、王香玲、高贺明等：《内疚的认知和情绪活动及其脑区调控》，《心理科学进展》2015 年第 12 期。
李萌：《幼儿父亲角色研究》，硕士学位论文，南京师范大学，2015 年。
李泉、廖丽莉、廉彬、冯廷勇：《执行功能对 4 岁幼儿情绪胜任力的影响：语言的中介作用》，《心理与行为研究》2019 年第 3 期。
李润洲：《教师非言语学生评价浅探》，《当代教育科学》2003 年第 3 期。
李燕、朱晶晶、贺婷婷：《母亲情绪调节与幼儿情绪理解能力：母亲应对方式的中介作用》，《心理科学》2016 年第 5 期。
李幼穗、赵莹：《幼儿同伴关系与情绪理解能力关系的研究》，《心理科学》2009 年第 2 期。
李占星、曹贤才、庞维国等：《6—10 岁儿童对损人情境下行为者的道德情绪判断与归因》，《心理发展与教育》2014 年第 3 期。
梁宗保、张光珍、陈会昌等：《学前儿童情绪理解的发展及其与父母元情绪理念的关系》，《心理发展与教育》2011 年第 3 期。
林崇德：《心理学大辞典》，上海教育出版社 2003 年版。
刘爱芳：《家庭表露与幼儿焦虑关系的研究》，硕士学位论文，山东师范大学，2008 年。
刘凤玲：《学前儿童情绪表达规则认知能力的发展研究》，硕士学位论文，吉林大学，2009 年。
刘国雄、方富熹、赵佳：《幼儿对不同情境中的情绪认知及其归因》，《心理学报》2006 年第 2 期。
刘航：《学前儿童情绪伪装的行为特点及其影响因素》，硕士学位论文，东北师范大学，2013 年。
刘荔：《关于 3—6 岁幼儿情绪理解能力的研究分析》，《吉林省教育学院学报》2018 年第 1 期。
刘文、杨丽珠：《社会抑制性与父母教养方式对幼儿利他行为的影响》，《心理发展与教育》2004 年第 1 期。
刘烨：《幼儿园集体绘画教学活动中新职教师和成熟教师言语评价行为的研究》，硕士学位论文，天津师范大学，2016 年。
陆昌萍：《教师课堂评价言语行为的语用原则》，《安徽师范大学学报》（人文社会科学版）2010 年第 1 期。
罗平：《简述布卢姆教学论主要观点》，《西藏大学学报》1996 年。
罗润生：《幼儿教师课堂言语类型的观察研究》，《西安师专学报》1993 年第 5 期。
马春红：《父母对幼儿消极情绪反应方式与幼儿情绪理解能力关系的研究》，硕士学位论文，上海师范大学，2010 年。
马军伟：《理性情绪疗法介入流动儿童攻击性行为的实务研究——以某个案辅导为例》，硕士学位论文，华中科技大学，2017 年。
马裘丽、韦夏：《认知治疗学派创始人》，学林出版社 2007 年版。
马爽、高然、王义卿等：《农村地区父亲参与现状及其与幼儿发展的关系》，《学前教育研究》2019 年第 5 期。

马伟娜、姚雨佳、曹亮：《学龄儿童不同层次情绪理解的发展及其与同伴接纳的关系》，《心理科学》2011 年第 6 期。

马伟娜、姚雨佳、曹亮等：《幼儿情绪理解层次的发展及其与依恋的关系》，《心理发展与教育》2010 年第 5 期。

马伟娜、朱蓓蓓、谢宇：《孤独症儿童面部表情识别能力的眼动研究》，《应用心理学》2015 年第 1 期。

马谐、陶云、白学军：《儿童对中——西方音乐情绪感知的发展研究》，《心理与行为研究》2017 年第 2 期。

梅真：《父亲参与教养与中学生性别角色及性别刻板印象的关系》，硕士学位论文，首都师范大学，2013 年。

沈娟：《幼儿园教育活动中教师非正式评价行为的研究》，硕士学位论文，西北师范大学，2006 年。

孙彦：《城市父亲参与幼儿教养的现状研究——以陕西省宝鸡市为例》，硕士学位论文，西南大学，2011 年。

孙艺闻、但菲：《幼儿情绪理解能力发展特点及其与教师情绪智力的关系》，《幼儿教育·教育科学》2018 年第 12 期。

谭千保、蔡蓉：《聋童与听力正常儿童的情绪理解及其比较》，《当代教育理论与实践》2009 年第 3 期。

田瑞向：《幼儿情绪能力的发展及其与同伴关系的关系研究》，硕士学位论文，苏州大学，2016 年。

田园、刘富丽、苏彦捷：《3～6 岁儿童对消极情绪的理解：抑制控制与共情的作用》，《心理技术与应用》2019 年第 6 期。

王凤梅、李艳玮、张秋月等：《高功能孤独症儿童情绪理解能力干预的个案研究》，《中国康复》2015 年第 2 期。

王军利：《3—5 岁幼儿表情标签与识别能力及情绪表达规则认知的发展研究》，硕士学位论文，浙江师范大学，2012 年。

王丽娟、刘凤玲：《儿童情绪表达规则认知能力研究述评》，《心理科学》2009 年第 3 期。

王蕊：《4—6 岁儿童对不同面部表情识别的眼动特征分析》，《陕西学前师范学院学报》2017 年第 10 期。

王斯文：《情绪调节策略对言语类推的影响》，《现代交际》2019 年第 10 期。

王小英、张玉梅、王丽娟等：《3—6 岁儿童情绪理解过程：情绪表现、归因和调节》，《心理科学》2010 年第 4 期。

王异芳、何曲枝、苏彦捷：《2—5 岁幼儿情绪理解能力发展及其与语言能力的关系》，《幼儿教育》2010 年第 1 期。

王益文、张文新：《3—6 岁儿童“心理理论”的发展》，《心理发展与教育》2002 年第 1 期。

王云强：《情感主义伦理学的心理学印证——道德情绪的表征及其对道德行为的影响机理》，《南京师大学报》（社会科学版）2016 年第 6 期。

魏丽杰：《高师“教师口语”课程建设的思考》，硕士学位论文，山东师范大学，2007 年。

吴康宁：《教师课堂角色类型研究》，《教育研究与实践》1994 年第 4 期。

伍新春、刘畅、邹盛奇等：《青少年评价父母教养投入行为问卷的修订及其信效度检验》，《中国临床心理学杂志》2018 年第 4 期。

夏云川、曹晓君、李文轩等：《家庭教养方式对留守与非留守幼儿情绪表达策略的影响》，《内江师范学院学报》2018 年第 8 期。

项小琴：《家庭情绪表露和幼儿焦虑的关系：情绪调节策略理解的作用》，硕士学位论文，华中师范大学，2014 年。

熊莲君、谢莉莉：《幼儿教师对幼儿情绪理解能力发展的影响》，《现代中小学教育》2017 年第 33 期。

熊贇慧：《3—6 岁幼儿情绪理解的发展及其与气质的关系》，《武汉交通职业学院学报》2016 年第 3 期。

胥兴春、陈丽娜：《道德情绪与儿童公平行为的关系研究》，《教育研究与实验》2019 年第 2 期。

徐光国、张庆林：《伊扎德情绪激活四系统理论》，《心理科学》1994年第5期。

徐琴美、何洁：《儿童情绪理解发展的研究述评》，《心理科学进展》2006年第2期。

徐琴美、张晓贤：《5—9岁儿童内疚情绪的理解特点》，《心理发展与教育》2003年第3期。

徐涛：《儿童情绪表达规则发展的影响因素研究综述》，《社会心理科学》2005年第1期。

许承萍：《中国儿童和青少年（3—18岁）情绪词库及发展常模的建立》，硕士学位论文，东南大学，2014年。

许琪、王金水：《爸爸去哪儿？父亲育儿投入及其对中国青少年发展的影响》，《社会发展研究》2019年第1期。

许仲红：《2—4岁幼儿的内疚及其与气质、母亲控制方式的关系》，硕士学位论文，浙江大学理学院，2007年。

杨丽珠、姜月：《幼儿自豪识别加工的时间过程—事件相关电位提供的电生理依据》，《全国心理学学术会议》2012年。

杨丽珠、姜月、张丽华：《幼儿自豪的非言语行为表达编码系统编制》，《心理发展与教育》2012年第3期。

杨小冬、方格：《学前儿童对事实、信念、愿望和情绪间关系的认知》，《心理学报》2005年第5期。

姚端维、陈英和、赵延芹：《3—5岁儿童情绪能力的年龄特征、发展趋势和性别差异的研究》，《心理发展与教育》2004年第2期。

英和、白柳、李龙凤：《道德情绪的特点、发展及其对行为的影响》，《心理与行为研究》2015年第5期。

俞国良、赵军燕：《自我意识情绪：聚焦于自我的道德情绪研究》，《心理发展与教育》2009年第2期。

展宁宁、阮文静：《学前儿童的情绪调节策略与社会行为的关系研究》，《石家庄学院学报》2014年第3期。

张芳芳：《幼儿语言教育活动中教师言语行为研究》，硕士学位论文，山西师范大学，2014 年。
张桂东：《教师行为对 3—6 岁幼儿道德情绪的影响及教育启示》，硕士学位论文，长春师范大学，2018 年。
张琨、方平、姜媛等：《道德视野下的内疚》，《心理科学进展》2014 年第 10 期。
张少丽：《3—4 岁幼儿情绪理解与母亲情绪表露的相关研究及教育启示》，硕士学位论文，华东师范大学，2009 年。
张晓贤、桑标、洪芳：《9—11 岁儿童对社会性害怕和内疚情绪的理解》，《应用心理学》2010 年第 4 期。
张妍：《婴儿自豪情绪的发生研究》，硕士学位论文，辽宁师范大学，2012 年。
张亦欣：《父母家庭表露与幼儿情绪理解能力及其焦虑的关系研究》，硕士学位论文，湖南科技大学，2017 年。
赵景欣、申继亮、张文新：《儿童二级错误信念认知与二级情绪理解的发展》，《心理科学》2006 年第 1 期。
赵娜：《父亲角色对儿童发展的影响》，硕士学位论文，东北师范大学，2007 年。
周双珠、陈英和、胡竹菁：《道德和个人领域儿童情绪理解的发展特点及对其亲社会行为的影响》，《心理学探新》2017 年第 1 期。
周详、杨治良、郝雁丽：《理性学习的局限：道德情绪理论对道德养成的启示》，《道德与文明》2007 年第 3 期。
周晓林、于宏波：《社会情绪与社会行为的脑机制》，《苏州大学学报》（教育科学版）2005 年第 1 期。
朱珊：《集体教学活动中幼儿教师应答言语行为的个案研究》，硕士学位论文，华东师范大学，2007 年。
卓美红：《2—9 岁儿童情绪理解能力的发展研究》，硕士学位论文，浙江大学，2008 年。

Beer, J. S. , and Keltner, D. , "What is unique about self-conscious emotions?", *Psychological Inquiry*, Vol. 15, No. 2, 2004.

Belsky, J., Domitrovich, C., and Crnic, K., "Temperament and Parenting Antecedents of Individual Differences in Three-Year-Old Boys' Pride and Shame Reactions", *Child Development*, Vol. 68, No. 3, 1997.

Biller, H. B., "Father absence, maternal encouragement and sex role development in kindergarten age boys", *Child Development*, Vol. 40, No. 2, 1969.

Bosacki, S. L., and Moore, C., "Preschoolers' understanding of simple and complex emotions: Links with gender and language", *Sex roles*, Vol. 50, No. 9/10, 2004.

Brown, R. N. G., Jones, B., and Hussell, D. J. T., "The breeding behaviour of sabine's gull, xema sabini", *Behaviour*, Vol. 28, No. (1 - 2), 1967.

Cabrera, N. J., "Father involvement, father-child relationship, and attachment in the early years", *Attachment & human development*, *MEMO*, No. 10, 2019.

Cassidy, J., Parke, R. D., Butkovsky, L., and Braungart, J. M., "Family - peer connections: The roles of emotional expressiveness within the family and children's understanding of emotions", *Child development*, Vol. 63, No. 9, 1992.

Chapman, M., Zahn-Waxler, C., Cooperman, G., and Lannotti, R., "Empathy and responsibility in the motivation of children's helping", *Developmental Psychology*, Vol. 23, No. 1, 1987.

Chapman, M., Zahn-Waxler, C., Cooperman, G., and lannotti, R., "Empathy and responsibility in the motivation of children's helping", *Developmental Psychology*, *MEMO*, No. 23, 1987.

Cole, P. M., "Children's spontaneous control of facial expression", *Child Development*, Vol. 57, No. 6, 1986.

Denham, S. A., "Empathy and responsibility in the motivation of children's helping", *Child development*, 1986.

Denham, S. A., "Social cognition, prosocial behavior, and emotion in preschoolers: Contextual validation", *Child development*, Vol. 194 – 201, 1986.

Doherty, W. J., Kouneski, E. F., and Erickson, M. F., "Responsible fathering: An overview and conceptual framework", *Journal of Marriage and the Family*, Vol. 60, No. 2, 1998.

Dollahite, D. C., and Hawkins, A. J., *Fatherwork: A conceptual ethic of fathering as generative work*, Generative fathering: Beyond deficit perspectives. 1997.

Eisenberg, N., "Emotion, regulation and moral development", *Annual Review of Psychology*, *MEMO*, No. 51, 2000.

Ekman, P., and Friesen, W. V., "Facial action coding system: A technique for the measurement of facial movement", *a technique for the measurement of facial action*, 1978.

Ekman, P., "Emotions revealed: Recognizing faces and feelings to improve communication and emotional life", *Holt Paperback*, Vol. 128, No. 8, 2003.

Ekman, P., "Facial expression and emotion", *American Psychologist*, Vol. 48, No. 4, 1993.

Ekman, P. and Friesen, W. V., "The repertoire of nonverbal behavior: Categories, origins, usage, and coding", *Semiotica*, *MEMO*, No. 1, 1969.

Ellsworth, P. C., and Smith, C. A., "From appraisal to emotion: Differences among unpleasant feelings", *Motivation and Emotion*, *MEMO*, No. 12, 1988.

Fiery, C., "Action, outcome, and value: a dual-system framework for morality", *Personality and social psychology review: an official journal of the Society for Personality and Social Psychology*, Vol. 17, No. 3, 2013.

Garber, J., Goodman, S. H., Brunwasser, S. M., Frankel S. A., and

Herrington, C. G. , "The effect of content and tone of maternal evaluative feedback on self-cognitions and affect in young children", *Journal of Experimental Child Psychology*, *MEMO*, No. 182, 2019.

Geppert, U. , "A coding system for analyzing behavioral expressions of self-evaluative emotions", *Munich*: *Max Planck Institute for Psychological Research*, 1986.

Gummerum, M. , Hanoch, Y. , Keller, M. , Parsons, K. , and Hummel, A. , "Preschoolers' allocations in the dictator game: the role of moral emotions", *Journal of Economic Psychology*, *MEMO*, No. 31, 2010.

Haidt, J. , "Elevation and the positive psychology of morality", in C. L. M. Keyes and J. Haidt (eds.), Flourishing: Positive Psychology and the Life Well-lived, Washington, D. C. : *American Psychological Association*, 2003a, pp. 275 – 289.

Haidt, J. , 2003, "The moral emotions", in R. J. Davidson, K. R. Scherer and H. H. Goldsmith (eds.), Handbook of Affective Sciences , *Oxford*: *Oxford University Press*, pp. 852 – 870.

Haidt, J. , "The emotional dog and its rational tail: A social intuitionist approach to moral judgment", *Psychological Review*, Vol. 108, No. 4, 2001.

Halberstadt, A. G. , "Family socialization of emotional expression and nonverbal communication styles and skills", *Journal of Personality and Social Psychology*, *MEMO*, No. 51, 1986.

Harris, P. L. , Donnelly, K. , Guz, G. R. , and Pitt-Watson, R. , "Children's understanding of the distinction between real and apparent emotion", *Child Development*, *MEMO*, No. 57, 1986.

Harter, S. , "Cognitive-developmental processes in the integration of concepts about emotions and the self", *Social Cognition*, Vol. 4, No. 2, 1986x.

Hawkins, A. J. , Palkovitz, R. , Christiansen, S. L. , and Palkovitz, R. , "The Inventory of father involvement: A pilot study of a new measure of father involvement", *Journal of Men's Studies*, Vol. 10, No. 2, 2002.

Henry Julie, D., von Hippel William, Nangle Matthew R., Waters Michele, "Age and the experience of strong self-conscious emotion", *Aging & mental health*, Vol. 22, No. 4, 2018.

Hilton, B. C., and Kuhlmeier, V. A. "Intention Attribution and the Development of Moral Evaluation", *Frontiers in Psychology*, 2019.

Huebner, B., Dwyer, S., and Hauser, M., "The role of emotion in moral psychology", *Trends in Cognitive Sciences*, *MEMO*, No. 13, 2008.

Izard C. E., Haskins F. W., Schultz D., et al., *Emotion matching task*, Newark, DE: University of Delaware, 2003.

Jackie, G., and Hess, Debra, L. R., "Children's Understanding of Verbal and Facial Display Rules", *Developmental Psychology*, Vol. 22, No. 1, 1986.

Jones D. J., Abbey B., "The development of display rule knowledge: linkage with family expressive and social competence", *Child Development*, Vol. 69, 1994, pp. 1209 - 1222.

Josephs, I. E., "Display rule behavior and understanding in preschool children", *Journal of Nonverbal Behavior*, *MEMO*, No. 18, 1994.

Kelley, S. A., Celia, A. B., and Susan, B. C., "Mastery Motivation and Self-Evaluative Affect in Toddlers: Longitudinal Relations with Maternal Behavior", *Child Development*, Vol. 71, No. 4, 2000.

Keltner, D., Moffitt, T. E., and Stouthamer-Loeber, M., "Facial expressions of emotion and psychopathology in adolescent boys", *Journal of abnormal psychology*, Vol. 104, No. 4, 1995.

Klein, M. R., Moran, L., Cortes, R., Zalewski, M., Ruberry, E. J., and Lengua, L. J., "Temperament, mothers' reactions to children's emotional experiences, and emotion understanding predicting adjustment in preschool children", *Social Development*, Vol. 27, No. 2, 2018.

Kochanska, G., Gross, J. N., Lin, M. H., and Nichols, K. E., "Guilt in young children: Development, determinants, and relations with a broader system of standards", *Child Development*, Vol. 73, No. 2, 2002.

Koenig, M. A., Tiberius, V., and Hamlin., J. K., "Children's Judgments of Epistemic and Moral Agents: From Situations to Intentions", *Perspectives on Psychological Science*, Vol. 14, No. 3, 2019.

Kornilaki, E. N., and Chlouverakis, G., "The situational antecedents of pride and happiness: Developmental and domain differences", *British Journal of Developmental Psychology*, Vol. 22, No. 4, 2004.

Krebs, D. L., "Morality: anevolutionary account", *Perspectives on Psychological Science*, Vol. 3, No. 3, 2008.

Kusche C. A., Greenberg M. T., Beilke R., "Seattle personality questionnaire for young school-aged children", Unpublished manuscript. University of Washington, *Department of Psychology*, 1988.

Lagattuta, K. H. Wellman, H. M., "Thinking anbout the past: Early knowledge about links between prior experience, thingking and emotion", *Child Development*, Vol. 72, 2001, pp. 82 – 102.

Lamb, M. E., *The father's role: Applied perspectives*, New York: Wiley, 1986.

Lazarus, R. S., "Thoughts on the relation between emotion and cognition", *American Psychologist*, Vol. 37, No. 9, 1982.

Leary, M. R, "Motivational and emotional aspects of the self", *Annual Review of Psychology*, *MEMO*, No. 58, 2007.

Lewis, H. B., "Shame and guilt in neurosis", *Psychoanalytic Review*, Vol. 58, No. 3, 1971.

Lewis, M., Alessandri, S. M., and Sullivan, M. W., "Differences in Shame and Pride as a Function of Children's Gender and Task Difficulty", *Child Development*, Vol. 63, No. 3, 1992.

Lewis, M., "The selfin self-conscious emotions", *Annuals of the New York Academy of Sciences*, *MEMO*, No. 818, 1997.

Lindsey, E. W., Caldera, Y. M., and Tankersley, L., "Marital conflict and the quality of young children's peer play behavior: The mediating and moderating role of parent-child emotional reciprocity and attachment security", *Journal of Family Psychology*, Vol. 23, No. 2, 2009.

Lugo-Candelas, C., Flegenheimer, C., Mcdermott, J. M., and Harvey, E., "Emotional Understanding, Reactivity, and Regulation in Young Children with ADHD Symptoms", *Journal of Abnormal Child Psychology*, Vol. 45, No. 7, 2016.

Malti, T., and Krettenauer, T., "The relation of moral emotion attributions to prosocial and antisocial behavior: A meta-analysis", *Child Development*, *MEMO*, No. 84, 2013.

Malti, T., Gasser, L., and Buchmann, M., "Aggressive and prosocial children's emotion attributions and moral reasoning", *Aggressive Behavior*, Vol. 35, No. 1, 2009.

McElwain, N. L., Halberstadt, A. G., and Volling, B. L., "Mother - and father - reported reactions to children's negative emotions: Relations to young children's emotional understanding and friendship quality", *Child development*, Vol. 78, No. 5, 2007.

Nelson, N. L., and Mondloch, C. J., "Children's visual attention to emotional expressions varies with stimulus movement", *Journal of experimental child psychology*, *MEMO*, No. 172, 2018.

Ninio, A., and Rinott, N., "Fathers' involvement in the care of their infants and their attributions of cognitive competence to infants", *Child Development*, Vol. 59, No. 2, 1988.

Ongley, S. F., Nola, M., and Malti, T., "Children's giving: moral reasoning and moral emotions in the development of donation behaviors", *Frontiers in Psychology*, Vol. 5, No. 12, 2014.

Othof, T., "Anticipated feelings of guilt and shame as predictors of early 'adolescents' antisocial and prosocial interpersonal behavior", *European Journal of Developmental Psychology*, *MEMO*, No. 9, 2012.

Parkinson, B., and Totterdell, P., "Classifying affect-regulation strategies. Cognition and Emotion", *MEMO*, No. 13, 1999.

Parrot, W. G., "Function of emotion: introduction", *Cognition and Emotion*, Vol. 13, No. 5, 1999.

Pierre Gosselin, Madeleine Warren, and MichèLe Diotte, "Motivation to Hide Emotion and Children's Understanding of the Distinction Between Real and Apparent Emotions", *The Journal of Genetic Psychology: Research and Theory on Human Development*, Vol. 163, No. 4, 2002.

Pons, F., Harris, P. L., and Rosnay, M., "Emotion comprehension between 3 and 11 years: Developmental periods and hierarchical organization", *European Journal of Developmental Psychology*, Vol. 1, No. 2, 2004.

Pope, D. J., Hannah, B., Pamela, Q., and Annie, V., "Emotional Understanding and Color-Emotion Associations in Children Aged 7 – 8 Years", *Child Development Research*, *MEMO*, 2012.

Premack, D. and Woodryff, G., "Does the chimpanzee have a theory of mind?", *The Behavioral and Brain Sciences*, Vol. 1, No. 4, 1978.

Robins, R. W., Noftle, E. E., and Tracy, J. L., *Assessing self-conscious emotions: a review of self-report and nonverbal measures. The self-conscious emotions: theory and research*, New York: Guilford, 2006.

Roos, S., Salmivalli, C., and Hodges, E. V., "Person context effects on anticipated moral emotions following aggression", *Social Development*, Vol. 20, No. 4, 2011.

Ross, H. S., Recchia, H. E., and Carpendale, J. I. M., "Making sense of divergent interpretations of conflict and developing an interpretive understanding of mind", *Journal of Cognition and Development*, 6 (4), 2005.

Rudolph, U., and Tscharaktschiew, N., "An attributional analysis of moral emotions: Naive scientists and everyday judges", *Emotion Review*, Vol. 6, No. 4, 2014.

Rudolph, U., Schulz, K., and Tscharaktschiew, N., "Moral emotions:

An analysis guided by Heider's naive action analysis", *International Journal of Advances in Psychology*, *MEMO*, No. 2, 2013.

Russell, J. A., "Is there universal recognition of emotion from facial expression? A review of the cross-cultural studies", *Psychological bulletin*, Vol. 115, No. 1, 1994.

Ryan, R. M., and Deci, E. L., "On happiness and human potentials: A review of research on hedonic and eudemonic psychology", *Annual Review of Psychology*, Vol. 52, No. 1, 2001.

Saarni, C., "An observational study of children's attempts to monitor their expressive behavior", *Child Development*, Vol. 55, No. 4, 1984.

Shannon, J. D., Tamis-LeMonda, C. S., London, K., and Cabrera, N., "Beyond rough-and-tumble: Low-income fathers′ interactions and children's cognitive development at 24 months", *Parenting: Science and Practice*, Vol. 2, No. 1, 2002.

Simon, Baron-Cohen, Golan, O., Wheelwright, S., Granader, Y., and Hill, J., "Emotion word comprehension from 4 to 16 years old: a developmental survey", *Frontiers in Evolutionary Neuroscience*, *MEMO*, No. 2, 2010.

Smith, C. E., Chen Diyu, and Harris, P. L., "When the happy victimizer says sorry: children's understanding of apology and emotion", *The British Journal of Developmental Psychology*, Vol. 28, No. 4, 2010.

Stipek, D., Recchia S., and McClintic S., "Self-evaluation in young children", *Monographs of the Society for Research in Child Development*, Vol. 57, No. 1, 1992.

Stipek, D., "Effects of different instructional approaches on young children's achievement and motivation", *Child Development*, Vol. 66, No. 1, 1995.

Strongman, K. T., *The psychology of emotion: from everyday life to theory*, Wiley, 2003.

Tangney, J. P., and Dearing, R. L., *Shame and guilt*, New York: Guilford, 2002.

Tangney, J. P., Stuewig, J., and Mashek, D. J., "Moral emotions and moral behavior", *Annual Review of Psychology*, *MEMO*, No. 58, 2007.

Tenenbaum, H. R., Visscher, P., Pons, F., and Paul, L. H., "Emotional understanding in Quechua children from an agro-pastoralist village", *International Journal of Behavioral Development*, Vol. 28, No. 5, 2004.

Tracy J. L., Robins R. W., "Emerging insights into the nature and function of pride", *Current Directions in Psychology Science*, 2007, 16, 147 – 150.

Tracy, J. L., Robins, R. W., and Lagattuta, K. H., "Can children recognize pride?", *Emotion*, Vol. 5, No. 3, 2005.

Tracy, J. L. and Robins, R. W., "Putting the self into self-conscious emotions: A theoretical model", *Psychological Inquiry*, Vol. 15, No. 2, 2004.

Tracy, J. L. and Robins, R. W., "The psychological structure of pride: A tale of two facets", *Journal of Personality and Social Psychology*, Vol. 92, No. 3, 2007.

Vangelisti, A. L., Sprague, R. J., 1998, *Guilt and hurt: Similarities, distinctions, and conversational*, Andersen P. A., Guerrero L. K., Handbook of communication and emotion: Research, theory, applications, and contexts, *San Diego: Academic Press*: 123 – 154.

Villanneva L., Clemente R., Garcia F., "Theory of mind and peer rejection at school", *Social development*, Vol. 9, 2009, pp. 271 – 283.

Vinden, P. G., "Children's understanding of mind and emotion: a multi-culure study", *Cognition and Emotion*, Vol. 13, 1999, pp. 19 – 48.

Vinden, P. G., "Children's emotional development: Challenges in their relationships to parents, peers, and friends", *International Journal of Behavioral Development*, Vol. 25, No. 4, 2001.

Walter, J. L., and Burnaford, S. M., "Developmental Changes in Adolescents' Guilt and Shame: The Role of Climate and Gender", *North American Journal of Psychology*, *MEMO*, No. 8, 2006.

Weimer, A. A. , Sallquist, J. , and Bolnick, R. R. , "Young Children's Emotion Comprehension and Theory of Mind Understanding", *Early Education & Development*, Vol. 23, No. 3, 2012.

Weiner, B. , *An attributional theory of motivation and emotion*, New York: Spsinger-Verlag, 1986.

Weisfeld, G. E. , and Beresford, J. M. , "Erectness of posture as an indicator of dominance or success in humans", *Motivation and Emotion*, Vol. 6, No. 2, 1982.

Weitzman, E. , and Girolametto, L. "Responsiveness of child care providers in interactions with toddlers and preschoolers", *Language, Speech, and Hearing Services in Schools*, *MEMO*, No. 3, 2002.

Weller, D. , and Lagattuta, K. H. , "Helping the in-group feels better: Children's judgments and emotion attributions in response to prosocial dilemmas", *Child Development*, Vol. 84, No. 1, 2013.

Wellman, H. , and Woolley, J. , "From simple desires to ordinary beliefs: the early development or everyday psychology", *Cognition*, *MEMO*, No. 35, 1990.

Zajdel, R. T. , Bloom, J. M. , Fireman, G. , and Larsen, J. T. , "Children's understanding and experience of mixed emotions: The roles of age, gender, and empathy", *The Journal of genetic psychology*, Vol. 174, No. 5, 2013.